Hans Dollinger
Geschichte des Mittelalters

Für Helga,
meine engste Mitarbeiterin,
und unsere Kinder und Enkel

Hans Dollinger

Geschichte des Mittelalters

REGIONALIA
VERLAG

> **Wichtiger Hinweis zum Werk:** Die in Klammern stehenden Jahreszahlen verweisen auf
> - die Regierungszeit von Herrschern und Päpsten bei Trennung durch einen Bindestrich
> - Lebensdaten bei Trennung durch das Wort „bis"

Bildnachweise: Zu allen Bildern in diesem Buch werden die Quellen in den Bildlegenden jeweils zum Textende kursiv genannt.

Zu drei Abbildungen konnten Autor und Verlag mögliche Rechteinhaber nicht ausfindig machen: Seite 52, 92 und Bildtafel 3. Der hier kundige Leser, im besten Fall der Rechteinhaber wende sich an den Verlag.

Titelbild: Der Minnesänger und Ritter Hartmann von Aue (2. Hälfte des 12. Jh.–Anfang des 13. Jh.), aus der „Manessischen Handschrift" (2. Hälfte des 12. Jh.), *Universitätsbibliothek, Heidelberg*

Seite 1: Glasfenster-Ausschnitt aus Chartres mit Darstellungen zur Geschichte Karls des Großen, um 1220, *Archiv des Autors*

Hans Dollinger
Geschichte des Mittelalters
1. Auflage 2020
Regionalia Verlag,
ein Imprint der Kraterleuchten GmbH, Gartenstraße 3, 54550 Daun
Alle Rechte vorbehalten
Einbandgestaltung: Björn Pollmeyer
Layout und Satz: paquémedia, www.paque.de

Gedruckt auf feinstem Schleipen-Papier aus deutscher Herstellung
Hergestellt in der Europäischen Union, Finidr, CZ

ISBN 978-3-95540-349-2

www.regionalia-verlag.de

Inhalt

Einleitung 7
Wann begann das Mittelalter?

1. Kapitel 9
Vom Ende der Antike zum Sieg des frühen Christentums im Römischen Reich

Dem Kaiser, was des Kaisers ist 10 · Das frühe Christentum 11 · Das „Toleranzedikt" Konstantins des Großen 12 · Die Spaltung der christlichen Kirche zwischen Rom und Konstantinopel 13 · Kein Mensch kann außerhalb der katholischen Kirche der Erlösung teilhaftig werden 14 · Kampf gegen Häretiker und Ketzer 15 · Hieronymus und Augustin 16

2. Kapitel 17
Europa im frühen Mittelalter:
Das Reich Karls des Großen, das Schwert des Islam und das Ende von Byzanz

Zweite Völkerwanderung: Die Hunnen, West- und Ostgoten 17 · Schlacht auf den Katalaunischen Feldern (451) 18 · Das Ende des Weströmischen Reichs und Theoderich der Große 19 · Alamannen, Sueben, Franken, Langobarden 20 · England im 6. Jahrhundert 21 · Irland im 6. Jahrhundert 21 · Gallien unter den Westgoten, Burgundern und salischen Franken 22 · Die Merowinger in Frankreich 22 · Die Geschichte mit Brunhilde 24 · Das Reich der Karolinger 24 · Karl der Große 25 · Das „Zweikaiserproblem" 27 · Von den Karolingern zu den Kapetingern 28 · Das Schwert des Islam 29 · Spaltung des Islam 31 · Byzanz, das „Rom des Ostens" 32 · Trennung von Ost- und Westkirche 34 · Das Ende von Byzanz 34 · Der Aufstieg des Nordens: England und Wales 35 · Irland vom 5. bis 12. Jahrhundert 37 · Schottland vom 5. bis 11. Jahrhundert 38 · Die Normannen und Wikinger aus Skandinavien 39

3. Kapitel 41
Die Welt der Klöster, Heiligen und Päpste, die Kirche gegen Ketzer, Juden und Hexen

Der heilige Benedikt 41 · Die griechische Ostkirche 43 · Die Klöster in der Krise und die Reform von Cluny 43 · Der heilige Bernhard von Clairvaux 44 · Der heilige Franz von Assisi 44 · Der heilige Dominikus 46 · Die Nonnenklöster 46 · Mystiker in Deutschland 47 · Kaiser und Papst im Konflikt 47 · Das Ende der päpstlichen Weltherrschaft unter Bonifaz VIII. 49 · Die Päpste in Avignon 49 · Das abendländische Schisma 51 · Christen gegen Christen: Verfolgung und Tod der Katharer und Waldenser 53 · Die Albigenserkriege 54 · Christen gegen Muslime: Der erste Kreuzzug 1096 55 · Der Ritterorden im Heiligen Land 57 · Der zweite Kreuzzug (1147–1149) 57 · Der dritte Kreuzzug unter Richard Löwenherz gegen Sultan Saladin 58 · Im Schatten der Kreuzzüge: Die Juden im Mittelalter 60 · Opfer der Inquisition: Juden, Ketzer und Hexen 62

4. Kapitel 66
Das mittelalterliche Leben in Burgen, Dörfern und Städten, das Rittertum und die wirtschaftlichen Entwicklungen bis zur Hanse

Die drei Stände: Betende, Kämpfende und Arbeitende 66 · Die Lebensräume der Gesellschaftsschichten 67 · Das Lehnswesen mit Lehnsherr und Lehnsmann 68 · Der Aufbau des Lehnswesens 69 · Leben und Wirtschaften der Bauern 70 · Die Kirche als Lehnsträgerin 72 · Das Rittertum – sein Stand und Ethos 72 ·

Der Wandel des Ritterethos 73 · Ausbildung und Leben der Ritter 73 · Minnesang und höfisches Leben 74 · Das Ende des Rittertums 75 · Das Leben in den Städten 76 · Die Pyramide der Stadtbevölkerung 77 · Kaufleute und Geldwirtschaft einer Stadt 77 · Die Hanse, wichtigste Handelsmacht im Mittelalter 78 · Niedergang der Hanse und Aufstieg der Fugger, Welser und Medici 80

5. Kapitel 82
Europa nimmt Gestalt an: Auf dem Weg zu den ersten Nationalstaaten ab dem 12. Jahrhundert

Das Reich von Kiew 82 · Polen, ein neuer Slawenstaat 83 · Zwischen Ost und West: Die Geschichte Armeniens 84 · Russland unter Kiew und Nowgorod 85 · Russland und die Mongolen 87 · Der Balkan in Bewegung: Bulgarien, Serbien, Ungarn 88 · Deutschland: Die sächsische Ottonen-Dynastie 89 · Die fränkische Salier-Dynastie 91 · Der Investiturstreit: Heinrich IV. und Heinrich V. 93 · Die ersten Staufer-Herrscher: Friedrich I. Barbarossa und Heinrich VI. 94 · Der letzte große Staufer: Friedrich II., der exkommunizierte Kreuzfahrer, Gelehrte und Antichrist 98 · Die Päpste gegen das „Natterngezücht" der Staufer 101 · England und Frankreich im Hundertjährigen Krieg 102 · England von Wilhelm dem Eroberer bis zu den „Rosenkriegen" 104 · Irland und seine keltischen Stämme 106 · Ein Beispiel für Italien: Der Aufstieg von Florenz 106 · Frankreich: Von den Kapetingern zu den Valois 108 · Spanien im 13. Jahrhundert 109 · Die ersten „Cortes" aus Adel, Geistlichkeit und Bürgern 110 · Von der spanischen Grafschaft zum unabhängigen Portugal 111 · Das *Sacrum Romanum Imperium* unter Habsburgern, Luxemburgern und einem Wittelsbacher 112

6. Kapitel 115
Kunst und Wissenschaften im europäischen Mittelalter – Versuch einer Übersicht

Die Verschönerung des Lebens durch das Handwerk 117 · Die Malerei im Mittelalter 118 · Die Plastik im Mittelalter 120 · Die Baukunst des Mittelalters: Das Gotteshaus der Kathedrales 121 · Die romanische Kunst in Europa 121 · Der Durchbruch des gotischen Stils in Frankreich: Chartres, Reims, Amiens, Beauvais 122 · Die englische und deutsche Gotik 125 · Die italienische Gotik 126 · Die spanische Gotik 126 · Die Musik des Mittelalters 127 · Die Welt der Bücher 128 · Schulen im Mittelalter 129 · Die Universitäten in Westeuropa 130 · Philosophie und Theologie im Mittelalter: Die Scholastik 133

7. Kapitel 135
Das Ende des Mittelalters in Europa: Die Anfänge der Renaissance, die Entdeckung der „Neuen Welt" und die Reformation

Eine neue Epoche der Zeitmessung 135 · Humanismus und Renaissance 135 · Der Buchdruck und die Verbreitung des Wissens 136 · Dante Alighieri, Wegbereiter der Renaissance 136 · Die italienische Renaissance: „Die Entdeckung der Welt und des Menschen" 138 · Die Entdeckung der „Neuen Welt" 139 · Entdeckungsreisen vom 13. bis 15. Jahrhundert 141 · Die „Konquistadoren" bei den „Indios" 141 · Aufteilung der Welt zwischen Spanien und Portugal: Der Vertrag von Tordesillas 143 · Noch im Mittelalter – aber die Zukunft bereits vorgezeichnet 145 · Reformen, aber keine Reformation 145 · Von Erasmus von Rotterdam zu Martin Luther 147 · Die Reformation – Reaktionen und Auswirkungen 147 · Nach dem Augsburger Religionsfrieden von 1555: Ein brüchiger und unsicherer Friede 150 · Das Vermächtnis des Mittelalters 150

Zitierte und weiterführende Literatur 152

Personenregister 154

Einleitung

Wann begann das Mittelalter?

Die Humanisten im 15./16. Jahrhundert, allen voran Johannes R. Reuchlin (1455 bis 1522) und Erasmus von Rotterdam (1486 bis 1536), entdeckten im Zeitalter der Renaissance wieder das geistige Erbe der Antike und hielten die seit deren Ende bis zu ihrer Zeit verflossenen Jahrhunderte für einen „dunklen Irrweg" der Menschheitsgeschichte. Sie nannten diese Zeit das „Mittelalter", das sich gegen das kommende Licht der Aufklärung abhob. Dementsprechend sprach man dann in der Zeit der Aufklärung vom „finsteren Mittelalter".

Ein Historiker unserer Zeit, Georg Scheibelreiter, nannte das Mittelalter „eine Epoche des massiven geistigen und politischen Rückschritts", eine „barbarische Gesellschaft". Mit Recht stellt deshalb auch der Historiker Ferdinand Seibt fest: „Ich möchte nicht im Mittelalter gelebt haben" und erklärt dazu: „Ich freue mich, dass mich am Stadtrand kein Galgen erschreckt und dass die Menschenmassen am Wochenende nur zum Fußballspiel drängen." Das Mittelalter war eben nicht mehr Antike und noch nicht Neuzeit, es war aber auch weit mehr als die Zeit zwischen dem 4. Jahrhundert und dem 16. Jahrhundert – an Personen festgemacht mit Konstantin dem Großen, dem ersten christlichen Cäsaren unter den letzten römischen Kaisern, und Martin Luther, dem Reformator der bis dahin alleinigen römisch-katholischen Kirche.

Das Mittelalter war „keine statische Zeit, in der sich nichts veränderte", wie Will Durant schreibt. Zwar blieben zentrale Begriffe wie Kirche, König und Kaiser gleich, aber unter der Oberfläche war dies alles im Wandel. Deshalb fasziniert uns heute das Mittelalter so, ist das Interesse an diesem „finsteren" Zeitalter gerade heute ungebrochen.

Und wir haben heute, nach weiteren tausend Jahren „Fortschritt", keinen Grund, auf das Mittelalter mit Überheblichkeit oder gar Verachtung zurückzuschauen. Es sollte uns viel besser anstehen, darüber zu staunen, wie sich das damals langsam werdende Europa von den vielen aufeinanderfolgenden Schlägen und Heimsuchungen durch Goten, Hunnen, Wikinger, Muselmanen, Magyaren und Normannen wieder erholte und nebenbei noch so viel vom geistigen Erbe aus der Antike herüberzuretten vermochte. Bewunderung verdienen auch die Leistungen einiger mittelalterlicher Fürsten, in Zeiten des absoluten Chaos ihren Herrschaftsgebieten und den noch bürgerfeindlichen Menschen immer wieder Ordnung durchzusetzen, ohne die Unwissenheit, Aberglaube, politische Zerrissenheit, wirtschaftliche und kulturelle Armut nicht überwunden worden wären, obwohl diese

Ordnung gewaltsam errichtet wurde und alle später postulierten Menschenrechte noch mit Füßen trat. Und zur selben Zeit, als sich Herren und Fürsten gegenseitig ständig bekriegten, haben die arbeitenden Menschen Europas, an erster Stelle die Bauern, einen „wenig besungenen Kampf" erfolgreich ausgefochten, nämlich den Kampf des Menschen gegen die Natur. „Gegen das Meer wurden Deiche und Dämme errichtet, Tausende von Morgen der See abgerungen, riesige Waldgebiete gerodet, aus Urwäldern Ackerland und Siedlungen aufgebaut. Dies alles geschah auch noch vor dem Hintergrund eines „gottberauschten Zeitalters", in dem sich der Mensch in die Hand eines übermächtigen Gottes ergab. Denn die Kirche hat von Anfang an dem mittelalterlichen Menschen in erster Linie den Glauben und nicht das Wissen vermittelt, weshalb dieser sein Vertrauen auf Gott und die Kirche setzte, so wie wir heute vorrangig unser Vertrauen auf die Wissenschaft und den Staat setzen. Man muss „dem mittelalterlichen Menschen zugutehalten, dass er glaubte, wo niemand wissen konnte, und hoffte, wo eigentlich nichts mehr zu Hoffnung berechtigte" (Hermann Schreiber).

Für den Historiker Arno Borst war „das Mittelalter eine Epoche inquisitorischen Fragens und imperatorischen Behauptens, nicht geduldigen Zuhörens und Abwägens. Ungewohnte Erscheinungen und Äußerungen schienen nichts Geringeres als das Weltende heraufzubeschwören." Der Mensch im Mittelalter glaubte inbrünstig, ihm sei die Wahrheit offenbart worden. Und doch wandte er sich mit unbekümmerter Kraft, gespeist aus seiner Wahrheitssuche, auch der Erschaffung von Schönem zu. Trotz aller Armut, aller Seuchen, Hungersnöte und allen Kriegsunheils fanden die Menschen die Kreativität, tausenderlei Gegenstände schön zu gestalten, von den Anfangsbuchstaben ihrer Handschriften bis zu den Kathedralen.

Die Faszination, die das Mittelalter auf uns Zeitgenossen des 21. Jahrhunderts ausübt, sieht der französische Historiker Jacques Dalarun darin, dass „das Mittelalter das Geheimnis unserer verlorenen innersten Identität verbirgt", und er schließt daraus: „Gerade deshalb spiegelt es unsere Träume".

Das Mittelalter war eben nicht nur ein „Mittel-Alter" zwischen zwei Kulturen. Es spannte einen großen Bogen vom letzten Jahrhundert der klassischen Kultur der Antike bis hin zur Aufspaltung dieser einheitlichen Kultur im Zeitalter der Renaissance im Süden und der Reformation im Norden. Und wir fragen uns heute mit Recht: War das Mittelalter mit dem Beginn der Aufklärung und der Neuzeit wirklich zu Ende? Schon Frankreichs großer Mediävist Jacques Le Goff sprach sich in seinen Büchern für ein „langes Mittelalter" aus, „das der historischen Realität besser gerecht wird". Eingedenk des 20. Jahrhunderts, das als „Jahrhundert der Barbarei" bekannt wurde, sowie angesichts der heute weltweiten Bedrohung durch einen menschenverachtenden Terrorismus und religiös motivierten Verbrechen gegen die Menschlichkeit, die an eine neue Qualität des „finsteren Mittelalters" denken lassen, ist man versucht, die Frage nach dem Ende des Mittelalters immer wieder neu zu stellen. Ist die Moderne nur ein Deckmantel über dem „Mittelalterlichen", das im Verborgenen immer noch da ist?

Biberach a. d. Riß, im Februar 2013
Hans Dollinger

1. Kapitel

Vom Ende der Antike zum Sieg des frühen Christentums im Römischen Reich

„Alle Götter und Söhne der Götter wollen wir anflehen. Sie mögen ihre Gunst gewähren, dass dieses Reich und diese Stadt in Ewigkeit gedeihen und nicht eher vergehen, als glühendes Eisen auf dem Meer schwimmt und die Blätter im Frühling nicht mehr sprießen." Dieses Gebet des griechisch-römischen Redners Aelius Aristides aus dem Rom um 200 n. Chr. lässt uns ahnen, wie es damals um die über 500-jährige Ordnung im römischen Weltreich stand. In dieser Ordnung lebte der Mensch in einer *urbs dies hominibus que communis*, wie der Römer sagte, in einer Hausgemeinschaft der Götter, Menschen, Tiere, aller Lebewesen. Aber diese Gemeinschaft in den Zeiten der letzten römischen Cäsaren zerbrach im Chaos, als Rom die Kontrolle über seine Grenzen durch den Ansturm der Germanenvölker aus dem Norden und Westen sowie der Perser der Sassaniden-Dynastie im Osten verlor. Und die Welt der Götter gab sowohl den Römern wie auch den nach Süden vordringenden Germanen keinen Halt, keine Hoffnung mehr.

Die ersten Einbrüche der Germanen im 2. Jh. an der Nordgrenze des Römischen Reiches schlug die römische Militärmaschine noch gnadenlos zurück. Der Ausschnitt aus einem Relief an der Mark-Aurel-Säule in Rom (um 190 errichtet) zeigt die Enthauptung vornehmer gefangener Germanen durch römische Soldaten, *Capitol-Museum/Rom*

Da hatte das frühe Christentum die besten Chancen, denn der eine Gott war im Gegensatz zu den vielen Göttern überall gegenwärtig und war dort präsent, wo immer man zu ihm betete. Selbst bei den letzten römischen Kaisern, die ja nach ihrem Glauben mit dem Tod in den Schoß der Götter aufgenommen wurden, war diese Vorstellung unglaubwürdig geworden. Vespasian (69–79) schon witzelte im 1. Jahrhundert n. Chr. auf dem Sterbelager mit seinen Höflingen: „Ach, ich glaube, ich werde ein Gott."

Dem Kaiser, was des Kaisers ist

Rom wandte viel Geld und Truppen auf, um im Osten die vom Zusammenbruch bedrohten Fronten zu halten, mit dem Ergebnis, dass nun die Grenzen an Rhein und Donau nicht mehr zu verteidigen waren. Im Jahr 244 wurde eine römische Armee vernichtend von den Sassaniden geschlagen und ihr Heerführer, Kaiser Gordian III., getötet. Als die germanischen Völker in immer dichteren Scharen an den Reichsgrenzen aufmarschierten und die Goten, die kurz zuvor von der Ostsee in den Balkan eingewandert waren, Raubzüge bis nach Griechenland unternahmen und die Römer besiegten, wollte Diokletian (284–305) das römische Weltreich neu organisieren und die Staatsreligion mit neuer Autorität erfüllen. Die neuen Lehren aber, die das gefährdeten, auch die christliche, wollte er mit konsequenter Strenge aus der Welt schaffen. Für Prozesse hatte er dabei keine Zeit – ohne Urteil, ohne Recht wurde geschlachtet. Zu den berühmten Märtyrern der Christenverfolgungen unter Diokletian gehören der heilige Sebastian, die heilige Agnes in Rom, die heilige Katharina in Alexandrien und die heilige Barbara in Nikomedeia. In Tyrus, in Ägypten, in Saragossa und in Trier starben die Christen. In manchen Gegenden des Weltreiches fanden die Christen aber auch offene oder heimliche Gnade bei den Beamten, die diese Blutarbeit nicht mit ansehen wollten. Die Christen beugten sich der heidnischen Obrigkeit, sie gaben dem Kaiser, was des Kaisers ist.

Kaiser Diokletian zog sich 305 wegen einer schweren Krankheit von der Herrschaft in seine Heimat Dalmatien zurück und erlebte dort noch den Sieg des Christentums unter Konstantin dem Großen (306–337).

Die Römer waren in den 1200 Jahren der Geschichte ihres Weltreiches sehr tolerant gegenüber den eigenen und den Göttern der unterworfenen Völker. So wurden von vielen Römern die ägyptische Göttin Isis, der semitische Gott Baal oder Mithras aus Persien verehrt. Alle diese Religionen und Kulte waren im Gegensatz zum Christentum

Er wollte die Christen wieder „aus der Welt schaffen": Kaiser Diokletian (284–305) auf einer Münze, *Staatl. Münzsammlung, München*

diesseitig auf das Leben bezogen. Ein Gott, der sich den Menschen offenbart, war ihnen aber fremd.

Die Anfänge des Christentums im alten Palästina fielen zudem in eine Zeit politischer Instabilität und sozialen Elends. Der von den Christen prophezeite Heiland, der die Welt retten sollte, war für viele eine Hoffnung in ihrem elenden Dasein. So gründete sich in Jerusalem bereits 50 Tage nach der Auferstehung Christi eine christliche Urgemeinde, vornehmlich aus Juden, die glaubten, dass Jesus der angekündigte Messias sei. Eine zweite Gruppe der Urgemeinde der Christen waren die „Heidenchristen", die aus nicht jüdischen Religionen zum Christentum bekehrt worden waren.

Das frühe Christentum

Im Jahre 48 trafen sich in Jerusalem die überlebenden zwölf Jünger, die von Jesus noch zu Aposteln ausgewählt worden waren, mit dem zum christlichen Missionar bekehrten Paulus, um die weitere Verbreitung des Christentums zu beraten. Danach würde Petrus mit den Aposteln die weitere Bekehrung der Juden vorantreiben, während Paulus sich um die Missionierung der „Heiden" kümmern sollte. Dabei wurden aus der ursprünglich jüdischen Lehre einige Schwerpunkte entschärft, wie zum Beispiel das Beschneidungsgebot und die strengen mosaischen Gesetze. An die Stelle der jüdischen Bezeichnungen für den Messias traten nun zur Erklärung die Begriffe „Herr" und „Gottessohn", die beide den göttlichen Charakter des Menschen Jesus betonten. Auch spielten für die frühen Christen Herkunft und Geschlecht der Bekehrten keine Rolle.

Paulus ist als erfolgreicher Missionar in die Kirchengeschichte eingegangen, zuerst im östlichen Mittelmeerraum und auch in Rom. Überall, wo er sprach, gründete er christliche Gemeinden als Keimzellen weiterer Missionierung und legte so den Grundstein dafür, dass aus einer jüdischen Sekte eine universelle Religion werden konnte. Im 1. und 2. Jahrhundert waren bereits große Teile von Palästina, Syrien, Kleinasien und Griechenland christianisiert. Im Laufe der nächsten beiden Jahrhunderte breitete sich der christliche Glaube nach Italien, Gallien, Germanien, Hispanien, Nordafrika, Zypern und Kreta aus. Paulus geriet auf seiner letzten Missionsreise nach Rom im Jahr 64 in die Christenverfolgung unter Kaiser Nero und erlitt dort den Märtyrertod. Der Apostel Petrus soll ebenfalls in Rom dasselbe Schicksal erlitten haben. Ob sein Grab sich tatsächlich unter dem Altar der Peterskirche befindet, ist aber nicht bewiesen.

Die christlichen Gemeinden wuchsen jährlich um 3,4 Prozent an, im Jahr 310 zählte die christliche Kirche schon etwa zehn Millionen Mitglieder, das bedeutete ein Viertel des römischen Weltreiches. Archäologen fanden im 20. Jahrhundert unter Sankt Peter in Rom ein Mosaik aus dem 3. Jahrhundert. Es zeigt den Sonnengott auf dem Wagen. Neben ihm steht das Wort „Helios", Sonne, auf der anderen Seite „Christus". Dieses Mosaik steht in Europa seither für die Frage nach dem wahren Nachfolger des Sonnengottes, dem sich auch Kaiser Konstantin verpflichtet fühlte. Angesichts des Anwachsens der neuen Lehre des Christentums, die vor allem in seinem oströmischen Heer verbreitet war, traf er im Herbst 312 vor der entscheidenden Begegnung mit seinem Rivalen Maxentius um den weströmischen Thron in Rom den Entschluss, das christliche Kreuzzeichen auf die Banner seines Heeres aufzutragen – ein Zeichen, „das sich als Symbol für die Sonne und die vier Weltgegenden bereits als Macht- und Heilszeichen an der Halskette des assyrischen Königs findet" (Friedrich Heer). Unter diesem Zeichen, so die christliche Legende, siegte er an der Milvischen Brücke am Tiber über Maxentius, der dabei sein Leben verlor. Konstantin war Sieger und Herr Roms sowie seiner oströmischen Hauptstadt Konstantinopolis.

Das „Toleranzedikt" Konstantins des Großen

Im Jahr 313 erließ er das „Edikt von Mailand", ein Toleranzedikt, das den Bürgern des künftigen *Sacrum Romanum Imperium* Gewissensfreiheit bescherte, also die rechtliche Gleichstellung des Christentums mit dem „Heidentum". Vor seinem Tod noch rief er das Konzil von Nicäa (325) ein, um die Spaltung der christlichen Kirche in einen römischen Katholizismus und im Osten in den christlichen Arianismus zu verhindern. Der Presbyter Arius aus Alexandria wurde verbannt, seine Lehre, die die Wesensgleichheit von Gott und Jesus bestritt, überlebte bei den Ostgoten bis zu ihrem Untergang im Jahre 555 und bei den Westgoten bis 586.

Konstantins Toleranzedikt bedeutete völlige Religionsfreiheit für das Christentum und die Rückgabe des zuvor beschlagnahmten Eigentums der Kirche. Es war der Beginn einer Entwicklung, die am Ende zu einer untrennbaren Verknüpfung von Staat und Kirche führen musste. Der britische Historiker Ian Morris kommentierte Kaiser Konstantins Leistung so: „Mitten in einem Bürgerkrieg fand Konstantin zu Gott. Er suchte und fand einen Kompromiss. Konstantin schenkte der Kirche große Reichtümer, verlieh ihr das Privileg der Steuerbefreiung und anerkannte ihre Hierarchie. Als Gegenleistung anerkannte die Kirche Kon-

Kaiser Konstantin der Große (um 306–337), Kolossalstatue in Marmor in Rom, *San Giovanni in Laterano, Rom*

stantin als Kaiser." Auf dem Sterbebett ließ sich der Sonnengott-Verehrer Konstantin im Jahre 337 noch christlich taufen.

Die Spaltung der christlichen Kirche zwischen Rom und Konstantinopel

Unter Kaiser Theodosius (379–395) wurde das Christentum schließlich zur offiziellen römischen Staatsreligion und im Jahre 391 verbot Theodosius alle anderen offiziellen Kulte. Die Teilung seines Reiches unter seinen Söhnen im Jahr 395 bedeutete gleichzeitig auch die Spaltung der christlichen Kirche, die mit Rom und Konstantinopel nun zwei rivalisierende „Hauptstädte" hatte, eine Spaltung, die nie wieder überwunden werden konnte: Aus der Ostkirche, die das Griechische als Amtssprache annahm, wurde die griechisch-orthodoxe Kirche. Die römische Westkirche wurde damit von der Bevormundung durch den Kaiser befreit, der Bischof von Rom wurde zum Papst, zum Oberhaupt der römisch-katholischen Kirche.

Für uns heutige Menschen ist es schwer nachzuempfinden, wie entscheidend das Chaos und die Not die mittelalterlichen Religionen geformt haben, wie der mittelalterliche Alltag voller Mühsal, Sorgen und Armut dem Aberglauben, den Apokalypsen und der Leichtgläubigkeit der Menschen Vorschub leistete. Kein Wunder, dass viele Menschen vor der Welt, „dem Fleisch und dem Teufel" flohen und sich in Klöster zurückzogen, um sich dem Leben voller Unsicherheit und Gewalttätigkeit zu entziehen. In der Welt des Mittelalters brauchten die Menschen vor allem einen Glauben, welcher der Bedrängnis die Hoffnung entgegenzusetzen hatte.

Das Christentum „suchte diesen Bedürfnissen mit einer gewaltigen und epischen Vorstellung zu begegnen, der Vorstellung von der Weltenschöpfung und vom Sündenfall, von der jungfräulichen Mutter und dem leidenden Gott, von der unsterblichen Seele, die da bestimmt ist, im Jüngsten Gericht zu ewigwährenden Höllenqualen verurteilt oder durch eine Kirche, welche durch ihre Sakramente die durch den Opfertod des Erlösers erworbene göttliche Gnade vermittelt, zu ewigwährender Seligkeit erlöst zu werden" (Will Durant). So wurde das Jüngste Gericht in allen mittelalterlichen Religionen, auch der späteren muselmanischen Religion, zum Angelpunkt des Glaubens an die Wiederkehr eines Messias, an den Weltuntergang als Vorspiel zum Jüngsten Gericht. Die frühchristliche Theorie, dass der Richtspruch erst am Tage des Jüngsten Gerichts gefällt würde, wurde durch die Kirchenlehre verdrängt, nach der jedermann unmittelbar nach seinem Tode gerichtet würde. Dadurch wurde den Menschen eine unbestimmte Hoffnung auf das Himmelreich, aber auch eine sehr lebendige Furcht vor der Hölle eingegeben. Thomas von Aquin behauptete noch im 13. Jahrhundert in Monte Cassino: „Das Feuer, das die Leiber der Verdammten peinigen wird, ist körperlich." Er sah noch die Hölle „im tiefsten Teil der Erde". Schon für Papst Gregor den Großen (590–604) war der Teufel eine Wirklichkeit aus Fleisch und Blut, ein Wesen, das überall herumschlich, die Menschen in Versuchung führte und Übel aller Art verursachte. ... Es ist ein wahres Wunder, dass überhaupt noch jemand von uns am Leben ist; ließe Gott uns nicht seiner

Gnade teilhaftig werden, so würde keiner von uns entrinnen." Die meisten Christen glaubten damals, alle Muselmanen würden in die Hölle fahren, und die Muselmanen glaubten das von allen Christen. Allgemein aber hielten alle es für ausgemacht, dass alle „Heiden" natürlich zur Hölle verdammt seien.

Kein Mensch kann außerhalb der katholischen Kirche der Erlösung teilhaftig werden

Auf dem 4. Laterankonzil wurde 1215 erklärt, dass kein Mensch außerhalb der katholischen Kirche der Erlösung teilhaftig werden könne. Die Höllendoktrin der Kirche lastete schwer auf den Seelen der Menschen, die sich fragten, warum Gott den Teufel erschaffen habe, wenn er Satans Sündenfall und Sturz voraussah? Die Menschen glaubten, in der Hand einer größeren Macht zu sein, als das menschliche Wissen je hätte vermitteln können. Im Christentum – später im Islam – ergab sich der Mensch in Gottes Hand.

Eine Kirche, die sich als Überstaat über die weltlichen Herrscher verstand, konnte ihre Organisation nur aufrechterhalten und ausbauen, wenn sie Hunderte verschiedener finanzieller Einnahmequellen nutzen konnte. Den wichtigsten Zustrom an Geldmitteln brachten die Zehnten. Schon nach Karl dem Großen waren alle weltlichen Grundbesitzer der lateinischen Christenheit per Gesetz verpflichtet, ein Zehntel ihres Einkommens in natura oder in bar an die Ortskirche abzuführen. Nach dem 10. Jahrhundert musste jede Gemeinde einen Teil des Zehnten an den Bischof der Diözese aushändigen. So entstand im 12. Jahrhundert ein finanzielles Gewebe, in welchem die Ortskirche und ihr Pfarrer eher als Einnahmequelle denn als Verbraucher ihres Zehnten wirkten. Grundlegende Einnahmequelle der Kirche aber war ihr Grundbesitz, der durch Schenkung oder Erbschaft, durch Kauf oder durch nicht eingelöste Hypotheken entstanden war oder dadurch, dass Mönche oder andere kirchliche Gruppen Ödland urbar machten. Papst Alexander III. (1159–1181) verfügte 1170, dass kein Testament gültig sei, das nicht in Gegenwart eines Priesters gemacht worden sei. Weltlichen Notaren, die diese Vorschrift umgingen, drohte der Kirchenbann. Die Kirche beanspruchte für sich das ausschließliche Recht, ein Testament gerichtlich zu bestätigen. Geschenke oder Legate an die Kirche galten als verlässlichstes Hilfsmittel, um die drohende Leidenszeit im Fegefeuer zu verkürzen. Personen, die ohne natürliche Erben starben, vermachten häufig ihren gesamten Grundbesitz der Kirche. In Kastilien besaß die Kirche nach groben Schätzungen um 1200 ein Viertel des Bodens, in England ein Fünftel, in Deutschland ein Drittel, in Livland die Hälfte. Diese Anhäufungen von Grundbesitz erweckten den Neid vieler Staaten. So beschlagnahmte schon der fränkische Hausmeier Karl Martell (717–741) Kirchenbesitz, um Geld für seine Kriege zusammenzubekommen. Und auch die Päpste trugen zur Verarmung der Bistümer bei, indem sie deren Besitz und Einkünfte besteuerten, um an Geld für die Kreuzzüge zu kommen; später, um die steigenden Ausgaben der Päpste zu finanzieren.

Kampf gegen Häretiker und Ketzer

Da nach der Lehre der Kirche kein Mensch außerhalb der katholischen Gemeinschaft der Erlösung von seinen Sünden teilhaftig werden konnte, galt von Anfang an der Kampf gegen Abtrünnige von der Lehre, gegen Häretiker, gegen Ketzer. Paulus, der sich ja selbst bekehrt hatte, meinte schon, dass es auch Ketzer geben müsse, allein deshalb, um die Erkenntnis des rechten Glaubens zu schärfen. Um die Erkenntnis des rechten Glaubens ging es dann der Kirche und der Kurie im Laufe der Geschichte bis heute. Als die ersten Streitigkeiten um die rechte Lehre vorbei waren, mussten Konzilien die Probleme klären, wobei „die westliche Reichshälfte alle Gefahren im Hort ihrer Klöster überwand. Zwar wurden im Laufe der Kirchengeschichte nicht selten Mönche zu Häretikern, aber Häretiker gründeten niemals Klöster" (Ferdinand Seibt).

Die römischen Bischöfe (kirchenlat. *papa*, „Vater") in der Nachfolge von Petrus – 33 an der Zahl bis zum Toleranzedikt Kaiser Konstantins – haben noch nicht viel zur Kirchengeschichte beigetragen. Lediglich Bischof Silvester (314–335) konnte das Verdienst in Anspruch nehmen, dass er Konstantin bekehrte und von diesem im frommen Glauben in der „Konstantinischen Schenkung" an die Kirche fast ganz Westeuropa zugewiesen bekam. Julius I. (337–352) setzte die oberste Autorität des römischen Bischofssitzes durch. Erst Leo I. (440–461) mit dem Beinamen „der Große" vermochte den Apostolischen Stuhl durch seinen Mut und staatsmännische Kunst zu neuen Höhen der Macht zu führen. Der alleinige Titel *papa* (Papst) wurde übrigens erst Gregor VII. (1073–1085) zugeteilt.

Auf diesem Ausschnitt einer französischen Buchmalerei lässt Philipp von Valois vor den Mauern von Chartres eine Gruppe Häretiker verbrennen. 15. Jh., *The British Library, London*

Hieronymus und Augustin

Die zwei bedeutendsten Kirchenväter der Frühgeschichte im Mittelalter waren die Heiligen Hieronymus (um 340 bis 419) und Augustin (354 bis 430). Hieronymus führte ein der Kirche geweihtes Asketenleben, Augustin war – nach seiner Bekehrung von der Sünde durch eine Stimme – der Überzeugung, dass der menschliche Wille von Geburt an zum Schlechten neige und nur durch die Gnade Gottes abgewendet werden könne. Augustin hinterließ der Welt zwei große Bücher, seine „Bekenntnisse" und der „Gottesstaat", die heute zu den Standardwerken der Weltliteratur zählen. Und diese beiden Bücher sind die echteste, machtvollste und eindringlichste Stimme des frühen Christentums.

Augustin verdankt die Kirche eine nachsichtigere Haltung gegenüber den Sünden der Menschen. Sehr viele Christen hatten in diesen ersten Jahrhunderten nach dem Sieg des Christentums gemeint, sie würden Gott am besten dienen und damit am leichtesten der Hölle entrinnen, wenn sie ihre Eltern, Ehegenossen oder Kinder verließen und vor der Verantwortung des täglichen Lebens ins Kloster flohen. Im Heidentum war die Familie der Wertmaßstab allen gesellschaftlichen und religiösen Lebens, im Christentum bedeutete es einen Verlust an Lebensqualität, dass das mittelalterliche Individuum zum Grundmaßstab wurde. Neue Kraft gab die Kirche der Familie erst wieder, als sie die Ehe mit einem feierlichen Zeremoniell umgab, den Ehevertrag zu einem Sakrament erhob, die Ehe für unauflöslich erklärte und damit der Ehefrau erhöhte Sicherheit gab. Und sie förderte die notwendige Geduld des Menschen, die diesem die Hoffnungslosigkeit angesichts des allgemeinen Elends durch Kriege und Armut erträglicher machte.

Die Kirche verwarf auch den Unterschied, den heidnische Gesetze zwischen einem Unrecht, das einem Freien, und dem Unrecht, das einem Sklaven zugefügt wurde, gemacht hatten, verurteilte aber die Sklaverei nicht grundsätzlich. Sie förderte allerdings die Freilassung als Möglichkeit zur Sühne von Sünden und zur Annäherung an Gottes Richtstuhl. So hielt sich die Sklaverei durch das ganze Mittelalter weiter und verschwand schließlich ohne Zutun der Kirche.

Die Szene aus einer Buchmalerei zeigt den Buchmaler Hildebertus, der eine Ausgabe des „Gottesstaates" von Augustinus illuminiert, wie er einen Schwamm nach einer Maus wirft, die an seinem Käse knabbert. Im Vordergrund sein Gehilfe Everwinus beim Zeichnen einer Initiale, 12. Jh., *Universitätsbibliothek, Prag*

2. Kapitel

Europa im frühen Mittelalter: Das Reich Karls des Großen, das Schwert des Islam und das Ende von Byzanz

Die große germanische Völkerwanderung, die von der Geschichtsschreibung mehrheitlich im 5./6. Jahrhundert angesiedelt wird, begann bereits viel früher: „Noch ehe Christus geboren war, hatten große Teile der germanischen Völker Skandinavien verlassen, die Ostsee überquert und an den Mündungen von Oder und Weichsel neue Wohnsitze gefunden, aus denen sie einige Generationen später nach Südosten und Süden weiterwanderten" (Hermann Schreiber). Der Grund für die „Migration", wie man heute laut Duden die „Wanderung von Gruppen im geografischen Raum" nennt, lag einmal in der beginnenden Klimaveränderung, die vehement im 5. Jahrhundert einsetzte, zum Zweiten in einem explosionsartigen Bevölkerungswachstum und zum Dritten in der dadurch ausgelösten Landnot. Eine Folge dieser ersten Südwanderung von Germanen war zwischen 113 und 110 v. Chr. der Zug der germanischen Kimbern und der keltischen Teutonen, der allerdings scheiterte, weil das Römische Reich noch voll abwehrbereit war.

Zweite Völkerwanderung: Die Hunnen, West- und Ostgoten

Die nächste für das römische Imperium bedrohliche Völkerwanderung lösten ab 375 n. Chr. die Reiterscharen des Nomadenvolkes der Hunnen auf ihrem Zug nach Westen aus, weil ihnen der Weg nach Süden von der Chinesischen Mauer versperrt war. Wegen Klimaveränderungen fanden die Hunnen keine Nahrung mehr und lösten mit ihrem Zug nach Westen, wobei sie andere Völker unterwarfen oder zur Wanderung zwangen, einen Domino-Effekt aus. Die Hunnen unter ihrem berühmten König Attila (434–453, mittelhochdeutsch = Etzel) stießen zuerst auf das Volk der Goten im Weichselgebiet, die dann als Ostgoten in der heutigen Ukraine siedelten. Die Westgoten, im heutigen Rumänien ansässig, zogen mit Erlaubnis des oströmischen Kaisers Flavius Valens (364–378) über die Donau ins Römische Reich, wo sie dem Kaiser als Krieger dienen sollten. Als die Massen der Migranten über die Donau vordrängten, angereichert noch durch andere Völkerschaften, brachen alle Dämme; sie zogen plündernd in breiter Front nach Westen, wo man sie bald von Nord nach Süd als Burgunder, Angeln, Sachsen, Jüten, Friesen, Gepiden, Quaden, Vandalen, Alamannen, Sueben, Langobarden und Franken kennenlernen sollte. Kaiser Valens wollte die Völkerflut 378 bei Adrianopel stoppen, aber die Schlacht endete mit einem Debakel für die Römer und Valens fand dabei den Tod. Erst Kaiser Theodosius I. (379–395) bereinigte die Situation, als er die Westgoten auf dem westlichen Balkan ansiedelte und zum Militärdienst verpflichtete. Aber die Westgoten wurden nicht sesshaft, zogen weiter nach Westen, standen 408 erstmals vor den Toren Roms und plünderten 410 unter ihrem König Alarich (391–410) die ehemalige Kapitale der Welt. Im Jahr 418 zogen sie weiter nach Südfrankreich, wo ihnen der weströmische Kaiser Flavius Honorius (395–423) bei Toulouse ein eigenes Herrschaftsgebiet überließ. Unter dem Druck des weiteren Vorstoßes der Hunnen fielen die Vandalen 406 in Gallien ein, gefolgt von den Sueben und den aus Persien stammenden Alanen, die dann über den Rhein setzten. Alle drei Völker drangen später nach Spanien vor, die Alanen bis ins heutige Portugal, die Sueben nach Galizien, die Vandalen nach Andalusien. Ihre kurzlebigen Reiche wurden um 422 von römischen Truppen wieder zerstört. Die Reste der Vandalen und Alanen, insgesamt rund 80.000 Menschen, zogen schließlich nach Nordafrika weiter. Die Vandalen gründeten im heutigen Tunesien ein stabiles Königreich, eroberten 439 Karthago, kontrollierten Teile des westlichen Mittelmeeres und überfielen schließlich im Juni 455 Rom, ohne auf Gegenwehr zu stoßen.

Schlacht auf den Katalaunischen Feldern (451)

Die Hunnen waren schon vorher bis an den Rhein vorgedrungen, rund eine halbe Million hunnischer Reiter plünderten und brandschatzten Trier und Metz. In dieser Situation kam dem sterbenden Römischen Reich Theoderich I. (418–451), der westgotische König und arianische Christ, zu Hilfe. Er verband sich mit dem kurz zuvor besiegten weströmischen General Flavius Aetius (um 390 bis 454) und stieß mit seinem gewaltigen Heer 451 bei Troyes auf den Katalaunischen Feldern mit Attilas Hunnenscharen zusammen. Der Sieg über die Hunnen, der etwa 162.000 Mann, darunter auch Theoderich I., das Leben gekostet haben soll, war das Ende der hunnischen Expansion. Attila zog sich mit seinem Heer nach Italien zurück. Bevor er auf Rom marschierte, sandte ihm Kaiser Valentinian III. (424–455) eine Abordnung von Papst Leo I. (440–461) und zwei Senatoren entgegen, die Attila, in dessen Heer die Pest ausgebrochen sein sollte, zum Rückzug bewogen haben. In seine ungarische Hauptstadt zurückgekehrt, starb er überraschend bei seiner Hochzeitsfeier. Nach der Aufteilung des Hunnenreiches unter seinen zerstrittenen Söhnen verschwand das mächtige Reich, das lange Jahre der Schrecken des damaligen Europa war, von der Weltkarte seiner Zeit.

Die Völkerwanderung war aber damit noch nicht zu Ende. Die Hauptrollen spielten weiterhin die West- und Ostgoten sowie ein neuer westgermanischer Stamm, der durch die Wirren der Völkerwanderung zusammengeschweißt worden war: die Franken. Doch erst kam es Ende des 5. Jahrhunderts zum endgültigen Fall von Rom, zum Ende des weströmischen Kaisertums.

Das Ende des Weströmischen Reichs und Theoderich der Große

Nach der viertägigen Plünderung Roms unter dem Vandalenkönig Geiserich (428–477), dem Leo I. das Versprechen abgenommen hatte, auf Massenmorde und Brandstiftung zu verzichten, schleppten die Vandalen nach Verschonung der christlichen Kirchen alle Tempelschätze weg, darunter die Gerätschaften des Salomontempels, die Titus vor vier Jahrhunderten nach Rom entführt hatte. Tausende römische Gefangene wurden versklavt und Geiserich nahm die Kaiserinwitwe Eudoxia und ihre beiden Töchter mit nach Karthago, verheiratete eine davon mit seinem Sohn Hunerich und sandte auf Bitten von Kaiser Leon I. (457–474) die Kaiserinwitwe und deren Tochter Placidia nach Konstantinopel. Die letzten Jahre im 5. Jahrhundert waren eine Reihe von kaiserlichen Mittelmäßigkeiten in Italien. Um 473 fegte ein neuer Germanensturm durch

Ende des Weströmischen Reiches: Der letzte Kaiser Romulus Augustulus legt am 28. August 476 vor dem Germanenfürsten Odoaker die Kaiserinsignien nieder. Holzschnitt aus dem 19. Jh., *Wikimedia Commons, Zeitzeichen 20060828*

das Land. Es waren die Heruler, Skiren, Rugier und andere Stämme, die einst von Attila unterjocht wurden. Der pannonische Feldherr Orestes (475/476) setzte 475 seinen Sohn Romulus (mit dem Spitznamen Augustulus) auf den Kaiserthron. Als die germanischen Eindringlinge von Orestes ein Drittel Italiens forderten und Orestes ablehnte, ermordeten sie ihn und riefen den ersten germanischen König, den Skiren Odoaker (476–493) zum Patricius von Italien aus, mit Billigung des oströmischen Kaisers Zenon (474/475, 476–491). Damit Zenon Odoaker wieder loswerden konnte, bediente er sich der Hilfe des Ostgotenkönigs Theoderich des Großen (473–526), der Odoaker vertreiben sollte und ihn in einen fünfjährigen Krieg um Ravenna verwickelte. Nach einer Einigung der beiden Kontrahenten, Italien gemeinsam zu regieren, kam es zum Festmahl in Ravenna, bei dem Theoderich am 15. März 493 Odoaker erschlug und sich damit zum Alleinherrscher Italiens aufschwang. Zähneknirschend musste Kaiser Zenon in Konstantinopel die neue Situation im ehemaligen Weströmischen Reich anerkennen.

Theoderich ließ die Verwaltungsordnung mit einem Prätorianerpräfekten an der Spitze und Provinzstatthaltern für die römische Bevölkerung bestehen, ebenso den Senat in Rom, der zu den wichtigsten Helfern Theoderichs wurde. Er gab Italien während seiner Herrschaft Stabilität und knüpfte an die Traditionen der antiken römischen Kaiser an. Der griechische Historiker Prokop (um 500 bis 542) würdigte diese Leistung Theoderichs so: „Dem Namen nach war Theoderich wohl ein Tyrann, in der Tat aber wahrhaft ein Kaiser und stand in keiner Beziehung hinter den Männern zurück, die nur je diese Würde höchst ehrenvoll bekleidet hatten." Seine Residenz Ravenna eroberte der oströmische Feldherr Belisar (um 500 bis 565) im Jahr 540 im Auftrag des oströmischen Kaisers Justinian (527–565).

Alamannen, Sueben, Franken, Langobarden

Im deutschen Südwesten hatten sich in der Flut der Völkerwanderung die Alamannen niedergelassen, die ursprünglich zu dem großen Volk der Sueben gehörten und aus dem Gebiet um die Elbe kamen. Eine Einschränkung ihres neuen Siedlungsgebietes drohte den Alamannen durch das germanische Volk der Franken, ursprünglich im heutigen Holland zu Hause. Unter Chlodwig I. (482–511), dem Begründer des Frankenreichs und Ehemann der Christin Chlothilde, schlugen die Franken die Alamannen in zwei großen Schlachten am Oberrhein in den Jahren 496 und 506. Und ein Jahr später besiegte Chlodwig, aus dem fränkischen Geschlecht der Merowinger abstammend, den Westgotenkönig Alarich II. (484–507). Die geschlagenen Westgoten zogen danach weiter auf die iberische Halbinsel, die sie bis in die zweite Hälfte des 6. Jahrhunderts vollständig eroberten. Toledo machten sie zur Hauptstadt ihres Westgotenreichs, das erst durch die islamische Eroberung 711 unterging. Die Franken aber wurden in ganz Südwestdeutschland und rechts und links des Rheins sowie im südlichen Gallien die neue Vormacht. Das letzte Kapitel der Völkerwanderung schrieben die Langobarden, die aus dem Elbegebiet kamen und später in Niederösterreich, dem Burgenland, Ungarn und Mähren siedelten und hier wiederum die aus Zentralasien zugewanderten Awaren bedrängten. Nach einer gemeinsamen

Siedlungszeit als Verbündete zogen die Langobarden aber 568 nach Norditalien weiter, wo sie ein Reich mit der Hauptstadt Pavia gründeten und ihrem Siedlungsgebiet den Namen Lombardei gaben.

England im 6. Jahrhundert

Im römischen Britannien war im 4. und 5. Jahrhundert die Sicherheit der Briten ringsum bedroht: Im Norden bedrängten die Pikten und Skoten die Grenzen, im Osten und Süden norwegische und sächsische Plünderer und im Westen die noch nicht unterworfenen Kelten von Wales und die Gälen und Skoten Irlands. Als Ende des 4. Jahrhunderts die weströmischen Kaiser Truppen aus Britannien zur Verteidigung Italiens abzogen und die Briten vergeblich auf Hilfe aus Rom hofften, erklärte Kaiser Honorius (393–423) den Briten, „sie müssten sich selbst verteidigen, so gut sie nur könnten" (Theodor Mommsen). Nach einer großen Pikteninvasion forderten die Briten nordgermanische Stämme auf, ihnen zu helfen. So kamen von der Elbe die Sachsen, aus Schleswig die Angeln und aus Jütland die Jüten nach Britannien. Sie blieben im Land, nachdem Pikten und Skoten zurückgeworfen waren. Weitere Germanen kamen an die britannische Küste und nach einem vollen Jahrhundert Streitigkeiten und Guerillakämpfen schlugen die germanischen Invasoren im Jahr 577 die Briten in Deorham und machten sich zu den Herren des Landes, dem späteren Angeln-Land (England). Britannien und seine Sprache wurden damit germanisch. Über die bittere Zeit Englands im 6. Jahrhundert erzählen heute noch die Sagen von König Arthur und seinen Rittern: „Arthur erhielt das sinkende Staatsgefüge lange aufrecht und frischte den gebrochenen Kampfgeist seiner Landsleute wieder auf" (William von Malmesbury, 1090 bis 1143).

Irland im 6. Jahrhundert

Im 5. Jahrhundert v. Chr. setzten Kelten von Gallien und Britannien nach Irland über und unterwarfen die einheimische Bevölkerung, über die uns keine genauen Zeugnisse vorliegen. Der karthagische Seefahrer Himilkon landete um 510 v. Chr. in Irland und beschrieb es als „dichtbevölkert und fruchtbar". Auf der Insel herrschten mehrere Jahrhunderte keltische Clan-Organisationen, in denen man sich gegenseitig bekämpfte. Die Clans gliederten sich in fünf Königreiche auf: Ulster, Nord-Leinster, Süd-Leinster, Munster und Connaught. Als Hauptstadt wurde Tara in Meath anerkannt. Dort wurden Gesetze für ganz Irland erlassen. „Ein priesterlicher Clan von weiß gewandeten Druiden befasste sich mit der Wahrsagekunst, beherrschte die Sonne und die Winde mit Zauberstäben, erzeugte auf magische Weise Regenschauer und Feuersbrünste, gab die auswendiggelernten Chroniken der Stämme weiter, erforschte die Sterne, unterwies die Kinder, beriet die Clan-Könige, amtierte als Richter, gab Gesetzen den Wortlaut und opferte den Göttern auf den Altären unter freiem Himmel" (Will Durant). Das Christentum kam nach Irland durch den 431 von Papst Coelestin I. (422–432) geschickten Bischof Palladius, der aber noch im selben Jahr verstarb. Sein Nachfolger war der später heiliggesprochene Patrick (um 385 bis 461). In Westengland geboren, wurde er als Kind von Piraten nach Irland in die Sklaverei verschleppt, konnte fliehen und rettete sich zu Mönchen, ehe er 432 als Bischof nach Irland kam, mit Reliquien von Petrus und Paulus ausgestattet. Auf dem Königsthron von Tara saß damals Laeghaire, ein aufgeklärter Heide, den Patrick bekehrte und Freiheit für seine Mission erhielt. Patrick ließ Klöster und Kirchen bauen und bekehrte die Iren zum Christentum – bis auf einige Nester des Heidentums und deren irische Dichtkunst, die ihre Spuren bis auf den heutigen Tag hinterließen.

Gallien unter den Westgoten, Burgundern und salischen Franken

Gallien, das spätere Frankreich, war noch im 4. und 5. Jahrhundert die blühendste Provinz Roms im Weströmischen Reich: wirtschaftlich autark, entwickeltes Gewerbe, reiche Handelsflotten auf den Flüssen und am Meer, mit viel gerühmten Universitäten in Narbonne, Arles, Bordeaux, Toulouse, Lyon, Marseille und Poitiers. Unter dem Westgotenkönig Alarich II. (484–507) war Südwestgallien so weit geordnet und zivilisiert, dass er ein ziemlich aufgeklärtes Gesetzwerk verfasste, *Breviarium* genannt, das die Beziehungen zwischen der römisch-gallischen Bevölkerung und seinen Westgoten regelte. Eine ähnliche Gesetzgebung wurde 510 von den Burgunderkönigen erlassen, die ihre Macht in Südostgallien ausgebreitet hatten. Hinzu kam dann das Recht der Franken, die sich, aus dem heutigen Unterfranken stammend, im frühen 5. Jahrhundert am rechten Rheinufer niederließen, das römische Köln einnahmen (463) und von dort ihre Macht bis nach Metz und Aachen ausdehnten. Einige fränkische Stämme, wie die salischen Franken, die ihren Namen von dem Fluss Sala (heute Yssel) in den Niederlanden herleiteten, besiedelten friedlich mit römischem Einverständnis ab 430 ganz Nordgallien. Sie brachten ihre germanische Sprache und ihre germanischen Götter an den Niederrhein. In ihrem „Salischen Gesetz" heißt es: „Das glorreiche Volk der Franken, dessen Gründer Gott selbst ist, stark an Waffen, stark im Frieden, weise im Rat, edel an Körper, strahlend an Gesundheit, vorragend an Schönheit, kühn, schnell, abgehärtet ... dies ist ein Volk, welches das grausame Joch der Römer von seinem Nacken schüttelte."

Die Franken, was „Freie" bedeutete, bauten in Nordostgallien eine wohlhabende und meist friedliche bäuerliche Gesellschaft auf. Die berühmteste Klausel im „Salischen Gesetz" lautete: „Kein Stück erarbeiteten Bodens darf an eine Frau gehen." Auf diese Klausel bezog sich später im 14. Jahrhundert Frankreich und wies den Anspruch des englischen Königs Edward III. und seiner Mutter Isabella auf den französischen Königsthron zurück, worauf dann der Hundertjährige Krieg ausbrach.

Die Merowinger in Frankreich

Der erste fränkisch-salische König, der für die Geschichtsschreibung wichtig ist, hieß Chlodio, der 431 Köln angriff, aber vom römischen Feldherrn Aetius besiegt wurde, trotzdem aber Gallien bis zur Somme einnahm und Tournai zu seiner Hauptstadt machte. Sein Nachfolger mit Namen Merowech („Sohn des Meeres", um 450) gab der Merowinger-Dynastie ihren Namen, welche bis 751 über die Franken herrschte. Merowechs Sohn Childerich I. (457–582) heiratete die thüringische Adelige Basina. Das Kind dieser Verbindung war Chlodwig (482–511), der als 15-Jähriger 481/482 den Merowingerthron erbte und Begründer des Fränkischen Reiches wurde.

Chlodwig (später Ludwig) machte sich sofort daran, sein Reich zu vergrößern, fiel 486 in die nordgallische Provinz um Paris ein, eroberte Städte, nahm Würdenträger gefangen, kassierte Lösegelder, kaufte Truppen, Waffen und Verpflegung, drang bis Soissons vor und dehnte sein Reich in den nächsten zehn Jahren bis zur Bretagne und zur Loire aus. Im Jahr 498 ließ er sich mit 3.000 seiner Krieger von Bischof Remigius in Reims zum Christentum taufen und heiratete 493 die Christin Chrodechilde. Wohl unter ihrem Einfluss ließ Chlodwig der gallischen Bevölkerung ihre Ländereien und der katholischen Geistlichkeit ihren Glauben und ihren Besitz. Nach dem Ausgleich mit den Burgundern wandte er sich mit ihnen gegen die Westgoten unter Alarich. Bei Vouillé, nahe Poitiers, besiegten 507 Merowinger und Burgunder die Westgoten, Alarich wurde von Chlodwig eigenhändig erschlagen. Chlodwigs Frankenreich dehnte sich nun im Süden bis zu den Pyrenäen aus. Fast das ganze Gebiet des heutigen Frankreich und die fränkisch-alamannischen Provinzen an Rhein und Main waren nun unter Chlodwigs Herrschaft. Von Paris aus ordnete er sein Reich, das nun vom oströmischen Kaiser Anastasios I. (491–518) als Königtum, mit Purpurmantel und Königsornat für Chlodwig, anerkannt wurde. Gregor von Tours (um 540 bis 594) schrieb im charakteristischen Stil aller mittelalterlichen Kirchenhistoriker über ihn: „Jeden Tag ließ Gott die Feinde unter seiner Hand fallen ... weil er rechten Herzens vor dem Herrn wandelte und Dinge tat, die dem Herrn gefielen."

Da Chlodwig vier Söhne hatte, wurde das Frankenreich gemäß dem fränkischen Recht nach seinem Tode aufgeteilt: Childebert (511–538) erhielt die westlichen Reichsteile von Paris (Neustrien), Chlodomer (511–524) Burgund mit der Hauptstadt Orléans, Chlothar I. (511–561) das Gebiet um Soissons und Theuderich das von Metz und Reims (Austrien). Alle vier Söhne eroberten in den nächsten zehn Jahren noch Thüringen, Burgund und die Provence dazu und machten sich Bayern und Schwaben lehnspflichtig. Chlothar I. überlebte seine Brüder und erbte ihre Reichsteile. Bei seinem Tode (561) wurde

Die Miniatur zeigt den Merowingerkönig Chlodwig (482–511), der in der Schlacht einen Feind tötet.
Bibliothèque Nationale, Paris

Gallien, das damals größer war als Frankreich in späteren Zeiten, erneut aufgeteilt: Austrien mit Metz und Reims ging an Sigibert, Burgund an Guntram und Neustrien mit Paris an Chilperich (561–584).

Die Geschichte mit Brunhilde

Liebeshändel und Krieg überschatteten die letzten Jahrzehnte der Merowinger. Sigibert holte sich die Tochter des Westgotenkönigs Athanagild (551–567) mit Namen Brunhilde. Chilperich wurde auf die Prachtentfaltung in Metz und Reims neidisch und warb erfolgreich neben seiner Konkubine Fredegund um Brunhildes Schwester Galswintha. Diese war aber leider um einige Jahre älter als Brunhilde, sodass Chilperich I. in die Arme von Fredegund zurückkehrte. Als nun Galswintha den Wunsch äußerte, nach Spanien heimzukehren, ließ Chilperich sie erwürgen. Sigibert erklärte jetzt Chilperich den Krieg, schlug ihn, wurde aber von zwei von Fredegund gedungenen Sklaven ermordet. Brunhilde wurde gefangen gesetzt, konnte fliehen und ließ ihren Sohn Childebert II. (575–596) zum König salben. Sie führte geschickt für ihn die Regierung in Metz. Nach einiger Zeit übte Brunhilde Rache für ihre Schwester und ließ 584 Chilperich ermorden. Dessen Sohn Chlothar II. (584–613) wurde in Neustrien von Fredegund beherrscht, die, so berichtet Gregor von Tours, Brunhilde meucheln lassen wollte, was aber misslang. Von Chlothar II. geschürte Aufstände gegen Brunhildes Leute schlugen diese zurück, bis 614 die hochbetagte Brunhilde schließlich entthront und nach dreitägiger Folterung an ein galoppierendes Pferd gebunden zu Tode geschleift wurde. Unter heftigen Rivalitätskämpfen des fränkischen Adels, der vornehmlich Freude an der Kriegführung hatte, vollzog sich der Niedergang der Merowinger im 7. Jahrhundert.

Das Reich der Karolinger

Aus diesen Rivalitätskämpfen ging das Geschlecht der Karolinger als Sieger hervor, die aus dem austrischen Teil des Fränkischen Reichs mit Gütern an Rhein und Mosel stammten. Stammväter des Karolinger-Geschlechts der fränkischen Hausmeier (lat. *majordomus*, „Vorsteher der königlichen Hofhaltung", höchstes Amt der Staatsverwaltung) waren Pippin der Ältere (gest. um 640) und der spätere Bischof Arnulf von Metz (614–629). Arnulf war der Erzieher des letzten Merowinger-Königs Dagobert I. (629–638). Pippin d. Ä. schwang sich nach Dagoberts Tod zum Haupt des austrischen Adels auf. Seine Tochter Begga heiratete den Sohn Arnulfs von Metz. Aus dieser Ehe ging Pippin II. der Mittlere (687–714) hervor, der den Aufstieg der Karolinger maßgeblich beeinflusste. Durch seine Heirat mit Plektrud aus einem bedeutenden austrischen Adelsgeschlecht konnte er die Führung aller austrischen Adligen an sich reißen und 687 in der Schlacht von Tertry den neustrisch-burgundischen Hausmeier Berchar besiegen. Damit hatte er faktisch die Königsmacht, verzichtete aber auf den Titel und kümmerte sich um die Ordnung im Reich. Unter seiner Herrschaft wurden die Friesen ins Reich geholt und der fränkischen Kirche einverleibt. Aus den Nachfolgestreitigkeiten nach Pippins Tod ging Karl (717–741) als Sieger hervor und übernahm nach der Anerkennung durch seine Stiefmutter Plektrud das Amt des Hausmeiers. Nach seinem bedeutenden Sieg über die Araber bei Tours und Poitiers im Jahre 732 bekam er den Beinamen Martell, „der Hammer". Seine Söhne Karlmann, Pippin und Grifo stritten nach seinem Tod um die nicht eindeutig geklärte Erbregelung. Karlmann übernahm die Führung im Ostteil des Reiches, Pippin im Westen. Nachdem Karlmann, ein tief religiöser Mensch, auf seine Herrschaft verzichtete, sich in den römischen Klerus aufnehmen ließ und sein Leben als Mönch im Kloster Monte Cassino beendete, wurde Pippin III. der Jüngere (751–768) Alleinherrscher im Frankenreich. Mithilfe des Bischofs in Rom wurde Pippin zum König gesalbt. Gleichzeitig wurde der letzte Merowinger Childerich III. mit seinem Sohn in ein Kloster verbannt, was die endgültige Königswürde für die Karolinger bedeutete.

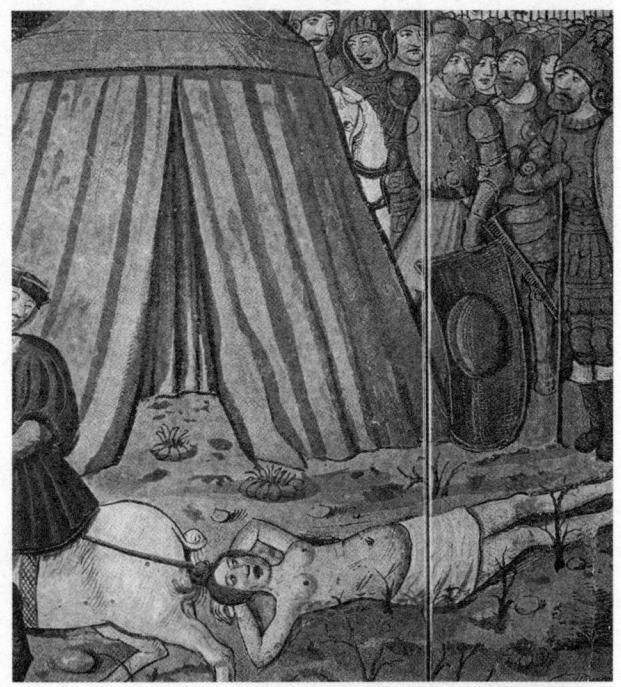

Hinrichtung der Merowingerkönigin Brunhilde nach ihrer Entthronung im Jahr 614, Miniatur, *Bibliothèque Nationale, Paris*

Karl der Große

„Ein König muss mächtig sein, ein Kaiser muss die Welt beherrschen", schreibt Ferdinand Seibt in „Glanz und Elend des Mittelalters" und erinnert daran, dass bei den Untertanen „eine große Neigung zu beobachten sei, sich mit dem Starken zu identifizieren, oft weitab von moralischen Maßstäben". Nach Pippins III. Tod wurde das Fränkische Reich 768 zwischen den beiden Söhnen Karl und Karlmann geteilt: Karl erhielt den nördlichen Teil, Karlmann den Süden. Bevor Konflikte zwischen den Brüdern ausbrechen konnten, starb Karlmann plötzlich im Jahr 771. Karl (771–814) war damit im Alter von 24 Jahren Alleinherrscher der Franken – ohne die Erben seines toten Bruders zu beteiligen – und blieb es 42 Jahre lang. Die Franken und Zeitgenossen nannten ihn bald „den Großen" und den „Vater Europas". Noch heute wird am 28. Januar, dem Todestag Karls in Aachen, Reims, Frankfurt, Mainz, im bayerischen Benediktinerkloster Metten und in Städten Nordfrankreichs in einer feierlichen „dem allerfrömmsten Augustus, von Gott gekrönt, dem großen und Frieden bringenden

Imperator Karolus, der das römische Reich regiert, durch Gottes Gnade auch König der Franken und Langobarden" gehuldigt, wie Ferdinand Seibt berichtet. Damit werden Deutsche, Franzosen und Italiener seinem Schutz empfohlen.

Nach Frieden sah es aber 771 im Frankenreich nicht aus. Karlmanns Witwe floh nach dessen Tod zum Langobardenkönig Desiderius (737–774), worauf Karl seine Ehefrau Desiderata, eine Schwester des Langobardenkönigs, verstieß, was wiederum zum offenen Bruch zwischen Karl und Desiderius führte. Als die Langobarden 773 päpstliches Gebiet angriffen und Papst Hadrian I. (772–795) Karl um Hilfe bat, zog dieser mit einem großen Heer nach Italien und besiegte die Langobarden. König Desiderius wurde zusammen mit den beiden Söhnen Karlmanns, seinen Neffen, in ein Kloster verbannt. Karl vereinte das Langobarden- mit seinem Frankenreich und erneuerte das Bündnis mit dem Papsttum.

Karl hatte nun freie Hand im damaligen Westeuropa. Nach langen und blutigen Kämpfen unterwarf er 782 die heidnischen Sachsen, stieß über die Pyrenäen nach Spanien vor, drängte dort die islamischen Omaijaden zurück und errichtete eine Mark in Nordspanien. Im Jahre 787 zwang er den bayerischen Herzog Tassilo III. (748–788) zur Unterwerfung und Anerkennung als Lehnsherrn. Tassilo wurde abgesetzt und zu lebenslanger Klosterhaft verurteilt. Bis 795 konnte Karl noch in mehreren Feldzügen die Awaren auf dem Nordbalkan und einige slawische Stämme in der Donautiefebene unterwerfen.

Sein Reich war in Grafschaften aufgeteilt, in denen ein Bischof oder Erzbischof die geistlichen Dinge kontrollierte, die weltlichen Angelegenheiten ein *comes* („Genosse" des Königs), also ein Graf. Die gesamte Amtsführung in den Verwaltungsbezirken wurde von Königsboten (*missi dominici*) beaufsichtigt, die von Karl ausgeschickt wurden, „die Kirche, die Armen, die Mündel und die Witwen und das ganz Volk" vor Übeltaten oder Tyrannei zu schützen, wie das *Capitulare missorum* mitteilte, ein Gesetzestext Karls, eine Magna Charta für das Volk – vier Jahrhunderte ehe Englands Magna Charta für den Adel zustande kam.

Das „Zweikaiserproblem"

Im Jahr 795 wurde in Rom ein vom Volk ungeliebter Papst gewählt, Leo III. (795–816), der vom Volk gefangen gesetzt wurde, fliehen konnte und es bis nach Paderborn schaffte, um dort Karl um Beistand zu ersuchen. Karl nahm ihn auf und schickte ihn mit bewaffnetem Geleit nach Rom zurück. Ein Jahr später kam Karl selbst nach Rom, um den Konflikt mit den Römern zu lösen. Er wurde am 24. November 800 in der Stadt Rom prächtig empfangen, und eine Versammlung von Römern und Franken rehabilitierte den Papst, der einen feierlichen Eid für König Karl leistete. Am 25. Dezember krönte ihn der Papst im Weihnachtsgottesdienst zum „das Römische Reich regierenden Kaiser". Damit war das römische Kaisertum 324 Jahre nach der Absetzung des letzten weströmischen Kaisers wieder erneuert.

Bild links:
Dieses silberne und goldene Büstenreliquiar von Kaiser Karl dem Großen (771–814) ließ Kaiser Karl IV. 1349 zur Erneuerung der kaiserlichen Karlstradition anfertigen. *Aachen, Dom, Schatzkammer*

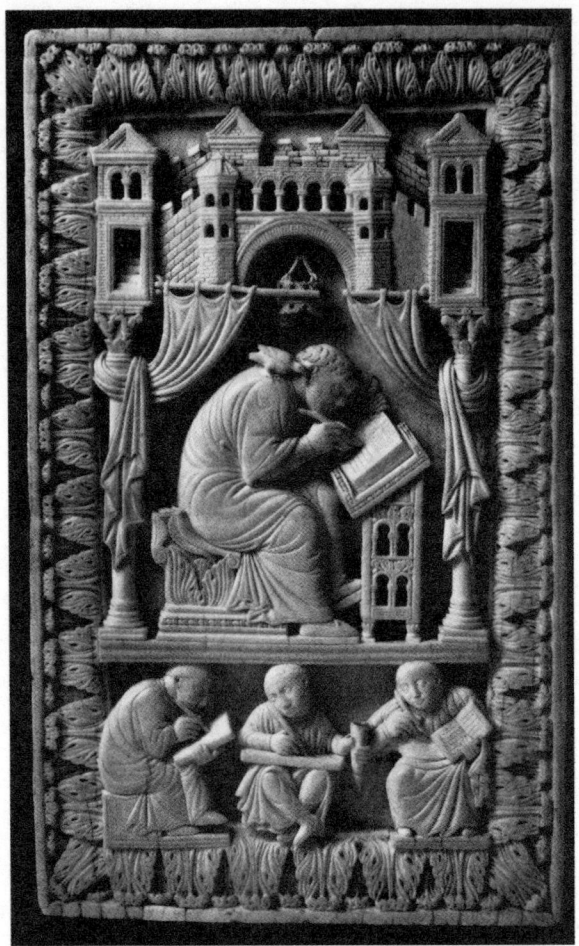

Die Legende berichtet, dass sich eine Taube auf der Schulter Papst Gregors I. des Großen (590–604) niedergelassen habe und ihm das Wort Gottes verkündete. Elfenbeinschnitzerei aus einer Trierer Werkstatt, 9./10. Jh., im Bild unten ein klösterliches scriptorium mit drei Mönchen beim Schreiben, *Kunsthistorisches Museum, Wien*

Karls Kaiserkrönung beschwor das „Zweikaiserproblem" herauf, da es aus der oströmisch-byzantinischen Sicht nur einen Kaiser auf der Welt geben durfte – und zwar den in Konstantinopel. Erst zwei Jahre vor Karls Tod (814) erkannte der oströmische Kaiser Michael I. (811–813) nach langen Verhandlungen und territorialen Zugeständnissen der Franken die Kaiserwürde Karls offiziell an. Dabei war dessen Reich um vieles größer als das oströmisch-byzantinische.

Karl musste sein Reich immer wieder vor Angreifern, ab 800 aus dem Norden und Osten gegen Wikinger, Normannen und Slawen, verteidigen. Die Wikinger drangen 810 von Jütland her in Friesland ein und wurden vertrieben. Kurze Zeit später berichtete man Karl von Wikinger-Piratenschiffen im Golf von Lyon. Um die Verteidigungsbereitschaft an den Grenzen des Reiches zu erhöhen, teilte Karl dieses unter seinen drei Söhnen Pippin, Ludwig und Karl auf. Aber Pippin starb 810, ein Jahr später Karl, und so wurde Ludwig 813 von seinem Vater in den Kaiserrang erhoben. Im Winter 814 starb Karl im 72. Lebensjahr an einer Lungenentzündung, von der ganzen Welt als Carolus Magnus und Charlemagne geachtet.

Von den Karolingern zu den Kapetingern

Ludwig, „der Fromme" genannt (814–840), knüpfte an seines Vaters Reformpolitik an und suchte die Durchdringung des politischen und gesellschaftlichen Lebens mit den Geboten des Christentums. An die Stelle des bisherigen Gewohnheitsrechts sollte ein vereinheitlichter Rechtskanon auf biblischer Grundlage treten. Und um die Reichseinheit sicherzustellen, änderte Ludwig 817 auch die Erbregelung. Statt das Reich unter den Söhnen aufzuteilen, sollte nur der älteste Sohn die alleinige Königs- und Kaiserwürde erhalten. Lothar I. (817–855) wurde vom Vater zum Mitregenten und Haupterben gekrönt, die beiden jüngeren Brüder Pippin und Ludwig bekamen wie der aus zweiter Ehe geborene Karl Unterkönigreiche, die Lothar untertan waren. So erhielt Ludwig Bayern, Pippin Aquitanien und Karl das Elsass, Rätien und Teile Burgunds. Lothar I. sah seine Rechte missachtet, lehnte sich gegen den Vater auf und riss 830 die Macht an sich. Der nachfolgende Bürgerkrieg endete 833 mit einem Kniefall des Vaters vor den Söhnen, die Lothar unterstützten. Das war der Anfang vom Ende der karolingischen Dynastie. Lothar I. stellte seine Brüder Karl und Ludwig auf die Stufe von Vasallen, aber diese schlugen ihn 841 bei Fontenoy und leisteten zu Straßburg einen Eid der gegenseitigen Treue. Im Jahr 843 unterzeichneten sie mit Lothar den Vertrag von Verdun, mit dem das Reich in drei Teile aufgeteilt wurde, die ungefähr den heutigen Staaten Italien, Frankreich und Deutschland entsprachen. König Ludwig II., genannt „der Deutsche" (843–876), erhielt die Lande zwischen Rhein und Elbe (Ostfränkisches Reich), König Karl II., genannt „der Kahle" (843–877), den größten Teil Frankreichs und die Spanische Mark (Westfränkisches Reich), Lothar I. erhielt Italien und die Gebiete westlich des Rheins von Holland bis in die Provence, das von ihm die Namen Lotharingia, Lothringen, Lorraine erhielt und ohne sprachliche oder völkische Einheit später zum Kampffeld zwischen Deutschland und Frankreich wurde. Erneut brach danach offener Krieg um das Erbe des karolingischen Throns aus. Das Mittelreich in Frankreich zerfiel schon in der nächsten Generation, die weiteren unrühmlichen Herrscher der beiden anderen Reichsteile bekriegten sich mehrfach, bis mit dem Tod des Ludwig IV., genannt „das Kind" (900–911) der ostfränkische Zweig der Karolinger endete. Während in Westfrankreich seit 888 der erste Kapetinger durch Kauf und Krieg fast das gesamte Gebiet zwischen der Normandie, der Seine und der Loire unter seine Lehnsherrschaft gebracht hatte, wurde sein Sohn, ebenfalls Hugo Capet (987–996) genannt, schließlich 987 in Paris zum König von Frankreich gewählt. Damit folgte den Karolingern im Westen die Dynastie der Kapetinger, die Frankreichs Könige bis zur Französischen Revolution stellten, und im Osten begann die „deutsche" Geschichte.

Das Schwert des Islam

Arabien (*arab* = dürr) ist die größte Halbinsel der Welt, 2500 Kilometer lang, 2.000 Kilometer breit, geologisch die Fortsetzung der Sahara, ein Teil des Sandgürtels, der sich über Persien bis zur Wüste Gobi erstreckt. Im westlichen Küstenstrich, dem Roten Meer zu, bietet sich um die Städte Mekka und Medina und im Südwesten im Gebiet von Jemen, der Heimat der alten Königreiche Arabiens, mit gelegentlichen Regengüssen die Möglichkeit der Zivilisation. Und dort, in Mekka, wurde im Jahr 570 der Stifter der Religion des Islam, Mohammed, geboren. Islam bedeutet übersetzt „die Unterwerfung unter Gottes Willen". Mohammeds Eltern waren arm, aber sie und ihr Sohn gehörten der führenden Sippe des

Stammes der Haschimiden an. Mohammed, was „der Gepriesene" bedeutet, fühlte sich im Alter von etwa 40 Jahren zum von Gott gesandten Propheten berufen und begründete um 610 die Religion des Islam.

Im Unterschied zum östlichen Buddhismus, Konfuzianismus und dem Christentum „entstand der Islam am Rande zusammenbrechender Reiche und gewann Gestalt in einer Zeit beständiger kriegerischer Auseinandersetzungen. Dabei war der Islam keine Religion der Gewalt, aber die Muslime konnten sich aus den Kriegen nicht heraushalten" (Ian Morris). Mohammed lehrte: „Und kämpfet für Allahs Sache gegen jene, die euch bekämpfen, doch überschreitet das Maß nicht, denn Allah liebt nicht die Maßlosen". Er hinterließ keine schriftlichen Aufzeichnungen. Der Koran, was „Lesungen" bedeutet, wurde erst nach seinem Tode zusammengestellt. Von Anfang an galt der Islam als Gegensatz zum Christentum, das für den Westen charakteristische Glaubens- und Wertesystem. In nur einem Jahrhundert hatten Mohammed und seine Nachfolger das halbe byzantinische Asien, ganz Persien und Ägypten sowie den größten Teil Nordafrikas erobert und waren nach Spanien vorgedrungen.

Der Beginn der islamischen Zeitrechnung ist auf den 15. Juni 622 festgelegt und wird markiert mit Mohammeds Auswanderung aus Mekka nach Medina, von den Muslimen „Hedschra" genannt. Moham-

Die Miniatur zeigt Mohammed, den Stifter des Islam (570 bis 632) vor der Kaaba in Mekka, wo er den schwarzen Stein (Hadschar) in einen Teppich legt, damit er in den östlichen Teil der Kaaba gebracht werden kann. *Topkapi-Museum, Istanbul*

meds Anhänger haben sich in zahlreichen kriegerischen Konflikten auf der arabischen Halbinsel gegen alle Stämme der Araber durchgesetzt. Sie vertrieben von dort die Juden und drehten die Gebetsrichtung der Frommen, die sich bisher nach Jerusalem orientiert hatten, nach Mekka, wo Mohammed im Jahr 630 friedlich einzog und zwei Jahre später starb. Er verstand die Welt als Offenbarung eines Gottes, den die Menschen bisher nicht verstanden hatten, weshalb für ihn die Geschichte dieser Irrtümer mit dem Islam zum Abschluss gekommen war.

Da Mohammed keinen Nachfolger bestimmt hatte, wurde Abu Bekr (573 bis 634) zum ersten Kalifen (arab. *chalifa,* „Vertreter") des Islam gewählt, der erste Vorstöße nach Syrien und Persien unternahm. Dessen Nachfolger war Omar I. (634–644), der durch zahlreiche weitere Eroberungen die Voraussetzungen für ein islamisches Weltreich schuf und als Schöpfer des islamischen Staatswesens gilt. Omar war von puritanischer Strenge durchdrungen, forderte von jedem Muselmanen äußerste Tugendhaftigkeit und „trug immer eine Peitsche bei sich, mit der er jeden Mohammedaner züchtigen konnte, den er bei einer Übertretung der Gesetze des Korans antraf" (Will Durant). Sein Vorgänger Abu Bekr hatte die Parole ausgegeben: „Seid gerecht, seid tapfer! Lasst lieber euer Leben, als dass ihr nachgebt. Erschlagt keine Greise, keine Frauen, keine Kinder. Zerstöret keine Obstbäume, keine Getreidefelder, kein Vieh. Haltet euer Wort, auch gegenüber Feinden. Belästigt die frommen Menschen nicht, die sich von der Welt zurückgezogen haben, zwinget aber alle anderen, entweder Muselmanen zu werden oder uns Tribut zu zahlen. Wer sich weigert, soll den Tod finden" (Koran, XLIV. Sure). Damit galt für die Unterworfenen also nicht die Wahl zwischen Islam oder Schwert, sondern zwischen Islam oder Tributzahlung.

Spaltung des Islam

Als Mohammeds Schwiegersohn Ali (656–661) zum Kalifen ausgerufen wurde, ließ sich in Damaskus der syrische Statthalter Muawija (661–680), ein Omaijade, zum Gegen-Kalifen erheben und wurde nach vierjährigem Bürgerkrieg und der Ermordung

In Spanien erlagen die Westgoten unter ihrem letzten König Roderich (710–711) dem arabisch-berberischen Heer des Tarik (gest. um 720), der Cordoba und Toledo für die Omaijaden-Dynastie eroberte. Die Miniatur aus der Beatus-Handschrift, in der sich westgotische und islamische Kunstformen mischten (1091 bis 11o9), bezieht sich auf die Verse in der Apokalypse (I,7): „Siehe, er kommt mit den Wolken, und es werden ihn sehen alle Augen ..." *British Museum, London*

Alis allein herrschender Kalif. Da aber Alis Partei, die „Schia", in der Opposition blieb, kam es zur Spaltung des Islam. Alis Anhänger wurden von da an als Schiiten bezeichnet und verehren Ali noch heute als einzigen Nachfolger Mohammeds unter den Kalifen. Alis Sohn Hussain zog mit seinen Anhängern gegen die Muawija-Omaijaden-Dynastie – die in Damaskus wie byzantinische Herrscher residierten – ins Feld und wurde in der Schlacht von Kerbela (680) getötet. Der Tag der Schlacht (10. Oktober) ist bis heute für die Schiiten der Passionstag.

Die Dynastie der Omaijaden ging schließlich unter, weil sie mit den Problemen, die die enorme Ausweitung des Islam mit sich brachte, nicht fertig wurden. Nun ließ sich der Schiit Abul Abbas (749–754) zum Kalifen ausrufen, schlug den letzten Omaijaden-Kalifen und ließ alle überlebenden Omaijaden umbringen. Lediglich Abd ar-Rahman entkam nach Spanien und wurde dort der Herrscher des Emirats von Córdoba. Die Omaijaden-Herrschaft in Spanien brachte einige Jahrhunderte lang eine Zeit kultureller Blüte.

Der neue Kalif Abul Abbas erreichte trotz seiner Morde an den Omaijaden keine Einheit des Kalifenreiches mehr. Durch die islamische Machtausbreitung gab es auch in einzelnen Gebieten Vorbehalte gegen die führende Macht der Araber im Islam. Aus diesem Grund setzte sich zum Beispiel das oppositionelle Schiitentum in Persien durch.

Den Höhepunkt und gleichzeitig Wendepunkt des islamischen Weltreiches markierte die Herrschaft des Kalifen Harun el-Raschid (786–809). Er verkörperte in seiner Person noch einmal den ganzen Glanz des Kalifats von Bagdad. Obwohl er zahlreiche Siege erkämpfte, konnte er den beginnenden Zerfall des islamischen Weltreiches nicht mehr aufhalten. Im Jahr 990 stürzten die vordringenden Seldschuken (Türken) in Buchara die dortige Samaniden-Dynastie, eroberten unter Mahmud (998–1030) ganz Persien und drangen bis zum Kalifat von Bagdad vor. Die Seldschukenherrscher nahmen den Titel Sultan (= Meister) an und beließen den Kalifen nur noch eine religiöse Rolle. Sie zerstörten aber nicht, was sie eroberten, sie nahmen schnell die höhere Zivilisation auf, schlossen die verstreuten Glieder eines absterbenden Staates zu einem neuen Reich zusammen und verliehen ihm die Kraft, den langen Zweikampf zwischen Christentum und Islam während der Kreuzzüge zu überstehen.

Byzanz, das „Rom des Ostens"

Neben dem Reich Karls des Großen gab es auf dem Boden des heutigen Europa noch ein weiteres, viel älteres Kaiserreich, das im Wesentlichen das heutige Griechenland und die heutige Türkei umfasste und damit Asien und Europa miteinander verband. Dieses Reich „lebte von unmittelbar römischer Kontinuität, hatte in Konstantinopel (Byzanz), dem zweiten Rom, seit dem 4. Jahrhundert seine Residenz und bestimmte durch seine politische Macht, seine Mission, seine Wirtschaftskraft und seine fest gefügte, in spätantiken Traditionen verhaftete Kultur vom östlichen Mittelmeerraum her auch Osteuropa bis zum russischen Norden" (Ferdinand Seibt). Allerdings sahen weder die Kaiser noch die Bewohner dieses östlichen, Byzantinischen Reichs sich als Europäer, sie sahen sich als Römer, die nach der Teilung des Römerreichs in West und Ost die „wahren Hüter der alten Traditionen" seien.

Als Odoaker, der germanische Söldnerführer in römischen Diensten, im Jahr 476

Kaiser Justinian I. (527–565) versucht vergeblich von Byzanz aus Italien für sein Reich wiederzugewinnen. Mosaik aus der Basilika San Vitale in Ravenna, *picture-alliance/dpaweb*

den letzten weströmischen Kaiser Romulus Augustulus absetzte, war der damalige oströmische Kaiser Zenon (476–491) viel zu sehr mit seiner Machtfestigung beschäftigt, als dass er im Westen hätte eingreifen können. Als die ostgotische Bedrohung für Byzanz Ende des 5. Jahrhunderts beendet war, wurde nach dem Wegfall des weströmischen Kaisertums die Zwangslage, in der die oströmischen Kaiser steckten, offenkundig. Durch die Bedrohung vor allem durch die persischen Sassaniden waren sie nicht in der Lage, sich um die Einheit im gesamten römischen Reich zu kümmern.

Die größten Anstrengungen zur Wiedergewinnung Italiens unternahm Kaiser Justinian (527–565). Sein Chronist Prokop (um 500 bis 562), Historiker und Feind zugleich, zeichnete ihn so: „Er hatte ein doppeltes Gesicht: Als Mensch war er grausam, verstand es aber vortrefflich, seine Gedanken auf die geschickteste Weise zu verbergen. Er war ein unverlässlicher Freund, ein Feind ohne Gnade und stets mit aller Leidenschaft auf Mord und Güterraub bedacht." Also ein absolut in seine Zeit passender Herrscher, der das Glück hatte, eine schöne Zirkusprinzessin an seine Seite zu holen, die er als Theodora (527–548) zur Kaiserin in der Hagia Sophia krönte. Dieses ungewöhnliche Kaiserpaar schuf mit seiner Politik die Grundlagen für die weitere Entwicklung des Byzantinischen Reiches, wobei Theodora die katholische Intoleranz ihres Gatten milderte, Häretiker in Schutz nahm und das Papsttum in Rom herausforderte.

Justinian erkaufte sich mit hohen Tributzahlungen an Persien einen zeitweiligen Frieden und hoffte, dadurch den Rücken freizuhaben für ein Ausgreifen nach dem Westen. Tatsächlich gelangen seinem genialen Heerführer Belisar (um 500 bis 565), der wie Justinian aus einem illyrischen Bauerngeschlecht stammte, in den folgenden Jahrzehnten viele Siege im Westen. Belisar brachte das karthagische Nordafrika unter byzantinische Herrschaft, bis die Araber kamen, setzte nach Italien über, nahm Rom ein und behauptete es gegen die Ostgoten. Im Jahr 540 kapitulierte auch Ravenna vor Belisar. Justinian glaubte, Italien gesichert zu haben, und rief seinen Feldherrn in den Osten gegen die Perser. Aber die Goten eroberten im Jahr 549 unter ihrem König Totila erneut Rom, griffen nach Süditalien aus, besetzten Sizilien, Korsika und Sardinien. Justinian schickte nun seinen Feldherrn Narses, geboren um 489 in Armenien, der ersten Nation, die schon 303 das Christentum zur Staatsreligion erhoben hatte, nach Italien. Narses schlug mit seinen meist germanischen Söldnern Totila, der selbst fiel, 552 bei Taginae in Umbrien. Totilas Nachfolger Teja besiegte Narses 553 am Vesuv. Der „Gotenkrieg" war damit beendet.

Trennung von Ost- und Westkirche

In Italien zeugten danach nur noch Ruinen von Roms ehemaliger Größe. Die Stadt hatte in diesem 6. Jahrhundert fünfmal den Besitzer gewechselt, war dreimal belagert, ausgehungert und ausgeplündert worden. Städte und Dörfer waren wirtschaftlich zugrunde gerichtet, einst fruchtbare Gebiete waren menschenleer. Justinians Sieg in Italien hatte nur kurze Zeit gewährt, er war teuer und nutzlos gewesen, denn die Nachfolger Justinians konnten das Riesenreich nicht zusammenhalten. Norditalien fiel bald an die Langobarden, oströmische Truppen konnten sich nur noch im neuen Zentrum Ravenna halten. Justinians Nachfolger wehrten sich so gut sie konnten gegen die Perser und die Awaren, doch erst Kaiser Herakleios (610 – um 640) stabilisierte wieder die Lage des Reiches. In den muslimischen Arabern erstand den Byzantinern aber ein neuer Feind, der 636 Palästina und 641 Jerusalem einnahm. Zwischen 674 und 678 tauchte alljährlich eine arabische Flotte vor Konstantinopel auf. Und zur selben Zeit machten die Araber einen neuen Versuch, das inzwischen verlorene Jerusalem zurückzuerobern, aber jetzt rettete das „griechische Feuer" (ähnlich einem Flammenwerfer) Europa vor dem Islam.

Am Ende des 7. Jahrhunderts blieb das Byzantinische Reich auf Kleinasien, Griechenland und den westlichen Balkan beschränkt. Entscheidend für die Trennung von West- und Ostkirche war der Bilderstreit, den Kaiser Leon III. mit seinem Edikt im Jahr 730 vom Zaun brach, mit dem bildliche Darstellungen von Jesus und Maria sowie alle Heiligenbilder und Wandbilder in den Kirchen verboten wurden. Das bedeutete auch die Trennung aller östlichen Diözesen von Rom und deren Unterstellung unter den Patriarchen von Konstantinopel. Die Kirchenspaltung zwischen Konstantinopel und Rom markierte schließlich der gegenseitige Bannfluch von Papst und Patriarch im Jahr 1054.

Das Ende von Byzanz

Die makedonische Dynastie von 867 bis 1056 brachte für Byzanz noch eine letzte Blüte unter Basileios I. (867–886), der eine innere Reform des Reiches durchführte. Kaiser Basileios II. (976–1025) erhielt den Ehrennamen „Bulgarentöter", weil er den bulgarischen Staat dem Byzantinischen Reich gewaltsam einverleibte.

Anfang des 11. Jahrhunderts aber kam die Bedrohung des Reiches aus dem Osten durch das Turkvolk der Seldschuken, die Kaiser Romanos IV. (1068–1072) am 26. August 1071 in der Schlacht von Manzikert eine vernichtende Niederlage beibrachten und Romanos gefangen nahmen; danach errichteten die Seldschuken einen eigenen Staat. Auf dem Balkan schüttelten die Bulgaren und Serben die byzantinische Herrschaft ab. Die Kreuzzüge brachten für Byzanz eine vorübergehende Erleichterung. Als Michael VIII. Palaiologos (1258–1282) mithilfe von Venedig und Genua im Jahr 1261 Konstantinopel wiedererobern konnte, blieb Byzanz territorial beschränkt; im 14. Jahrhundert schließlich vollzog sich der endgültige Niedergang des ehemaligen Oströmischen Reiches. Nach einer Pestepidemie im Jahr 1350 wurde Byzanz eine leichte Beute der Osmanen, die nach dem Niedergang der Seldschuken in Anatolien deren Erbe angetreten hatten. Die Osmanen leiteten ihre spätere Bezeichnung Osmanisches Reich von Osman I. (um 1300–1326) ab. Sie eroberten 1331 Nikaia, 1362 Adrianopel und 1387 Thessaloniki. Ab 1388 machten sie Bulgarien tributpflichtig und brachten auf dem Amselfeld den Serben eine verheerende Niederlage bei. Im Herbst 1394 versuchte der osmanische Sultan Bajasid I. (1389–1403) Konstantinopel zu erobern, doch die Mauern der Stadt waren zu stark. Der Sultan zog ab, als der ungarische König Sigismund (1387–1437) zur Unterstützung der Byzantiner aufbrach. Die Osmanen schlugen schließlich 1396 bei Nikopol das Kreuzfahrer-Heer unter König Sigismund, kämpften dann einige Jahre gegen die Mongolen unter deren Khan Timur Lang – Tamerlan – (1369–1405), bezwangen Ankara und eroberten 1453 die einst blühende Hauptstadt des stolzen Byzantinischen Reiches. Damit war das Byzantinische Reich untergegangen, aus Konstantinopel wurde Istanbul und der Sieger, Sultan Mehmet II., erhielt den Beinamen „der Eroberer". Die Einnahme von Trapezunt 1461 als letzter Außenposten des einstigen Reiches von Byzanz markierte den Schlusspunkt für Byzanz.

Der Aufstieg des Nordens: England und Wales

Ende des 6. Jahrhunderts teilten die Invasoren in England – die Angeln, Sachsen und Jüten – das Land auf: Die Jüten schufen sich das Königreich Kent, die Angeln die Königreiche Mercia, Northumberland und East Anglia, die Sachsen bildeten die Königreiche Wessex, Essex und Sussex (West-, Ost- und Südsachsen). Das war das alte England, bis im Jahr 829 König Egbert von Wessex durch Waffengewalt und List die meisten der sieben Königreiche unter seiner Herrschaft vereinigte.

Jahrzehnte davor schon hatten die ersten Einfälle der Dänen begonnen, die das dort entstandene Christentum mit wildem Heidentum bedrohten. Sie verheerten und plünderten die sieben Königreiche von 787 bis 871 in mehreren Überfällen. Als sie 871 die Hauptstadt von Wessex bedrohten, stellte sich ihnen König Ethelred entgegen und schlug sie bei Ashdown. In einem zweiten Zusammenstoß bei Merton wurde Ethelred tödlich verwundet, die Engländer mussten fliehen und der 22-jährige Bruder Ethelreds, Alfred, wurde König der Westsachsen. Nach einer nochmaligen Niederlage trug Alfred 878 einen entscheidenden Sieg über die Dänen davon. Alfred, mit Beinamen „der Große" (871–899), konnte den ganzen Süden Englands und East Anglias sowie Mercia vereinen, baute eine neue Flotte und ordnete das Heerwesen wie auch die Staatsführung. Nach dem Vorbild Karls des Großen kümmerte er sich um die Volkssprachen, ließ grundlegende Bücher ins Englische übertragen, übersetzte selbst Boethius' „Tröstung der Philosophie" und ließ die Lieder seines Volkes sammeln. Im Jahr 894 drangen die Dänen erneut bis Kent vor, gewannen die Waliser – keltische Patrioten, die von den Angelsachsen noch nicht unterworfen waren – als Bundesgenossen. Aber Alfreds Sohn Eduard überfiel das Lager der Dänen und Waliser und zerstörte es, Vater Alfred schickte seine Flotte los und zerstreute diejenige der Dänen. Zwei Jahre später starb Alfred der Große. Alfreds Aufteilung des Landes in Grafschaften, *shires*, verwaltet von *shire-reeves*, kontrolliert von *ealdermen*, wurde richtungsweisend bis heute. „Dieses Stück Mittelalter hat noch die Gegenwart erreicht: die Sheriffs im Wilden Westen, die Earls aus dem feudalen Oberhaus" (Ferdinand Seibt).

Ende des 10. Jahrhunderts nahmen die Skandinavier ihre Angriffe auf England erneut auf. Norwegische Wikinger überrannten die Ostküste, plünderten Ipswich und schlugen die Engländer bei Maldon. Unfähig zu weiterem Widerstand erkaufte sich König Ethelred (978–1013) den Frieden mit Hunderttausenden Pfund Silber, die er mit Steuern von der Bevölkerung erpresste. Er verbündete sich mit der Normandie, ehelichte die Tochter des Normannenherzogs Richard I. und ordnete schließlich die Ermordung aller Dänen auf der britischen Insel an. Dieser Aktion fiel auch die Schwester des Dänenkönigs Sven zum Opfer. Die Rache der Dänen kam prompt: König Ethelred, von seinem Adel im Stich gelassen, starb im von den Dänen belagerten London. Sein Sohn Edmund II. „Ironside" kämpfte tapfer weiter, wurde aber von Svens Sohn Knut 1016 bei Assandum geschlagen. Knut (1018–1035), der Dänenkönig, war nun König von England und 1028 auch König von Norwegen – Regierungssitz für alle drei Länder war Winchester. Der vorletzte König in England vor der normannischen Eroberung war Eduard der Bekenner (1042–1066), der 1055 als wichtigstes Ereignis seiner Herrschaft den Bau der Westminster Abbey befahl, in der er dann 1066 beigesetzt wurde. Der letzte König wurde im Schicksalsjahr 1066 Harold, dem man bei der Krönung die Nachricht überbrachte, dass Wilhelm, der Herzog der Normandie, Anspruch auf seinen Thron erhob und sich zum Krieg rüstete. Wilhelm verwies auf das Versprechen von Eduard dem Bekenner, ihm als Dank für seinen Schutz im Exil in der Normandie die Krone zu vermachen. Ehe Wilhelm sich aufmachte nach England, versicherte er sich der Hilfe von Papst Alexander II. (1061–1073), der Harold als „Usurpator" verurteilte und Wilhelm für die beabsichtigte Invasion Englands seinen Segen erteilte. Bei Hastings trafen die Heere Harolds und Wilhelms am 14. Oktober 1066 aufeinander. Harolds Streitmacht war Wilhelms Invasionsheer hoffnungslos unterlegen, trotzdem dauerte das Schlachten volle neun Stunden. Harold wurde von einem Pfeil ins Auge getroffen, die normannischen Ritter zerstückelten ihn. Am Weihnachtstag

1066 wurde der Normannenherzog Wilhelm „der Eroberer" in Westminster zu König William I. (1066–1087) der Angelsachsen gekrönt und machte aus England eines der am straffsten verwalteten Königreiche des Mittelalters.

Wales, das nach dem Abzug der Römer im 5. Jahrhundert ein selbstständiges Königreich war, nahm während der Invasion Englands durch die Angelsachsen Tausende von Briten auf. Diese fanden einen verwandten keltischen Volksstamm vor und assimilierten sich rasch in einem keltischen Volk, das seine Ordnung auf die Familie und die Sippe gründete. Christen kamen im 6. Jahrhundert nach Wales und gründeten sofort mehrere Klöster. Nachdem Wales die Hauptwucht der dänischen Überfälle im 8. Jahrhundert ertragen musste, vereinigte König Hywel der Gute (910–950) ganz Wales unter seiner Herrschaft und erließ ein einheitliches Gesetzeswerk. König Gruffydd ap Llywelyn (1039–1063) unterwarf das englische Königreich Mercia, aber der spätere König Harold von England eroberte Wales im Jahr 1063 für England als britische Grafschaft.

Irland vom 5. bis 12. Jahrhundert

Irland war vom Tod des heiligen Patrick (um 385 bis 461) an bis zum 11. Jahrhundert in sieben Königreiche aufgeteilt: drei in Ulster, die anderen waren Connaught, Leinster, Munster und Meath. Ab dem 3. Jahrhundert suchten die streitlustigen Iren immer wieder die westbritische Küste für Überfälle auf. Der Krieg wurde in Irland zum Alltag und bis 590 mussten sogar die Frauen und bis 804 Mönche und Priester mit in den Krieg ziehen. Die Staatsführung verharrte im Wesentlichen stammschaftlich und rang sich nur kurzfristig zu einer nationalen Einheit zusammen. Mehrere Familien bildeten eine Sippschaft, mehrere Sippen einen Stamm. Alle Stammesmitglieder führten sich auf einen gemeinsamen Ahnen zurück. So leiteten sich die O'Neills von Niall Glundubh ab, der 916 König von Irland war. Viele andere setzten einen Mac (Sohn) vor den Vaternamen, um die Abkunft zu bezeichnen. Nach dem Aufkommen des Christentums (461 bis 750) waren die Iren in kultureller Hinsicht sehr fortschrittlich. In vielen von Mönchen und Nonnen eröffneten Schulen wurde noch Griechisch gelehrt, als diese Sprache in Westeuropa längst verschwunden war. Alkuin (um 730 bis 804), der Angelsachse, der in Irland studierte und in Aachen die Hofschule Karls des Großen leitete, lernte Griechisch in Clonmacnoise. Der irische Astronom und Geometer Fergil lehrte die Kugelgestalt der Erde. In Bardenschulen wurden Dichter ausgebildet, die zugleich Lehrer, Rechtsanwälte und Historiker waren. In allen christlich illuminierten Handschriften des damaligen Europa ist nichts zu finden, das sich mit dem „Book of Kells" in Irland vergleichen ließe.

Irlands Glanzzeit fand mit den Normannenüberfällen ihr Ende. Die irischen Könige gingen getrennt gegen die räuberischen Eindringlinge vor und bekämpften sich gleichzeitig noch gegenseitig. Christliche und heidnische Soldaten plünderten Klöster aus, brannten sie nieder und zerstörten Handschriften und die Kunst der vorherigen Jahrhunderte. Brian Borumha (941 bis 1014), ein Bruder des Königs von Munster und Haupt der Sippschaft der Dalgas, stürzte mithilfe von dänischen Invasoren

Die heidnische Vergangenheit lebte in den christlichen Handschriften Irlands weiter, so im „Buch von Kelly" (frühes 9. Jh.), dessen Randleisten um den lockenhaarigen Evangelisten germanische Ornamente aufweisen.
Trinity College Library, Dublin

den König von Meath und wurde 1013 als König von ganz Irland anerkannt. Die Normannen stellten in Irland ein Heer auf und wollten den alternden König Brian beseitigen, der sie aber am Karfreitag 1014 bei Dublin schlug. Brian fand jedoch wie sein Sohn Murrogh in der Schlacht den Tod. Im 11. Jahrhundert fand die Insel zum Frieden zurück, lebte kulturell wieder auf. Aber wenig später zerfiel das Königreich Irland wieder in sich befehdende kleine Königreiche. Im Jahr 1172 fand eine Handvoll Abenteurer aus Wales und England die Möglichkeit, mit geringem Aufwand die „Insel der Doktoren und Heiligen" zu erobern, sie zu regieren aber gelang weiterhin keiner Sippschaft.

Schottland vom 5. bis 11. Jahrhundert

Schottland führt seinen Namen auf einen gälischen Volksstamm, die Scotti, zurück, die Ende des 5. Jahrhunderts aus Nordirland nach Südwestschottland einwanderten. Ehe die Scottis sich auf der ganzen Halbinsel nördlich des Tweed ausbreiteten und eine schottische Nation bilden konnten, mussten sie sich in langen Auseinandersetzungen gegen die Pikten, einen keltischen Stamm nördlich des Firth of Forth, gegen die Briten, die vor den Angelsachsen aus Britannien geflohen waren, und gegen die Angeln oder Engländer behaupten. Im Jahr 844 vereinigte Kenneth MacAlpin die Pikten und Skotten unter einer Krone. 954 machte die sippschaftliche Organisation der Clans Edinburgh, benannt nach Edwin, dem König von Northumbria, zu ihrer Hauptstadt. 1018 eroberte Malcolm II. Lothian das Gebiet nördlich des Tweeds und gliederte es dem Reich der Pikten und Skotten an, wodurch eine keltische Vormachtstellung in Schottland gesichert schien. Aber die dänische Invasion in England trieb viele „Engländer" nach Südschottland, sodass ein starkes angelsächsisches Element sich mit den Kelten mischte.

Schließlich konnte König Duncan I. (1034–1040) alle Stämme der Pikten, Skotten, keltischen Briten und Angelsachsen in einem Königreich Schottland vereinigen. Aber von den 17 Königen, die von 844 bis

1057 in Schottland regierten, starben 14 durch Mörderhand – so auch der durch Shakespeare berühmt gewordene Macbeth.

Die Normannen und Wikinger aus Skandinavien

Die Normannen waren Germanen, deren Vorfahren nach Schweden und Norwegen vorgedrungen waren und die dortige keltische Bevölkerung verdrängten, die ihrerseits vorher ein den Lappen und Eskimos verwandtes Volk verdrängt hatten. Ein Häuptling der Frühzeit, Dan Mikillati, gab Dänemark den Namen. Der Volksstamm der Suiones hinterließ seinen Namen in der Bezeichnung Schweden (Sverige) und im Namen vieler Könige (Sven). Norwegen (Norge) bedeutet ganz einfach „Nordweg".

Plinius der Ältere (um 24 bis 79) hat Schweden den Namen *Scan* (lat. = Scandia) gegeben, das zur Bezeichnung Skandinavien für die bluts- und sprachverwandten Völker der Dänen, Schweden und Norweger wurde. Neben dem Namen Normannen für die Seefahrer aus Norwegen, die bis Schottland, Irland, Island und Grönland und im Jahr 1000 unter Leif, dem Sohn Eriks des Roten, sogar bis zum nordamerikanischen Festland ruderten, kam auch der Name Wikinger in Gebrauch, abgeleitet von dem altnordischen Namen *Vik* für „Fjord". Ein Wikinger war ursprünglich ein Mann, der die Gebiete um die Fjorde unsicher machte. Der Begriff Wikingerzeit von etwa 700 bis 1000 meint die Seefahrer und Eroberer aus allen skandinavischen Ländern. Der erste christliche König in Skandinavien war König Olaf, Sohn des Trygve, aus Norwegen. Er ließ ab 995 alle heidnischen Tempel zerstören, baute christliche Kirchen, fuhr aber fort, in Vielweiberei zu leben. Der Widerstand gegen die neue Religion wurde sein Schicksal, denn die Könige von Schweden und Dänemark zogen gemeinsam gegen ihn zu Felde und bei Rügen, so erzählt Will Durant, „wurde er in einem großen Seegefecht geschlagen, sprang in voller Rüstung ins Meer und ward nie mehr gesehen".

Es war im Jahr 793, als laut der mitteleuropäischen Chronisten erstmals die Wikinger mit ihren Drachenbooten vor der nordenglischen Insel Lindisfarne auftauchten, das dortige reiche Inselkloster plünderten und so schnell wieder verschwanden, wie sie gekommen waren. Dann fuhren sie aber über die Flussläufe weit ins Binnenland hinein. Sie plünderten Städte wie Paris, Rouen, Lyon oder Hamburg, Köln und Trier. Aber der „Wikingerschreck" war nicht nur eine Seite der Nordmänner, denn sie waren auch unerschrockene Entdecker. Ihre Besiedlung Islands und Grönlands war eine Großtat, die damals Zeichen setzte. Dabei zeigten sie handwerkliche und künstlerische Fähigkeiten, die nicht zum Bild der blutrünstigen Eroberer passen wollten. Denn schon bald gingen sie dazu über, sich in den heimgesuchten Ländern niederzulassen. So blieben die Nordmänner als Dänen in England und als Normannen in Nordfrankreich, das bis heute als Normandie bekannt ist. Die Nordmänner oder Wikinger aus Schweden orientierten sich nach Osten, ruderten über die Ostsee und entlang der Düna, Wolga, dem Don und Dnjepr in Russland in die Gebiete der slawischen Stämme und bauten dann Handelswege mit Byzanz und dem asiatischen Osten aus. Unter dem Waräger (russ. *Varjagi* für „Wikinger") Rurik gründeten sie 862 das Reich von Kiew, die Keimzelle des heutigen Russland. Im Westen nahm der Wikinger Rollo

Ein Wikingerüberfall, wie ihn sich im 19. Jahrhundert der Maler F. Leeke vorstellte, *Archiv des Autors*

nach einer Niederlage gegen den westfränkischen König Karl „den Einfältigen" (893–923) das Christentum an und nahm sich im Jahr 911 die Normandie zum Lehen. Nachdem die Wikinger sich dort taufen ließen, wurden sie in Frankreich zu „Normannen". Das Großreich von König Knut von Dänemark (1016–1035), das auch England umfasste, war eine kurzlebige skandinavisch-normannische Gründung, die bald zerfiel. Erfolgreicher waren die Normannen, die vermutlich als Pilger um 1015 von der Normandie nach Süditalien wanderten, dann an der Seite der ebenfalls germanischen Langobarden gegen Byzantiner und Sarazenen kämpften und für ihre Waffenhilfe von den Langobarden einen eigenen Herrschaftsbereich erwarben, von dem aus sie ihren Einfluss geltend machten. Im Jahr 1038 belehnte Kaiser Konrad II. (1027–1039) ihren Anführer Rainulf mit der Grafschaft Aversa. Zuvor gelang es 1030 den normannischen Eroberern in Sizilien, ihren Herzog Roger II. (1130–1154) von Papst Anaklet II. (1130–1138), dem Gegenpapst zu Innozenz II. (1130–1143), zum König von Sizilien, einschließlich Apuliens, krönen zu lassen. Ähnlich wie Rollo in der Normandie musste er Sizilien vom Papst zum Lehen nehmen. So verliehen Wikinger und Normannen durch ihre Eroberungen dem damaligen Europa ein neues Gesicht und hinterließen in ihrer neuen Heimat bis heute deutliche Spuren.

3. Kapitel

Die Welt der Klöster, Heiligen und Päpste, die Kirche gegen Ketzer, Juden und Hexen

Es begann mit dem Wunsch vieler früher Christen nach einem Leben in Enthaltsamkeit und Gebet, nach dem Beispiel einer radikalen Nachfolge Christi. Dies konnte in einem Leben als Einsiedler geschehen oder im Gemeinschaftsleben des Klosters als Mönch.

Der heilige Benedikt

Die Wurzeln der Glaubenseiferer lagen im heutigen Nahen Osten und in Kleinasien. Ein Beispiel für den Weg als Einsiedler gaben die berühmten syrischen „Säulenheiligen", die auf einer kleinen Plattform Tag und Nacht in Gebet und Meditation verbrachten. Die ersten Beispiele des Mönchtums in Europa finden sich in Südfrankreich, dem Schweizer Jura, in Norditalien und in Irland, von wo aus die Missionstätigkeit Kolumbans und anderer Mönche von der „grünen Insel" das Mönchstum auf dem europäischen Festland verbreiteten.

In Norditalien richteten sich die Klöster nach den Regeln des heiligen Benedikt von Nursia, der aus dem römischen Adel stammte, um 480 in Spoleto geboren wurde und sich nach seinem Entsetzen über das zügellose Sexleben in Rom als 15-Jähriger in die Sabinerberge zurückzog, um ein Leben als Einsiedler zu beginnen. „So entfernte er durch die Wunden der Haut (durch Selbstkasteiung) die Wunden der Seele aus seinem Körper", wie Papst Gregor I. (590–604) in seinen „Dialogen" schrieb. Seine strenge Gläubigkeit brachte ihm Ruhm ein, und um 529 gründete er mit seinen eifrigsten Anhängern das Kloster Monte Cassino, 65 Kilometer nordwestlich von Capua, und stellte die Klosterregeln der Benediktiner auf, die für die meisten Klöster des westlichen Europa maßgeblich wurden.

Nach Benedikt musste jeder Bewerber für das Mönchstum ein entbehrungsreiches Noviziat durchmachen, danach ein Gelübde ablegen und dieses von Zeugen bestätigen lassen. Von nun ab durfte der Mönch das Kloster ohne Einwilligung des Abtes nicht mehr verlassen. Jeder Mönch musste hart arbeiten, auf den Feldern oder in den Werkstätten des Klosters, in Küche und Haushalt und bei der Vervielfältigung von Handschriften. Bis zum Mittag, während der Fastenzeit bis zum Sonnenuntergang, durfte nicht gegessen werden. Von Mitte Septem-

Der heilige Benedikt (um 480 bis 547) übergibt sein Buch mit den Ordensregeln einer Gruppe von Mönchen. Aus einer italienischen Handschrift des 12. Jh., *Biblioteca Nazionale, Neapel*

ber bis Ostern gab es nur eine Mahlzeit am Tag, in den Sommermonaten wegen der längeren Tage zwei. Die Gebetsstunden waren von zwei Uhr morgens bis in die Abendstunden genau geregelt.

Die benediktinischen Klosterregeln erwiesen sich als eine der dauerhaftesten Schöpfungen des Mittelalters, und Monte Cassino wurde ein Symbol für klösterliche Standhaftigkeit: Die Langobarden plünderten es 589, danach zogen die Mönche wieder ein; die Sarazenen zerstörten es 884, die Mönche bauten es wieder auf; ein Erdbeben legte es 1439 in Trümmer, die Mönche errichteten ein neues Kloster; napoleonische Truppen plünderten es 1799 aus und Bomben und Granaten im Zweiten Weltkrieg vernichteten es bis auf die Grundmauern –

und die Mönche bauten es 1948 mit ihren Händen wieder auf. *Succisa virescit:* niedergehauen blüht es erneut.

Die Verbreitung der Regel des Benediktinerordens in ganz Europa war auch eine Folge der politischen Entwicklungen. Der Schulterschluss zwischen dem fränkischen Königtum und der römischen Kirche sowie der sich durchsetzende Primat des Bischofs von Rom (Papst) ließen für Sonderwege keinen Spielraum. Schließlich wurde auf einer Synode in Aachen 816 beschlossen, dass die Regel Benedikts künftig für alle Klöster des Fränkischen Reichs verpflichtend sei.

Die griechische Ostkirche

Die Patriarchen der Ostkirche konnten sich der Rechtsprechung des Bischofs von Rom nicht beugen, weil sie längst dem griechischen Kaiser von Byzanz untertan waren, der im Jahre 871 seinen Anspruch auf die Obergewalt über Rom aufgegeben hatte. Die Patriarchen kritisierten gelegentlich ihre Kaiser, aber sie wurden von ihnen ein- und abgesetzt, die griechischen Kaiser beriefen Konzile ein und regelten die kirchlichen Angelegenheiten nach den staatlichen Gesetzen. Die einzigen Hindernisse für eine vollständige religiöse Autokratie der Kaiser in der Ostkirche waren die Macht der Mönche in den Klöstern und das Gelübde des Kaisers bei der Krönung durch die Patriarchen.

Konstantinopel und der ganze griechische Osten wurden in weit stärkerem Umfang als der Westen mit Mönchs- und Nonnenklöstern übersät. Der Drang ins Kloster packte auch einige byzantinische Kaiser, die trotz ihres höfischen Prunks ein asketisches Leben führten. Unterschiede in Sprache, Liturgie und Lehre trieben das lateinische und griechische Christentum immer weiter auseinander: Die Liturgie, die kirchlichen Gewänder, Gefäße und Ornamente der Griechen waren komplizierter und prunkvoller als diejenigen im Westen, die Griechen beteten stehend, die Römer kniend; die Griechen tauchten den Täufling im Wasser unter, die Römer besprengten ihn mit Wasser; die Ehe war den westlichen Priestern verboten, den griechischen war sie gestattet; die römischen Priester rasierten sich, die griechischen trugen alle Bärte. Und die römische Geistlichkeit beschäftigte sich mit Politik, die griechische mit Theologie.

Der bedeutendste griechische Gelehrte und Patriarch Photios (um 830 bis 891) lehrte an der Universität Konstantinopel, berief 867 mit dem Kaiser ein Kirchenkonzil ein, das den Papst in Rom exkommunizierte und die „Häresie" der römischen Kirche verdammte, darunter die Lehre von der Herkunft des Heiligen Geistes von Vater und Sohn und die erzwungene Ehelosigkeit der Geistlichen. Photios erklärte dazu: „Diesem Brauch ist es zuzuschreiben, dass im Westen so viele Kinder zu finden sind, die ihren Vater nicht kennen."

Die Klöster in der Krise und die Reform von Cluny

Mit dem Niedergang des Karolingerreiches gerieten die westlichen Klöster in eine tiefe Krise. „Die Moral vieler Mönche ließ zu wünschen übrig, das Gebet wurde vernachlässigt, die Klöster gerieten in die Abhängigkeit lokaler Machthaber" (Uwe A. Oster). Der Ausgangspunkt für eine dringende Reformbewegung des westlichen Mönchstums wurde das burgundische Kloster Cluny, das 910 von Herzog Wilhelm dem Frommen von

Aquitanien gegründet und direkt dem Papst unterstellt wurde. Nach dieser Reform sollte zum Beispiel das Chorgebet wieder zum feierlichen Gottesdienst werden und das Leben der Mönche frei von jeder Einmischung von Laien sein. Der von Cluny ausgehenden Reform schlossen sich später immer mehr Klöster an. Um 1100 gehörten über 200 Abteien und Klosterkirchen dem *Ordo cluniacensis* an, der zum größten Klosterverband in Europa wurde. Die Zahl der Klöster hatte während des frühen Mittelalters rasch zugenommen und erreichte ihren Höchststand im 10. Jahrhundert. Danach sank sie wieder ab, als Ordnung und Wohlstand im weltlichen Leben zunahmen. In Frankreich gab es um 1100 nicht weniger als 543 Klöster – um 1250 waren es noch 287.

Ein Kritiker der Reform von Cluny, dem der Eindruck von zunehmender Macht und Reichtum der Cluniazenser zu viel wurde, war der Abt Robert von Moslemes, der 1098 an einer unwirtlichen Stelle namens Cîteaux bei Dijon sein Kloster errichtete. Und wie Chartreuse den Karthäusern den Namen gab, so erhielten die Zisterzienser ihren Namen von Cîteaux. Dieser neue Orden erweckte die alte Regel von Benedikt zu neuem Leben. Die Strenge der wieder eingeführten Entsagungen wirkte abschreckend und die Zisterzienser wären möglicherweise wieder verschwunden, wenn ihnen nicht in der Person des Bernhard von Clairvaux (1090 bis 1153) neuer Aufschwung zuteilgeworden wäre.

Der heilige Bernhard von Clairvaux

Der dritte Abt von Cîteaux, Stephan Harding von Dorsetshire, lernte bald den bei Dijon als Sohn eines Ritters geborenen scheuen Jüngling Bernhard als Mönch in Cîteaux kennen und sandte ihn 1115 als Abt aus, um mit zwölf anderen Mönchen ein neues Zisterzienserkloster zu gründen.

Bernhard fand einen Ort, dicht bewaldet und menschenleer, namens *Clara Vallis*, „helles Tal", Clairvaux. In diesem Tal wirkten Bernhard und seine wachsende Schar Mönche in Schweigsamkeit. Dort rodeten, pflanzten und ernteten sie, trafen sich zu den Gebetsstunden ohne Orgelbegleitung. Bernhard war ein Mann von großer innerer Kraft und gewaltiger Charakterstärke. Seine Frömmigkeit steigerte er bis zur Askese. Er lebte 38 Jahre lang in einer engen Zelle in Clairvaux, predigte Königen und Päpsten, am liebsten aber vor Bauern und Hirten in seinem Tal. Er tadelte Cluny, weil es mit der Ausschmückung seiner Klöster einen zu großen Aufwand trieb. Er beklagte sich über die Abtei von St. Denis, sie sei angefüllt mit hochmütigen Rittern statt mit demütigen Betern. Dessen Abt Suger war so betroffen von Bernhards Tadel, dass er eine Klosterreform durchsetzte. Bernhards leidenschaftliche Briefe beeinflussten Konzile, Bischöfe, Päpste und Könige.

Bei Bernhards Tod im Jahre 1153 hatte sich die Zahl der Klöster des Zisterzienser-Ordens auf 343 vermehrt, um 1300 gab es rund 60.000 Zisterzienser-Mönche in 639 Klöstern. Die Kirchenreform, die von Bernhard ausging, ebbte im 12. Jahrhundert wieder ab.

Der heilige Franz von Assisi

Er wurde 1182 in Assisi als Sohn eines reichen Kaufmanns geboren. Die Mutter Giovannis de Bernardone, wie Francesco von

Geburt hieß, hatte sein Vater aus der Provence heimgeführt, weshalb der Knabe zweisprachig aufwuchs. Francesco trat bald in das Geschäft des Vaters ein, den er enttäuschte, weil er mehr Talent für das Geldausgeben als für das Geldverdienen zeigte. Im Jahr 1202 kämpfte er in der assisischen Armee gegen Perugia, 1204 im Heer des Papstes Innozenz III. (1198–1216). Zurück in Assisi betete er im Februar 1207 in der Kapelle des heiligen Damian, als er eine Stimme am Altar vernahm, die sein Leben veränderte. Er gab dem Priester der Kapelle Geld und einem Aussätzigen ebenfalls, dessen Hand er küsste. Francesco bettelte von nun an in einem Eremitengewand als Wanderprediger, baute die zerfallende Kapelle von St. Damian mit eigenen Händen wieder auf, wobei ihm viele Einwohner halfen.

Im Februar 1209 begann Franziskus in Assisi und in den benachbarten Städten das Evangelium Christi und das Lob der Armut zu predigen, er rief seine Mitmenschen auf, all ihre Habe zu verkaufen und den Erlös den Armen zu spenden. Mit zwölf Gleichgesinnten gründete er den Orden der *Fratres minores* (Minoriten), die sich in braune Kutten hüllten. Sie zogen sich nicht in mönchische Absonderung zurück, sondern predigten Tag für Tag in Asylen oder Kirchen.

Die Menschen in Umbrien waren von Franziskus' Heiligkeit überzeugt, denn seine Menschenliebe strömte auf die Tiere und Pflanzen über. Legenden berichten, wie Franziskus den Vögeln predigte und diese auf den Bäumen sitzen blieben, bis er ihnen den Segen erteilt hatte. Im Jahr 1210 zog Franziskus mit seinen zwölf Brüdern nach Rom und bat Papst Innozenz III. um dessen Segen für einen neuen Orden. Nach einigem Zögern gab der Papst nach und sie erhielten auf dem Berg Subiaso bei Assisi die Kapelle Santa Maria degli Angeli von den Benediktinern zugewiesen. Franziskus und seine Jünger erbauten rings um die Kapelle Hütten, die zusammen das erste Kloster des Ordens des heiligen Franziskus bildeten.

Im Jahr 1220 legte Franziskus die Führung seines Ordens nieder, wollte nur noch einfacher Mönch sein und legte ein Jahr danach sein „Testament" vor, in dem er die vollständige Beachtung des Gelübdes der Armut wiederherstellen wollte. 1224 zog er mit drei Brüdern von Assisi fort in eine Klause auf dem Berg Verna bei Chiusi. Dort soll er am Körper Wundmale bekommen haben, die ihn nach Assisi zurückkehren ließen. Im Nonnenkloster der heiligen Klara wurde er, von Blindheit befallen, wieder gesund gepflegt und verfasste 1224 aus Freude über seine Genesung den berühmten „Sonnengesang".

Franziskus erlag schließlich am 3. Oktober 1226 im 45. Lebensjahr der Malaria. Zwei Jahre später sprach ihn die Kirche heilig. Der Franziskaner-Orden zählte bei seinem Tod etwa 5.000 Mitglieder in Ungarn, Deutschland, England, Frankreich und Spanien. Mit einer abgemilderten Ordensregel stieg diese Zahl 1280 auf 200.000 in 800 Klöstern an. Viele ehemalige Minoriten wandten sich gegen die Milderung der Ordensregeln, hausten als „Observanten" oder „Zeloten" in Einsiedeleien, während die Mehrheit der Franziskaner in geräumige Klöster einzog. Der heilige Bonaventura teilte die Ansicht der „Observanten" und Papst Nikolaus billigte diesen Gedanken, doch Papst Johannes XXII. erklärte ihn 1323 für falsch. Danach wurden die „Zeloten" als Häretiker verfolgt und ein Jahrhundert später wurden die treuesten Anhänger des Franziskus von der Inquisition auf dem Scheiterhaufen verbrannt.

Der heilige Dominikus

Die Tätigkeit von Dominikus bestand in der Bekehrung durch Vorbild und Predigt. Er verehrte Franziskus, Franziskus wiederum liebte Dominikus. Beide gründeten Orden, die sich der Mission unter Christen und Ungläubigen widmeten. Und dabei bedienten sie sich der wirksamsten Waffe der Ketzer, nämlich des Lobes der Armut.

Domingo de Guzmán wurde 1170 in Calaruega in Kastilien geboren und von einem priesterlichen Onkel aufgezogen. Er wurde früh Domherr an der Kathedrale von Osma und begleitete seinen Bischof auf einer Mission nach Toulouse, dem damaligen Mittelpunkt der Albigenser-Ketzerei. Vom Beispiel einiger Ketzer inspiriert, nahm Dominikus ein Leben der freiwilligen Armut auf sich, ging nur noch barfuß und wollte das Volk friedlich in den Schoß der Kirche zurückführen. Zehn Jahre lang predigte Dominikus in der Languedoc, sammelte eine Schar gleich gesinnter Prediger um sich. Papst Honorius III. (1216–1227) anerkannte die Dominikaner als neuen Prediger-Orden. Dominikus ging nach Rom und sandte seine Ordensbrüder in alle Länder Europas, bis nach Kiew. Bei der ersten Generalversammlung der Dominikaner in Bologna nahmen seine Anhänger einstimmig die Regel der absoluten Armut an. Dominikus starb 1221 in Bologna.

Die Dominikaner lebten wie die Franziskaner als Bettelmönche. Später aber nahmen die Dominikaner aktiv und nicht immer sanftmütig an der Arbeit der Inquisition teil. Sie wurden von den Päpsten mit hohen Ämtern und diplomatischen Missionen betraut. Sie gingen auf Universitäten und brachten die zwei Großen der scholastischen Philosophie hervor: Albertus Magnus (um 1200 bis 1280) und Thomas von Aquin (1224 bis 1274). Die Dominikaner waren es auch, die die Kirche vor Aristoteles erretteten, indem sie ihn in einen Christen verwandelten. Gemeinsam mit Franziskanern, Karmelitern und Augustinern revolutionierten sie das Klosterleben und verhalfen dem Mönchswesen im 13. Jahrhundert zu großer Macht und Bedeutung.

Die Nonnenklöster

Mit Beginn des radikalen Mönchstums strebten auch Frauen danach, ein Leben in abgeschiedener Einsamkeit oder in Gemeinschaft nach dem Gelübde von Armut, Keuschheit und Gehorsam zu führen. Um 530 gründete die Zwillingsschwester des heiligen Benedikt, Scholastika (um 489 bis 547) in der Nähe von Monte Cassino ein Nonnenkloster und unterstellte es der Führung und Regel ihres Bruders. Viele Benediktinerinnenklöster in ganz Europa folgten diesem Beispiel. Der Zisterzienserorden eröffnete 1204 sein erstes Nonnenkloster, das berühmte Port Royal des Champs. Um 1300 gab es europaweit rund 700 Nonnenklöster, wobei die Klöster oft auch nur Ruheplätze für Frauen waren, die von männlichen Verwandten ins Kloster abgeschoben wurden. Die heilige Klara von Assisi gründete den Klarissenorden, der von Papst Innozenz III. bestätigt wurde. Bald gründeten auch die anderen Bettelorden wie die Dominikaner, Augustiner und Karmeliter einen Nonnenorden. Um 1300 gab es in Europa ebenso viele Nonnen wie Mönche. Es gab allerdings auch einige Beispiele klösterlicher Unmoral. So hielten es zum Beispiel der Erzbischof Theodor von Canterbury (668–690) und Bischof Egbert von York für notwendig, den

Äbten, Priestern und Bischöfen die Verführung von Nonnen zu verbieten.

Jahrhundertelang waren die Nonnenklöster die einzige Quelle der höheren Bildung, welche jungen Mädchen offenstand. Neben den häuslichen Arbeiten und der Fertigung von Kleidern für Mönche und die Armen, bestickten sie Wandvorhänge, kopierten und illuminierten Handschriften, waren in der Kinder- und Gesundheitspflege tätig.

In der Einbildungskraft des mittelalterlichen Menschen war die Demut der Mystiker beiderlei Geschlechts eine visionäre Kraft der Hoffnung. Der heilige Augustinus war eine Quelle des Mystizismus für den Westen. Seine „Bekenntnisse" legen dafür Zeugnis ab, wie ein Sterblicher im Gespräch mit Gott leben kann. Im Jahr 1250 brach von Perugia aus ein religiöser Büßerwahn aus, der bald ganz Norditalien erfasste. Tausende von Büßern machten sich in ungeordneten Prozessionen auf, nur mit Lendentüchern bekleidet, sich mit Lederriemen geißelnd, Gott um Gnade anflehend. Nach kurzer Zeit aber verschwand der Flagellanten-Wahnsinn wieder.

Mystiker in Deutschland

In Deutschland wurde die bekannteste Mystikerin Hildegard von Bingen (1099 bis 1179). Die „Rheinische Sybille" verbrachte fast ihre ganzen 82 Lebensjahre in einem Benediktinerinnen-Kloster und starb als Äbtissin im Kloster auf dem Rupertsberg. In ihr vermischten sich auf ungewöhnliche Weise Verwaltertalent und Sehertum, Pietismus und radikale Gedanken, Dichtung und Wissenschaft. Sie war Ärztin und Heilige, stand im Briefwechsel mit Päpsten und Königen, sie schrieb eine Prosa von männlicher Kraft und berichtete über ihre Visionen (*Scivias*), die „mit Gottes Hilfe zustande gekommen seien".

Ein Jahrhundert später rüttelte Elisabeth von Thüringen (1207 bis 1231) das Land Ungarn mit ihrem kurzen Leben asketischer Heiligkeit auf. Sie war eine wandernde Pietistin, widmete sich den Armen und hatte himmlische Visionen, trug sie aber nicht in die Öffentlichkeit. Sie unterwarf sich demütig ihrem Inquisitor Konrad von Marburg (gest. 1233) und starb nach asketischen Entbehrungen 24-jährig.

Gegen Ende dieser mystischen Bewegung in Deutschland brachte Meister Eckhart (1260 bis 1327) seinen Mystizismus um 1326 zur vollen Reife. In der Regel ertrug die römische Kirche diese Mystiker mit Geduld. Ernsthafte Abweichungen von der offiziellen Lehre konnte sie nicht dulden und verurteilte sie als Sektenlehren, aber sie widersetzte sich nicht dem Anspruch der Mystiker auf eine unmittelbare Beziehung zu Gott.

Kaiser und Papst im Konflikt

Bis ins 11. Jahrhundert bildeten Kaiser- und Papsttum gemeinsam die bestimmende Ordnungskraft in Europa. Als Schutzvogt der Kirche in Rom konnte der Kaiser bestimmen, wer den Stuhl Petri bestieg, aber letztlich lag das Wahlrecht beim Klerus und dem Adel von Rom, was aber nur wahrgenommen werden konnte, wenn der Kaiser nicht in Rom war. So konnte Heinrich III. (1046–1056) als römischer Kaiser noch einige kurzlebige deutsche Päpste einsetzen. Seinem Sohn Heinrich IV. (1084–1106) gelang das nicht mehr ohne weiteres. Im Laufe des 11. Jahrhunderts gab es in der Kirche Reformbestre-

Investiturstreit: Kaiser Heinrich IV. (1084–1106) mit dem von ihm eingesetzten Gegenpapst Klemens III., durch dessen Ernennung er Papst Gregor VII. (1073–1085) aus dem Amt drängen wollte. Holzschnitt aus der Chronik Ottos von Freising (12. Jh.), *Wikimedia Commons, Ireas*

bungen, um kirchliche Ämter kanonisch zu besetzen, wobei der Papst das letzte Wort haben sollte. Davon war auch das Recht der Könige zur Einsetzung von Bischöfen betroffen, auf das aber Heinrich IV. nicht verzichten wollte, denn die Bischöfe in seinem Reich waren Inhaber der weltlichen Gewalt und sein Königtum stützte sich auf sie. War Heinrich IV. noch vor dem späteren Investiturstreit der „Seniorpartner" im Verhältnis zum Papsttum, entstand mit dem Ausgleich des Wormser Konkordats von 1122 ein gleichberechtigter Dualismus beider Kräfte. Kirchliche und weltliche Kompetenzen überschnitten sich. Zwischen Friedrich I. Barbarossa (1155–1190) und Papst Hadrian IV. (1154–1159) entbrannte 1157 ein Streit darüber, ob die Kaiserkrone ein verpflichtendes Lehen oder eine unverbindliche „Wohltat" sei. Im deutschen Thronstreit von 1198 bis 1208 zwischen dem Welfen Otto von Braunschweig und dem Staufer Philipp von Schwaben machte Papst Innozenz III. (1198–1216) seine Unterstützung von Zugeständnissen abhängig, weshalb der Papst erstmals ein Übergewicht gegenüber weltlichen Herrschern erhielt. Die Konfrontation kam dann unter Friedrich II. (1220–1250), der einen großen Teil seiner Regierungszeit im Kirchenbann verbrachte. Papst Innozenz IV. (1243–1254) erklärte ihn auf dem Konzil in Lyon 1245 für abgesetzt, was aber keinen Einfluss auf die Regierungsfähigkeit von Friedrich II. hatte. Erst mit den Auseinandersetzungen zwischen Kaiser Ludwig IV. dem Bayern (1328–1347) und Papst Johannes XXII. (1316–1334) wurde der Einfluss des Papstes auf die römisch-deutsche Kaiserkrönung und die Kaiserwürde zurückgewiesen, denn die deutschen Kurfürsten erklär-

1 Mittelalterliche Vorstellung von Gottvater als der große Baumeister des Universums, aus einer französischen Bibel des 13. Jh., *Österreichische Nationalbibliothek, Wien*

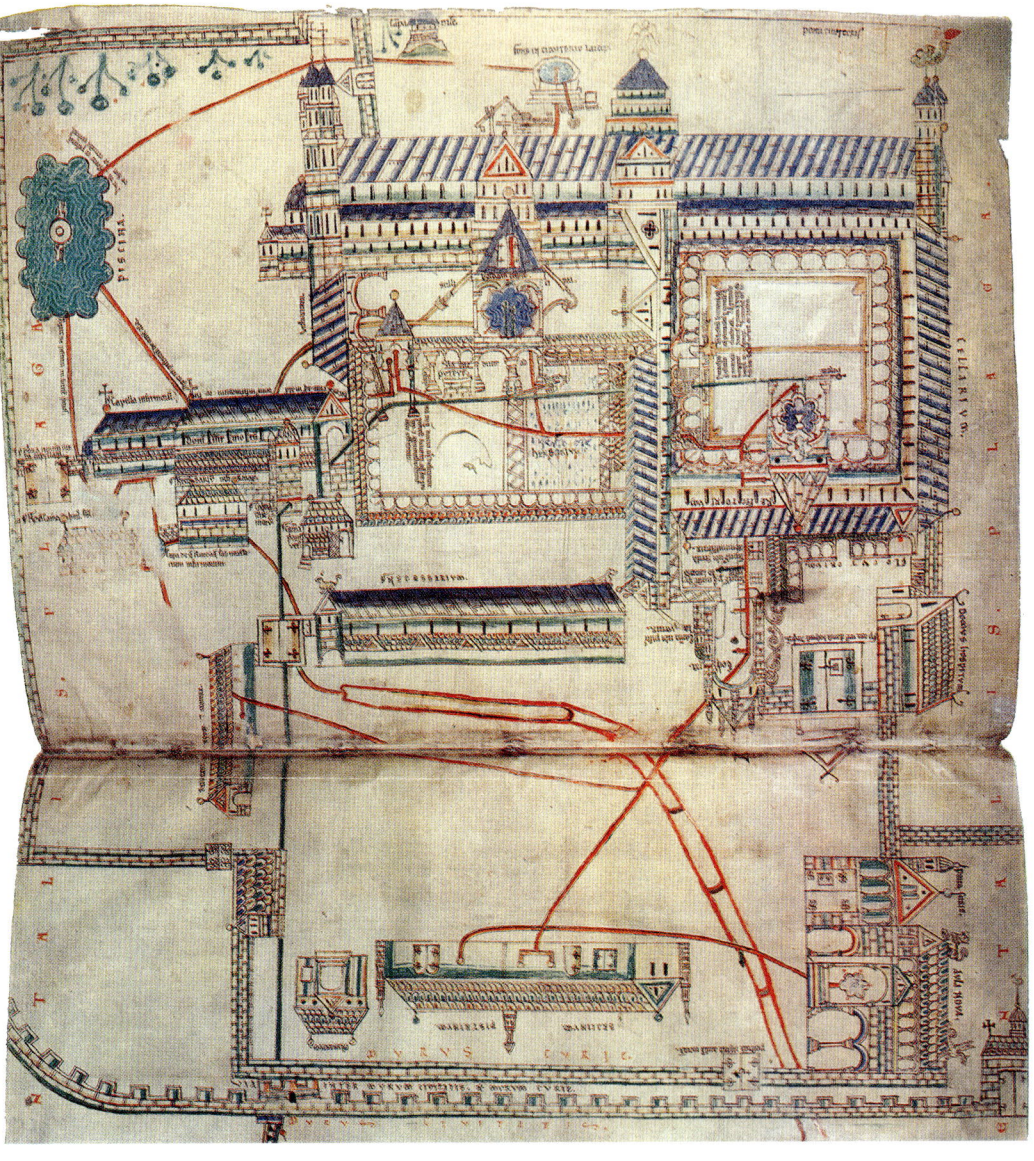

2 Plan des Benediktiner-Klosters Christ Church in Canterbury, erstellt um 1160 für die Anlage einer neuen Wasserleitung, *Trinity College, Cambridge*

3 Szene mit dem Ostgotenkönig Theoderich dem Großen (um 453 bis 526), in den deutschen Heldensagen auch bekannt als Dietrich von Bern

4 Deckel des Codex Aureus, eine karolingische Prachthandschrift aus dem Kloster St. Emmeram in Regensburg, im Auftrag von Kaiser Karl dem Kahlen entweder in Reims oder St. Denis geschaffen; die Treibarbeiten in Gold mit dem Deckel zeigen Christus (Mitte) und Szenen mit den Evangelisten. Um 870, *Bayerische Staatsbibliothek, München*

5 Kaiser Karl der Große (800–814) überwacht den Bau des Aachener Münsters. Französische Buchmalerei, 15. Jh., aus „Les Grandes Chroniques des Rois de France"

6 So einträchtig war das Verhältnis von geistlicher und weltlicher Macht zwischen Papst und Kaiser im Mittelalter äußerst selten. Miniatur aus der Heidelberger Handschrift des „Sachsenspiegels", um 1315

7 Schlachtenszene zwischen den Truppen König Philipps II. Augustus (1180–1223) und den Sarazenen auf dem dritten Kreuzzug, Miniatur, *British Library, London*

8 Die Spanische Inquisition unter den „katholischen Königen" und König Philipp II. von Spanien forderte unter den niederländischen Protestanten Tausende Opfer, die enthauptet, gepfählt oder verbrannt wurden. Anonymer deutscher Holzschnitt, 16. Jh., *Archiv des Autors*

ten 1338, dass der von ihnen erwählte Herrscher der päpstlichen Bestätigung nicht mehr bedürfe. Nach über 250 Jahren Streit um die weltliche und geistliche Gewalt waren beide Gewalten voneinander endgültig getrennt.

Das Ende der päpstlichen Weltherrschaft unter Bonifaz VIII.

Der Schwerpunkt der päpstlichen Aufmerksamkeit hatte sich in der zweiten Hälfte des 13. Jahrhunderts in Richtung Frankreich verschoben, nachdem Papst Alexander IV. (1254–1261) das staufische Königreich Sizilien an Karl von Anjou verliehen hatte. Frankreich war damals Europas mächtigste Monarchie geworden. Doch die Politik der Päpste, die gegenüber den römisch-deutschen Königen so erfolgreich gewesen war, sollte an der gefestigten Staatlichkeit Frankreichs katastrophal scheitern.

Mit Bonifaz VIII. (1294–1303) wurde ein Papst gewählt, dessen juristische Kompetenz von seinen persönlichen Machtansprüchen noch übertroffen wurde. Bonifaz war von seiner Amtswürde so überzeugt, dass er ihr mit der Hinzufügung eines dritten Kronreifs in der päpstlichen Tiara sichtbaren Ausdruck verleihen wollte. Dieser dritte Kronreif ziert heute noch die zeremonielle Kopfbedeckung des Papstes.

Der Konflikt zwischen Bonifaz und dem französischen König Philipp IV. „dem Schönen" (1285–1314) begann mit der Absicht Philipps, den Klerus seines Landes zu besteuern, weil er Geld für die Kriegszüge gegen England brauchte. Bonifaz war dagegen, musste aber nach wirtschaftlichen Maßnahmen Philipps nachgeben. Der Kompromiss bestand darin, dass Philipp den Klerus nur bei besonderen Notlagen besteuern durfte.

Zuerst kam es durch die Heiligsprechung von Philipps Vater Ludwig IX. (1226–1270) zu einer Annäherung mit der französischen Monarchie, aber zum Bruch kam es, als Philipp der Schöne gegen einen französischen Bischof wegen Hochverrats vorging. Bonifaz lud daraufhin Philipp und seine Bischöfe nach Rom ein, betonte in der Einladung provozierend den Vorrang der päpstlichen Gerichtsbarkeit vor der weltlichen. Philipp berief darauf 1302 die ersten Generalstände Frankreichs ein, um sich die Unterstützung dieser und der Stadtbürger zu sichern. So konnte er nicht, wie der römisch-deutsche König, Opfer einer gefährlichen Opposition werden.

Im Jahre 1303 schickte Philipp seinen Kanzler Guillaume de Nogaret (um 1260 bis 1313) nach Rom, um Bonifaz zu einem Konzil nach Frankreich einzuladen. In Anagni kam es am 7. September 1303 zu Tumulten, in deren Verlauf sich Guillaume des Papstes bemächtigte, der dann von der Bevölkerung Anagnis befreit wurde. Damit war der Mythos von der Unantastbarkeit des Papstes zerstört. Bonifaz starb einen Monat nach diesen Ereignissen. Sein Nachfolger Clemens V. (1305–1314) führte die römische Kirche ins „Exil" von Avignon, es begann die Zeit der avignonesischen Päpste unter französischem Einfluss, die 68 Jahre dauernde „babylonische Gefangenschaft" der Päpste genannt, in der sich das Papsttum von Deutschland freigemacht und an Frankreich ausgeliefert hat.

Die Päpste in Avignon

Papst Clemens V., gebürtiger Franzose, hatte seine Wahl zum Papst dem französischen König Philipp IV. zu verdanken. Er wäre in

Rom seines Lebens nicht mehr sicher gewesen, denn die Römer beanspruchten für sich das Recht, ihre Päpste nach Belieben zu behandeln. Außerdem hatten sie die Übergriffe des französischen Königs gegen den verstorbenen Papst Bonifaz nicht vergessen. Aber die französischen Kardinäle hatten im Heiligen Kollegium eine überwiegende Mehrheit und weigerten sich, nach Rom zu gehen. So blieb Clemens V. nur die Möglichkeit, seine Residenz in Avignon zu nehmen, das dem König von Neapel gehörte, der zugleich Graf der Provence war.

Ein Jahr nach dem Tod von Clemens V. wurde in Lyon ein 72-Jähriger zum Papst erhoben, der dann 18 Jahre lang die Kirche „mit großem Eifer, unersättlicher Habgier und eisernem Willen" (Will Durant) regierte. Johannes XXII. (1315–1334) war in Cahors in Südfrankreich als Sohn eines Schusters geboren worden, war dann Hauslehrer der königlichen Kinder am Hof von Neapel und gewann die Gunst des Königs. Unter Clemens V. wurde er Erzbischof von Avignon. Johannes XXII. war ein geschickter Administrator. Dem Sohn der durch ihr Bankwesen berühmten Stadt Cahors gelang es, das Vermögen der Kurie gewaltig zu vergrößern, während seine persönliche Lebensführung anspruchslos war. Mit seiner Behauptung, es könne niemand vor der Zeit des Jüngsten Gerichts zur Glückseligkeit gelangen, löste er vor seinem Tod als 90-Jähriger einen Sturm der Entrüstung aus. Johannes' Nachfolger Benedikt XII. (1134–1342) und Clemens VI. (1342–1352) waren angenehmere Päpste als ihr Vorgänger. Unter Clemens VI. wurde das von Clemens V. angehäufte Vermögen der Kurie mit vollen Händen für den Bau des Päpstlichen Palastes in Avignon und an Hilfsbedürftige ausgegeben, so lange bis der Papst für seinen Fiskalapparat neue Steuern- und Abgabenwege erschloss. Der englische König Eduard III. (1327–1377) ermahnte Clemens VI. mit dem Hinweis, „der Nachfolger der Apostel hat den Auftrag erhalten, die Schafe des Herrn zu weiden, nicht zu scheren".

Seine Nachfolger Innozenz VI. (1352–1362) und Urban V. (1362–1370) sahen ein, dass das Ansehen der Kirche nur wiederhergestellt werden könne, wenn diese aus den Händen von Frankreich befreit und nach Italien zurückgeführt werde. Angesichts der Situation in Frankreich, wo der französische König gefangen in Englands Händen war, das englische Heer auf dem Weg nach Südfrankreich war und Avignon sich bedroht fühlte, schiffte sich Papst Urban V. am 30. April 1367 in Marseille ein. Am 16. Oktober, vom Adel Roms begeistert begrüßt, zog er in die italienische Hauptstadt ein. Doch den traurigen Anblick der verwahrlosten Stadt ertrug Urban nicht. Er nahm in Montefiascone Quartier, wo er sich nach seinem geliebten Frankreich zurücksehnte. Aber selbst Kaiser Karl IV. (1355–1378), der 1368 nach Rom kam und das Pferd des Papstes von der Engelsburg nach der Peterskirche zur Messe führte, konnte Urban nicht umstimmen. Er schiffte sich nach Frankreich ein und erreichte Avignon am 27. September 1370. Wenige Wochen später starb er in Avignon. Sein Nachfolger Gregor XI. (1370–1378), 39 Jahre alt, schwärmte für Cicero, wurde aber als Papst zum Kriegführen gezwungen. Als sich der Staat Florenz an die Spitze einer Bewegung gegen das Papsttum stellte, exkommunizierte Gregor Florenz, das damit antwortete, dass es das Kirchengut auf seinem Gebiet beschlagnahmte, papsttreue Priester ins Gefängnis warf und an das Volk von Rom appellierte, sich der Rebellion gegen den Papst anzuschließen, um der politischen Macht der Kirche in Italien ein Ende zu machen. Gregor gab dann dem zögernden Rom das Versprechen, wenn die Stadt zu ihm halte, werde er den Heiligen Stuhl nach Rom zurückführen. So geschah es: Gregor XI. erreichte auf dem Seeweg am 17. Januar 1377 Rom, kehrte zur Diplomatie zurück und bot allen italienischen Städten an, sich unter einem von ihm gewählten Statthalter selbst regieren zu dürfen. Er gewann so eine Stadt nach der anderen und konnte selbst Florenz, das sich von allen Bundesgenossen verlassen sah, zähneknirschend nach Zahlung einer hohen Buße zurückgewinnen.

Das abendländische Schisma

Gegen den Willen des französischen Königs war das Papsttum 1377 wieder nach Rom zurückgekehrt. Nach Gregors XI. Tod 1378 brachen Konflikte unter den italienischen und französischen Mitgliedern des Kardinalskollegiums aus. Unter dem Druck der römischen Adligen wurde als Nachfolger der aus Neapel stammende Urban VI. (1378-1389) zum Papst gewählt, der sich aber bald als unfähig erwies, Kirche und Kurie zu leiten. Die französischen Kardinäle entzogen ihm ihre Unterstützung und wählten Clemens VII. (1378-1394) zum Gegenpapst. Dieser konnte sich in Rom nicht behaupten und zog sich 1381 mit seinem Anhang nach Avignon zurück. Beide Päpste hatten eine handlungsfähige Kurie hinter sich und es begann eine Zeit des doppelten Papsttums während des Schismas, dem Ringen um die Vorherrschaft nicht nur der Päpste, sondern auch der politischen Herrschaft in Europa.

Frankreich unterstützte natürlich das Papsttum in Avignon, England war an der Seite Roms. Schottland, mit England im Konflikt, hielt zu Avignon. Zur Beilegung des Konfliktes wurden viele Wege beschritten, aber militärisch konnten Urban und seine Nachfolger nicht aus Rom verdrängt werden und zur Abdankung war kein Papst bereit. Der Versuch von Papst Benedikt XIII. (1394-1423), als französischer Papst das Schisma durch Verhandlungen mit Rom zu lösen, scheiterte. Die politischen Regierungen Englands und Frankreichs einigten sich auf ein gemeinsames Vorgehen, woraufhin Frankreich Benedikt XIII. den Gehorsam entzog und ihn gefangen nahm. Nach vierjähriger Belagerung konnte Benedikt aus Avignon in die Provence fliehen, wo er seine Autorität als Papst wiederherstellen konnte. Der einzige Ausweg war nun die Beilegung des Schismas durch ein Konzil.

Das Konzil in Pisa setzte 1409 beide Päpste ab und wählte Johannes XXIII. (1410-1415) zum Papst. Aber sowohl Rom als auch Avignon erkannten die Absetzung ihrer Päpste nicht an, weshalb es nun plötzlich drei Päpste gab. In dieser Situation ließ der deutsche König Sigismund (1410-1437) durch Papst Johannes XXIII. für das Jahr 1414 ein allgemeines Konzil nach Konstanz einberufen, hinter dem auch die großen Mächte Europas standen. Das sich über drei Jahre hinziehende Konzil stimmte in den wichtigen Fragen nach Nationen ab, wodurch nationale Übergewichte ausgeglichen werden konnten. Papst Johannes floh aus Konstanz, nachdem sich seine Niederlage abzeichnete, aber König Sigismund gelang es, das Konzil zusammenzuhalten. Die Konzilversammlung, per Dekret mit der Oberhoheit über den Papst ausgezeichnet, er-

reichte die Abdankung von Gregor XII. und die Absetzung von Johannes XXIII. sowie Benedikts XIII. Letzterer residierte trotzdem bis zu seinem Tod 1423 in Avignon weiter, wo er aber als Papst wirkungslos blieb. Autorität als Papst beanspruchte nun der auf dem Konstanzer Konzil gewählte Martin V. (1417–1431). Damit war die Kirchenspaltung nach fast 40 Jahren beendet, aber die Konflikte innerhalb der Kirche blieben bestehen, zum Beispiel bezüglich der Rolle, die die Kirche angesichts der mächtigen Nationalstaaten Frankreich und England einnehmen sollte. Die Hoffnungen auf eine grundlegende Reform der Kirche wurden vollends zunichte gemacht, als in Konstanz am 6. Juli 1415 der tschechische Reformer Johannes Hus als Ketzer verbrannt wurde. Die Kirche musste noch ein Jahrhundert auf eine Reform warten – die dann von einem deutschen Mönch in Wittenberg ausgelöst wurde.

Christen gegen Christen: Verfolgung und Tod der Katharer und Waldenser

Das Christentum war „der Nährboden des mittelalterlichen Lebens", stellte die amerikanische Historikerin Barbara W. Tuchman fest und erklärte dazu: „Selbst das Kochbuch riet, ein Ei so lange zu kochen, wie man braucht, um ein Miserere aufzusagen.

Bild links:
König Sigismund (1410–1437) leistet dem neugewählten Papst Martin V. (1417–1431) auf dem Konstanzer Konzil Stratordienst, indem er dessen Pferd am Zügel führt. Illustration zur Konzilchronik des Ulrich von Riechental (15. Jh.).

Das Christentum regelte Geburt und Tod, das Geschlechtsleben, das Essen, die Gesetze und die Medizin, es war das Thema der Philosophie und der gesamten Gelehrsamkeit. Die Zugehörigkeit zur Kirche war keine Frage der freien Wahl: Sie war Zwang und ohne Alternative. Das gab ihr eine Macht über den Menschen, die nicht einfach abzuwerfen war."

Umso dramatischer war es dann, wenn Einzelne oder ganze Gruppen durch abweichende Deutung der Kirchenmeinung und andere Glaubenslehren auffielen. Solche Abweichler wurden zu „Häretikern" gestempelt. Im griechischen Stamm des Wortes liegt bereits die Wurzel dessen, was ihnen vorgeworfen wurde, denn *hairesis* bedeutet „Auswahl". Häretiker waren also Menschen, die nicht den ganzen christlichen Glauben als wahr anerkannten, sondern nur Teile davon und also Irrlehren aufsaßen. Da das 12. Jahrhundert von dem Wunsch geprägt war, zu den apostolischen Wurzeln des Glaubens zurückzukehren, stand dieser Wunsch im Kontrast zum Erscheinungsbild, das die Kirche als Institution der Macht und Inhaberin weltlicher Reichtümer bot. Die Anhänger der größten Gruppierung der Häretiker wurden als *katharoi* (griechisch „die Reinen") bezeichnet. Und die Katharer sahen sich als die „guten" und „wahren" Christen. Die Papstkirche war für sie dagegen die „große Hure Babylon", deren Fall der Engel in der Apokalypse verkündet hatte.

Die Kirche schwankte lange mit ihrer Toleranzbereitschaft gegenüber den Abweichlern, sie wurden aber kompromisslos ausgegrenzt wie auch der Vorwurf der Häresie gern gegen politische oder innerkirchliche Gegner eingesetzt wurde. Häretiker waren für die Kirche Handlanger des Satans, die die Menschen zum Bösen verleiten wollten und deshalb bekämpft, ja vernichtet werden sollten. Zur regelrechten Ketzerverfolgung kam es erst nach der Jahrtausendwende. Im 11. Jahrhundert begann die Verfolgung von Einzelpersonen oder kleineren Gruppen, aber im 12. und 13. Jahrhundert wuchsen die einzelnen Gruppen zu großen Massenbewegungen heran, vor allem bei den Katharern und Waldensern.

Die Katharer traten wohl erstmals 1143 in Köln auf und breiteten sich nach Südfrankreich, wo sie Albigenser genannt wurden, und nach Oberitalien als Patarener aus. Ab den 1170er-Jahren bauten die Katharer eine regelrechte Kirche mit Diözesanorganisationen, verschiedenen Ämtern und Hierarchien auf. Im Zentrum ihrer Lehre stand die Geschichte des Gottesvolkes auf dem Weg zu dauerhafter Seligkeit. Nicht einig waren sie untereinander darüber, ob die Welt von einem Prinzip oder dem Dualismus zweier Prinzipien, nämlich Gut und Böse, bestimmt wird. Sie verneinten deshalb zentrale Passagen der Bibel, wie die Funktion von Christus als Erlöser aller Menschen, die aber für den katholischen Glauben unabdingbar ist. Deshalb bekämpfte die römische Kirche sie dann im sogenannten Ketzerkreuzzug der Albigenserkriege von 1209 bis 1229 mit unnachgiebiger Verfolgung und Vernichtung.

Die Albigenserkriege

Die Katharer in Südfrankreich wurden nach der französischen Stadt Albi Albigenser genannt, weil sie dort besonders stark vertreten waren. Montpellier, Narbonne und Marseille waren die ersten Brennpunkte ihrer Tätigkeit, möglicherweise infolge der direkten Berührung mit Muselmanen und Juden. Nachdem Innozenz III. 1198 Papst geworden war, schrieb er an den Erzbischof von Auch in der Gascogne: „Wir erteilen dir den strengen Befehl, dass du mit allen Mitteln diese Ketzereien vernichtest und alle aus deiner Diözese vertreibst, die von ihnen befleckt sind ... Nötigenfalls kannst du die Fürsten und das Volk veranlassen, ihnen mit dem Schwert ein Ende zu bereiten." Aber der Erzbischof von Auch unternahm nichts und der Erzbischof von Narbonne sowie der Bischof von Béziers widersetzten sich den päpstlichen Anordnungen. Raimund VI. von Toulouse erklärte sich bereit, mit den Ketzern zu reden, weigerte sich aber, an einem Krieg gegen sie teilzunehmen, wofür Innozenz den Bann über ihn aussprach. Raimund gelobte Gehorsam, erhielt die Absolution, verhielt sich aber weiter nachlässig nach einem Mord an einem päpstlichen Legaten durch einen Ritter, den Raimund schützte. Nun exkommunizierte Innozenz Raimund und seine Anhänger, belegte alle ihre Domänen mit dem Interdikt und rief die Christen aller Länder zu einem Kreuzzug gegen die Albigenser auf. König Philipp August von Frankreich gestattete vielen Rittern seines Reiches die Teilnahme, Kontingente aus Deutschland und Italien kamen dazu. Raimund bat den Papst um Vergebung, leistete öffentlich Buße, erhielt erneut die Absolution und schloss sich dem Krieg gegen die Albigenser an.

Dieser Krieg zog sich über 20 Jahre hin und machte die Verbundenheit der Region in Südfrankreich mit den Katharern deutlich. Der größte Teil der Bevölkerung leistete Widerstand, denn sie sahen in dem Angriff der Barone und Ritter nur den Versuch, sich unter dem Deckmantel religiösen

Eifers in den Besitz ihrer Güter setzen zu wollen. Auch die katholischen Christen des Südens wehrten sich gegen die Invasion aus dem Norden. Als das christliche Ritterheer nach Béziers kam, bot es der Stadt an, sie zu verschonen, falls sie alle Ketzer auslieferte – das lehnten die Stadträte ab. Daraufhin wurde die Stadt gestürmt und Tausende Männer, Frauen und Kinder erschlagen. Nachdem die christlichen Ritter Béziers völlig niedergebrannt hatten, griffen sie unter Führung von Raimund die Katharer-Festung Carcassonne an, wo Raimunds Neffe, Graf Roger von Béziers, letzten Widerstand leistete, bis die Festung fiel. Einer der Führer der Angreifer, Simon von Montfort, überfiel danach eine Stadt nach der anderen und stellte die Bevölkerung vor die Wahl, der römischen Kirche Treue zu schwören oder als Ketzer getötet zu werden. Viele schworen, viele zogen den Tod vor und Montfort verwüstete weiter das Land. König Ludwig VIII. von Frankreich leitete 1223 einen neuen Krieg gegen die Albigenser ein, um mit Billigung des Papstes die südfranzösische Provinz seinem Staatsgebiet einzuverleiben. Aber 1226 starb Ludwig VIII., Graf Raimund bot der Königswitwe Blanche den Frieden an und Ludwigs Bruder Alphonse die Hand seiner Tochter Johanna mit der Bestimmung, dass Raimunds Ländereien beim Tod ihres Gatten an Johanna fallen sollten. Blanche willigte ein, in Paris wurde 1229 der Frieden unterzeichnet. Die Albigenserkriege waren beendet und Frankreich war seiner Einheit mit dem Gewinn von Südfrankreich bedeutend näher gekommen.

Die Verfolgung der Waldenser, benannt nach dem Lyoner Kaufmann Peter Waldes, war weniger intensiv, weil der Konflikt sich vor allem an der Stellung der Laien, zu denen die Waldenser gehörten, festmachte. Trotzdem wurden sie als Ketzer verdammt. Die Waldenser blieben aber existent und wurden ab 1532/33 eine eigenständige protestantische Glaubensgemeinschaft. Sie blieben die einzige „Ketzerbewegung" im Mittelalter, die nicht ganz ausgerottet wurde.

Christen gegen Muslime: Der erste Kreuzzug 1096

Jahrhundertelang hatte das Byzantinische Reich den Westen Europas gegen das Vordringen islamischer Herrscher abgeschirmt. Aber 1071 wurde das byzantinische Heer bei Manzikert in Ostanatolien von den Seldschuken-Türken vernichtend geschlagen, nachdem sie 1070 den Fatimiden Jerusalem abgenommen hatten. Der byzantinische Kaiser Alexios I. (1081–1118) fühlte sich mit Recht bedroht, denn die Seldschuken besetzten Edessa, Antiochia, Tarsos und Nikaia und blickten über den Bosporus auf Konstantinopel hinüber. Alexios schickte einen Gesandten zu Papst Urban II. (1088–1099) und bat um Hilfe gegen das bedrohte Christentum im Osten. Es sei klüger, so ließ er diesem mitteilen, die Ungläubigen auf asiatischem Boden zu bekämpfen, als sie durch den Balkan in den Westen eindringen zu lassen. Noch im selben Jahr 1095 rief Urban die christlichen Ritter zu einer bewaffneten Pilgerfahrt nach Jerusalem auf, um das Heilige Land für die Christenheit zurückzuerobern, denn die muslimischen Seldschuken behinderten zunehmend auch christliche Pilgerfahrten nach Palästina. Urban warb im November 1095 auf der Synode von Clermont für den „Marsch nach Jerusalem", nicht als Pilger, sondern als christliche, schwer bewaffnete Kämpfer.

Kreuzfahrer benützen auf dem ersten Kreuzzug Menschenköpfe von Gefallenen als Munition für ein Katapult bei der Belagerung von Nicäa im Jahre 1097. Miniatur aus dem 13. Jh., *Bibliothèque Nationale, Paris*

Papst Urban nahm den Ruf des Volkes „Dieu li volt – Gott will es!" auf und befahl allen, die am Kreuzzug teilnehmen wollten, auf der Stirn oder der Brust ein Kreuz zu tragen. Er entband Leibeigene und Lehnsmannen für die Dauer des Kreuzzuges von der Treuepflicht gegenüber ihren Herren und gewährte einen vollständigen Ablass von allen Strafen für begangene Sünden. Sogar Gefangene wurden freigelassen und Todesurteile in lebenslangen Dienst in Palästina umgewandelt. Natürlich schlossen sich dem Heerzug auch viele Landstreicher und arme Schlucker an ebenso wie hungrige Abenteurer und zweitgeborene Söhne, die sich im Osten eigene Lehen erhofften, oder Kaufleute, die dort neue Märkte für ihre Waren suchten.

Mehrere Heerhaufen aus Frankreich und Deutschland machten sich auf den Weg und überfielen dabei zuerst die Juden in Deutschland und Böhmen, um ihren Blutdurst mit frommen Worten zu beschönigen. Blühende jüdische Gemeinden wie Mainz, Worms und Speyer wurden zur Beute der „Kreuzfahrer". Als ihre Vorräte zu Ende gingen, fielen sie über Felder und Häuser her, bis die Städte ihre Tore schlossen und Widerstand leisteten. Als sie vor Konstantinopel ankamen, wurden sie zwar begrüßt, aber nicht genügend versorgt, weshalb sie Häuser, Paläste und Kirchen ausplünderten. Kaiser Alexios I. war entsetzt über diese „Hilfe", hatte er doch nur disziplinierte Ritter erwartet. Die organisierten Ritterheere gelangten nach Jerusalem, besiegten die völlig überraschten und untereinander zerstrittenen Muslime. Am 15. Juli 1099 stürmten sie unter Gottfried von Bouillon und Tankred von Hauteville die Mauern von Jerusalem. Dann aber, so berichtete der priesterliche Augenzeuge Raimund von Agiles, „gab es wundersame Dinge zu sehen. Zahllose Sarazenen wurden enthauptet, andere mit Pfeilen erschossen oder über die Zinnen der Türme in die Tiefe gestürzt; wieder andere wurden tagelang gefoltert und dann den Flammen überantwortet. Auf den Straßen konnte man haufenweise abgehauene Köpfe, Hände und Füße sehen. Überall musste man sich seinen Weg durch Pferde- und Menschenleiber bahnen." Rund 70.000 Muslime wurden in Jerusalem niedergemetzelt. Die überlebenden Juden wurden in einer Synagoge zusammengetrieben und darin bei lebendigem Leib verbrannt. Die siegreichen Ritter aber eilten zur Grabeskirche, umarmten sich und weinten Freudentränen. Sie dankten Gott für ihren Sieg, ohne an das fünfte Gebot „Du sollst nicht töten" zu denken.

Der Ritterorden im Heiligen Land

Jerusalem wurde neben fünf anderen Kreuzfahrerstaaten entlang der Küste das bedeutendste lateinische Königreich unter König Balduin I. (1110–1118). Diese lateinischen Königreiche im Heiligen Land fanden eine einzigartige Unterstützung in neuen mönchischen Ritterorden. Der erste waren die Johanniter, gewandet in schwarzem Mantel mit weißem Kreuz auf dem linken Ärmel, gegründet 1099, danach kamen die Templer im weißen Mantel mit einem roten Kreuz im Jahr 1120. Bald gingen sowohl Johanniter als auch die Templer von Schutz und Pflege der Pilger zu aktiven Angriffen auf Sarazenenfestungen über und erwarben sich als Krieger in Palästina einen entsprechenden Ruf. Noch im 13. Jahrhundert verfügten beide Orden in Europa über große Besitztümer, darunter Abteien, Dörfer und Städte. Sie überraschten Christen und Moslems durch den Bau mächtiger Burgen in Syrien, wo sie, obgleich der Armut verschrieben, trotz aller Kriegswirren ein Luxusleben führten. Im Jahr 1198 gründeten Deutsche mit Unterstützung aus der Heimat einen dritten Orden in Palästina, den Deutschritterorden, der in der Nähe von Akkon ein Hospital einrichtete.

Nach der Befreiung Jerusalems kehrten die meisten Kreuzfahrer nach Europa zurück. Viele Pilger kamen ins Land, aber nur wenige blieben zum Kämpfen. Dabei war die Bedrohung ständig da. Im Norden warteten die Byzantiner auf die Gelegenheit, um Antiochia, Edessa und andere Städte zurückzugewinnen. Im Osten einigten sich die zerstrittenen Muslime, stürmten die Große Moschee von Bagdad und forderten die Befreiung ihres geheiligten Felsendomes in Jerusalem. Der Fürst von Mosul entriss 1144 den Christen den Außenposten von al-Ruah und eroberte Edessa wieder für die Muslime. Diese Ereignisse stachelten die Kirche in Europa zum zweiten Kreuzzug an.

Der zweite Kreuzzug (1147–1149)

Papst Eugen III. (1145–1153) bat Bernhard von Clairvaux um Unterstützung für diesen neuen Kreuzzug; dieser bewog seinen König Ludwig VII. (1137–1180), das Kreuz zu nehmen. Danach zog er nach Deutschland und gewann dort Kaiser Konrad III. von Schwaben mit den Welfen und Stau-

Diese Miniatur aus „Chronique de France" zeigt den Tod des Ordensmeisters der Templer, Jakob von Moley, im Jahr 1312 auf dem Scheiterhaufen. Aus „Chroniques de France", 14. Jh., *British Museum, London*

fern. Unter Konrad zog auch der junge Friedrich von Schwaben mit, der spätere berühmte Barbarossa. Sie brachen Ostern 1147 auf, zu Pfingsten folgten Ludwig und die Franzosen in vorsichtigem Abstand, da ihnen nicht ganz klar war, ob die Deutschen oder die muslimischen Türken ihre eigentlichen Gegner waren. Die Griechen in Konstantinopel staunten über die Ausrüstung der Ritter und deren weiblichen Anhang, denn Ludwig war von seiner Gemahlin Eleonore von Aquitanien begleitet und diese wiederum von einer Schar von Minnesängern. Entgegen dem Rat Kaiser Manuel I. Komnenos (1143–1180) beharrte Konrad auf der Route des ersten Kreuzzugs. Bei Dorylaion stieß Konrads Heer auf die Hauptmacht der Muselmanen und wurde jämmerlich geschlagen. Auch das französische Heer erlitt durch Hunger und Überfälle der Muslime ständig Verluste. Ludwig und Eleonore mit ihren Damen schifften sich in Attalia nach Antiochia ein, das französische Heer blieb in Attalia zurück und wurde von muslimischen Streitkräften, die über die Stadt herfielen, aufgerieben. Ludwig kam mit seinem Gefolge, aber ohne Heer, nach Jerusalem, Konrad mit einem Rest seines Heeres. Unter dem Befehl von Konrad, Ludwig und Balduin III. (1114–1162) zog ein neu gebildetes Heer von Jerusalem aus zur Belagerung von Damaskus. Dann kam die Nachricht, dass die Emire von Aleppo und Mosul mit einem großen Heer zum Entsatz von Damaskus auf dem Weg seien. Daraufhin löste sich das christliche Heer auf und floh nach Antiochia, Akkon oder Jerusalem. Konrad kehrte geschlagen und krank nach Deutschland zurück, Eleonora zog mit vielen Rittern nach Frankreich, Ludwig blieb noch ein Jahr in Palästina als Pilger zu den heiligen Stätten – und Europa war verblüfft über das unrühmliche Ende des zweiten Kreuzzuges.

Der dritte Kreuzzug unter Richard Löwenherz gegen Sultan Saladin

Der neue Sultan Saladin (1175–1193) hatte im Jahr 1187 Jerusalem für die Muslime zurückerobert. Und daran konnte auch ein dritter Kreuzzug, der von Kaiser Friedrich Barbarossa (1155–1190) angeführt wurde, nichts mehr ändern, auch wenn zu dessen Beginn die Städte Tyrus, Antiochia und Tripolis noch in christlicher Hand waren. Nach dem Tod Barbarossas in dem Flüsschen Saleph im Südosten der Türkei entschloss sich der englische König Richard I. Löwenherz (1189–1199), den dritten Kreuzzug weiterzuführen, allerdings unter der Bedingung, dass Frankreichs König Philipp II. (1180–1223) mitzöge. Richard befürchtete, dass die Franzosen während seiner Abwesenheit über die englischen Gebiete in Frankreich herfallen könnten. So trafen sich das Normannenheer Richards und die französischen Truppen 1190 in Sizilien. Richards Heer erreichte Akkon im Juni 1191 und nach wochenlanger Belagerung ergab sich die Stadt. Das Christenheer ließ die Bevölkerung der Stadt abziehen. König Philipp II. von Frankreich kehrte fieberkrank nach Frankreich zurück und ließ rund 10.000 Mann seines Heeres unter

Der Kreuzzugseifer soll der Legende nach sogar Kinder aus Frankreich und dem Niederrhein zu Tausenden ins Verderben geführt haben. Illustration „Der Kinderkreuzzug" von Gustave Doré (1832 bis 1883) aus Henne am Rhyn, „Die Kreuzzüge", Leipzig, 1884

Richards alleiniger Führung zurück. Noch 1091 traf dieser bei Arsuf auf Saladins Heer und trug einen Sieg ohne Entscheidung davon, woraufhin er seine Truppen hinter die Mauern von Jaffa zurückzog. Saladin schloss mit Richard einen Frieden, den Richard wieder ausschlug, nachdem er erfahren hatte, dass Saladin mit einem Aufstand im Osten zu kämpfen hatte. Richard zog deshalb Richtung Jerusalem, stoppte aber den Vormarsch, als Kundschafter berichteten, die Brunnen am Weg nach Jerusalem seien vergiftet. Entmutigt zog sich Richard nach Akkon zurück. Saladins Heer hatte inzwischen Jaffa erobert. Richard brach auf dem Seeweg nach Jaffa auf und eroberte die Stadt zurück (1192). Der mit seiner Hauptarmee herbeieilende Saladin wurde zurückgeschlagen. Während dieses letzten Treffens hatte Richard sein Pferd verloren und Saladin schickte ihm ein neues Streitross mit der Bemerkung, dass es eine Schande sei, wenn ein so großer Krieger zu Fuß kämpfen müsse. Richard wurde, erkrankt, von den Rittern in Akkon und Tyrus im Stich gelassen und bat Saladin schließlich um Frieden. Am 2. September 1192 ging der dritte Kreuzzug mit einer Übereinkunft beider Heerführer und mit einem Frieden auf drei Jahre zu Ende. Richard konnte die Küstenstädte, die er erobert hatte, von Akkon bis Jaffa, behalten, Jerusalem sollte in der Hand der Muslime bleiben, aber alle christlichen Pilger dorthin sollten Schutz genießen. Bevor Richard die Rückreise antrat, drohte er Saladin noch, in drei Jahren wiederzukommen. Saladin starb ein Jahr später.

Ein vierter Kreuzzug von 1202 bis 1204 endete unter französischer Führung mithilfe Venedigs in einer Katastrophe. Trotz der Banndrohung von Papst Innozenz III. richtete sich dieser vierte Kreuzzug nicht gegen die Muslime, sondern gegen das griechisch-orthodoxe Byzanz. In einer unseligen Allianz zwischen dem Papst, dem byzantinischen Thronbewerber Alexios, dem Kreuzfahrerheer und Venedig wurde schließlich Konstantinopel das Opfer nicht gehaltener Versprechen, die Stadt vom Kreuzfahrerheer erobert und drei Tage lang geplündert. In einer Moschee wurden die dort betenden Muslime erschlagen. Bei der Plünderung wurden auch Bibliotheken zerstört und viele wertvolle Handschriften vernichtet. Die Einnahme von Konstantinopel durch die Römisch-Lateinischen bereitete über zwei Jahrhunderte hinweg das Ende von Byzanz durch die Türken vor.

Nach dem vierten Kreuzzug folgten noch weitere Kreuzzüge, die aber nur zeigten, dass die christlichen Positionen im Heiligen Land auf Dauer nicht zu halten waren. Die letzten Kreuzfahrerbastionen im Nahen Osten gingen 1291 verloren. Alle Kreuzzüge hatten nicht mehr erreicht, als die christliche und muslimische Welt dauerhaft zu spalten. Die muslimische Welt hatte dabei am schwersten gelitten. Und die später aufstrebenden Reiche des Islam wie das der Osmanen wurden gewissermaßen durch die Ausschaltung der Konkurrenz aus dem Westen gefördert. Schließlich eroberten die Osmanen 1453 Konstantinopel endgültig für den Islam.

Im Schatten der Kreuzzüge: Die Juden im Mittelalter

Seit der Vertreibung der Juden durch den römischen Kaiser Titus im Jahr 70 n. Chr. lebten die Juden verstreut im Römischen Reich, bildeten mit ihren Gemeinden die Basis für jüdisches Leben, nachdem eine übergeordnete Organisation nicht mehr möglich war. So konnten die jüdischen Gemeinden im

Holzschnitt „Eine Juden-Verbrennung" von Wohlgemuth aus Hartmann Schedels „Weltchronik" (Nürnberg, 1493), *Archiv des Autors*

frühen Mittelalter unter christlicher Herrschaft ihren Glauben meist ungestört ausleben. In Byzanz jedoch setzte Kaiser Justinian die Juden den Ketzern gleich, was eine große Auswanderung vieler Juden aus dem Byzantinischen Reich zur Folge hatte. Unter den Karolingern wurden die Juden geschützt, weil Karl der Große sich durch sie einen wirtschaftlichen Aufschwung erhoffte. Die größten und berühmtesten jüdischen Gemeinden in Deutschland waren Speyer, Worms und Mainz, wo sie rund zehn Prozent der Bevölkerung stellten. Der radikale Bruch mit diesem relativ friedlichen Nebeneinander kam mit den Kreuzzügen. Das Christentum wollte sich von der älteren Religion des Judentums absetzen.

Der Antisemitismus hatte seine Hauptursache schon immer im wirtschaftlichen Bereich, und religiöse Streitpunkte verliehen den wirtschaftlichen Rivalitäten zusätzliche Schärfe. Die Muslime verübelten den Juden, dass diese ihren Propheten nicht anerkannten, und die Christen, die in Christus die Göttlichkeit sahen, waren entsetzt, dass sein eigenes Volk die Göttlichkeit Christi verweigerte. Die gegenseitige Abkehr führte in Verbindung mit dem Aberglauben zu absurden Schauermärchen auf beiden Seiten. So beschuldigten die Christen des 12. Jahrhunderts die Juden, Christenkinder dem jüdischen Gott Jahve geopfert zu haben, außerdem wurde ihnen vorgeworfen, die Brunnen in christlichen Gebieten vergiftet zu haben.

Zum ersten großen Massaker an Juden kam es 1066 in Granada durch Muslime, und das christliche Europa folgte schnell diesem Beispiel. Im Jahr 1078 erließ Papst Gregor VII. (1073–1085) eine Bulle, die den Juden die Führung von Ämtern verbot. Im ersten Kreuzzug brachte die Verfolgung den Juden in ihren rheinischen Gemeinden den Tod. Vielfach wollten die Bischöfe die Juden schützen, aber gegen eine fanatisierte Menge konnten sie nichts ausrichten. Weitere Pogrome in Regensburg und Prag folgten und 1243 wurden in Belitz bei Berlin Juden verbrannt, weil sie angeblich eine geweihte Hostie geschändet hatten. 1283 wurde in Mainz und 1285 in München das Gerücht des Ritualmordes verbreitet und über 100 Juden in den Synagogen verbrannt. Auch in England kam es zu Judenverfolgungen, vor allem während des Bürgerkriegs Mitte des 13. Jahrhunderts. Die jüdischen Gemeinden von London, Canterbury, Northampton, Winchester, Worcester, Lincoln und Cambridge wurden zerstört. Eduard I. von England befahl 1290 allen noch verbliebenen Juden Englands, das Land zu verlassen. Auch in Frankreich änderte sich das Klima zuungunsten der Juden durch die Kreuzzüge und die Albigenserkriege im Süden. 1236 drangen christliche Kreuzfahrer in die Judensiedlungen von Anjou, Bordeaux, Angoulême und Poitou ein, verlangten die Taufe und trampelten nach der Weigerung der Juden mit ihren Pferden 3.000 Juden zu Tode. 1254 verbannte Ludwig der Heilige die Juden aus dem Land und ließ sie zwar nach wenigen Jahren zurückkommen, doch 1306 wies Philipp der Schöne 100.000 Juden mit Proviant für einen Tag wieder aus Frankreich aus.

Als in der Mitte des 14. Jahrhunderts die Pest über Europa hereinbrach, wurden die Juden beschuldigt, sie hätten durch Brunnenvergiftung die Katastrophe ausgelöst – aber der „Schwarze Tod" holte Christen und Juden gleichermaßen.

Diese erste große Pestwelle des Mittelalters im Jahr 1347 ging von Caffa in Italien aus und wurde durch Flöhe von Ratten auf die Menschen übertragen. Von nun an sollten sich Pestepidemien durch die Vermehrungszyklen der Ratten etwa alle 14 Jahre wiederholen. Die damit zusammenhängenden Judenmorde waren nur der Ausbreitung weiteren irren Aberglaubens geschuldet. Wer es sich leisten konnte, floh auf isolierte Besitzungen auf dem Lande, um dort den Verlauf der Seuche abzuwarten. Der Florentiner Giovanni Boccaccio (1313 bis 1375) hat einer solchen „Fluchtgesellschaft" mit seinem „Decamerone" ein literarisches Denkmal gesetzt. Die Pestepidemien von 1346 bis 1352 forderten in Europa etwa 25 Millionen Tote.

Opfer der Inquisition: Juden, Ketzer und Hexen

Das Alte Testament stellte für die Behandlung der Ketzer eine einfache Regel auf: Ein solcher Fall soll sorgfältig untersucht werden und wenn drei ehrenwerte Zeugen angeben, die Ketzer seien „hingegangen" und hätten „anderen Göttern gedient", dann musste man sie „ausführen zu [s]einem Tore und (...) sie zu Tode steinigen" (5. Mose XVII, 3 und 5).

Um Häretiker abzuwehren, hatte die christliche Kirche schon am Ende der Antike Mechanismen entwickelt, wobei Gewalt dabei aber ausgeschlossen war. Erst als das Christentum unter Konstantin dem Großen Staatsreligion wurde, setzte man die Kircheneinheit mit der politisch-staatlichen Einheit gleich, Häresie wurde zum Majestätsverbrechen und konnte mit dem Tode bestraft werden. Und als im 12. Jahrhundert eine Vielzahl häretischer Bewegungen auftrat, insbesondere die Katharer, stellte dies eine Bedrohung der mittelalterlichen Ordnung dar.

Das Wort „Inquisition" bedeutete ursprünglich nur ein besonderes Prozessverfahren, in dem gewisse Sicherungsmechanismen ausgeschaltet waren, die im üblichen mittelalterlichen Prozess dem Angeklagten zugutekamen. Ende des 12. Jahrhunderts beschwerte sich das strenggläubige Volk darüber, dass die Kirche zu milde mit den Ketzern verfahre. Ein nordfranzösischer Priester schrieb an Papst Innozenz III. (1198–1216): „Bei uns ist die Frömmigkeit des Volkes so groß, dass es jederzeit bereit ist, nicht nur erkannte Ketzer, sondern auch Leute, die der Ketzerei verdächtig sind, auf den Scheiterhaufen zu bringen." Kaiser Heinrich IV. befahl 1194 die strenge Bestrafung von Ketzern und die Beschlagnahme ihres Besitzes. Ähnliche Edikte folgten 1210 von Kaiser Otto IV., 1226 von Ludwig VIII. von Frankreich und 1227 bzw. 1228 von den italienischen Stadtstaaten Florenz und Mailand. Die strengsten Verfolgungsgesetze wurden von 1220 bis 1239 von Kaiser Friedrich II. erlassen.

Die eigentliche „Inquisition" im Sinne einer Organisation bildete sich heraus, als Papst Gregor IX. (1227–1241) damit begann, Inquisitionsrichter zu ernennen und diese mit geistlichen Vollmachten auszustatten. Damit war die päpstliche Inquisition geschaffen.

In Deutschland erlangte einer der ersten vom Papst ernannten Inquisitoren traurige Berühmtheit. Konrad von Marburg, der Beichtvater der heiligen Elisabeth von Thüringen (1207–1231), wurde von Papst Gregor IX. 1231 beauftragt, nicht nur die Ketzerei auszurotten, sondern auch die Geistlichkeit zu reformieren, deren Sittenlosigkeit dem Papst als Hauptgrund des schwindenden Glaubens genannt worden war. Beide Aufgaben ging Konrad mit außerordentlicher Grausamkeit an, bis sein gnadenloses Vorgehen selbst den Erzbischöfen von Mainz und Trier zu viel wurde und sie sich beim Papst beschwerten. 1233 scheiterte Konrad von Marburg bei einem spektakulären Inquisitionsprozess gegen den Grafen von Sayn, weil er der Gerichtsver-

Dieser Holzschnitt aus England zeigt die „Wasserprobe" an einer als Hexe denunzierten Frau. London, 1613, *Archiv des Autors*

sammlung die geforderte Beweisqualität nicht beibringen konnte, weshalb der Graf von Sayn freigesprochen wurde. Einige Freunde des Freigesprochenen übten Rache und ermordeten Konrad noch im selben Jahr. Die deutschen Bischöfe übernahmen selbst die Inquisition und milderten deren Methoden ab. Trotzdem baute die Kurie die Kompetenzen der Inquisitoren weiter aus. Papst Innozenz IV. (1243–1254) gestattete die Folter zur Geständniserzwingung, was besonders in den späteren Hexenprozessen zur permanenten Anwendung gegen jede verdächtige Frau führte.

In der Hand der französischen Könige wurden Inquisitionsprozesse ein Mittel, um politischen Gewinn daraus zu ziehen. So bediente sich Philipp der Schöne der Inquisition, um 1312 den Templerorden auszumerzen. Auf Veranlassung der englischen Krone wurde auch Jeanne d'Arc 1431 in einem Inquisitionsprozess zum Tode auf dem Scheiterhaufen verurteilt.

Die Voraussetzungen für den Hexenwahn vom 14. Jahrhundert bis in die Neuzeit des 18. Jahrhunderts hatte die katholische Kirche bereits Ende des 12. Jahrhunderts geschaffen, als sie die Hexentheorie in ihr Ideensystem als „Verkehr mit dem Teufel" und „Anfechtungen des Teufels" bewusst aufnahm. Alle „unzüchtigen Frauen" waren Hexen, allein schon der Verdacht war strafbar. „Unverkennbar sind die Zeichen der Massenpsychose in diesem Zusammenhang", schreibt Ferdinand Seibt und erklärt: „Gewiss spielen in den Hexenprozessen alle möglichen bösen Rivalitäten eine Rolle, geweckt durch die Möglichkeit zu freier Denunziation. Und ganz ohne Zweifel waren viele Tausende, die da auf den Scheiterhaufen kamen – vornehmlich in West- und Mitteleuropa, sehr spät in Böhmen, kaum in Skandinavien, in Polen oder Ungarn –, unschuldig im Sinne der Anklage." In Spanien stand die Inquisition unter königlicher Kontrolle, und die „katholischen Könige" verfolgten mithilfe der Inquisition das politische

Valladolid, 1636: Unter Anwesenheit König Philipps IV. von Spanien (1621–1665) werden zehn Juden mit einer Hand an ein Andreaskreuz genagelt, während ihnen vom Inquisitionsgericht ihre Verurteilung zum Scheiterhaufen verlesen wird. *Archiv des Autors*

Ziel, sich auf der iberischen Halbinsel den Rücken freizuhalten. Papst Sixtus IV. (1471–1484) musste König Ferdinand „dem Katholischen" (1479–1516) das Recht einräumen, einen eigenen Großinquisitor für Spanien zu ernennen. Dieser Großinquisitor Tomás de Torquemada (1420 bis 1498) ließ dann ab 1481 die ersten Ketzergerichte tagen, mit großem Schaugepränge, was auf das Volk Eindruck machen sollte und auch tat. Mit den Verurteilten wurden gleichzeitig auch viele Juden, die heimlich den Sabbat gefeiert hatten, auf dem Scheiterhaufen verbrannt. Diese „Autodafés" verschlangen in der Folgezeit Jahr um Jahr unzählige Opfer.

Unter den Frauen, die als Hexen verfolgt wurden, waren auch solche, die wegen ihrer besonderen Funktion betroffen waren, nämlich Kräuterkundige und Hebammen. Unter den letzteren waren „Frauen, auf deren Hilfe die reichsten und mächtigsten Männer angewiesen waren", wie Charlotte Frank in der *Süddeutschen Zeitung* (28./29.07.2012) schrieb und dabei ausführte: „Mit dem frühen Mittelalter begann das Leben als Hebamme gefährlich zu werden – durch das alle Lebensbereiche dominierende Christentum. Es war eine Zeit der latenten Ketzerei, die Kirchen wähnten hinter jeder Ecke den Teufel am Werk."

Im Jahr 1484 stellten die beiden Autoren und Dominikanermönche Henricus Justitiore und Jakobus Sprenger in ihrem von der Kirche propagierten Machwerk „Hexenhammer (*malleus maleficarum*)" fest: „Keiner schadet der katholischen Kirche mehr als die Hebammen." Sie könnten ja zum Beispiel die Empfängnis verhindern, Fehlge-

„Drei Hexen", weiße Federzeichnung von Hans Baldung Grien (um 1485 bis 1545), die zu Beginn der Hexenverfolgung in Mitteleuropa entstand, *Archiv des Autors*

burten herbeiführen und Neugeborene dem Satan opfern. „Allein in Köln", berichtet Charlotte Frank, „wurden zwischen den Jahren 1627 und 1639 nahezu alle Hebammen der Stadt als Hexen verbrannt."

Insgesamt gesehen müssen wir heute die Jahrhunderte währende Inquisition zusammen mit den Kriegen und Verfolgungen unserer Zeit zu den finstersten Kapiteln in der Geschichte der Menschheit rechnen.

4. Kapitel

Das mittelalterliche Leben in Burgen, Dörfern und Städten, das Rittertum und die wirtschaftlichen Entwicklungen bis zur Hanse

Wir wissen sehr wenig über das Leben der einfachen Menschen im Mittelalter, denn die Masse der Zeitgenossen von damals tritt in den Chroniken des Mittelalters nur unter dem Sammelbegriff „Volk" in Erscheinung, das beispielsweise einem Herrscher zujubelt oder bei einem wichtigen Ereignis zusammenströmt. Eines aber ist sicher: Der mittelalterliche Mensch lebte viel härter, als wir uns das heute vorstellen können.

Die drei Stände: Betende, Kämpfende und Arbeitende

Die Gesellschaft, in die der mittelalterliche Mensch hineingeboren wurde, war von einer klaren Trennung in Stände geprägt. Es

Die Miniatur aus der Chronik des John von Worcester erzählt vom Alptraum des englischen Königs Heinrich I. (1100–1135), in dem sich die drei Stände gegen ihn erheben und ihn vernichten wollten (von oben nach unten): Die Bauern (*laboratores*) stehen an seinem Bett und „knirschen mit den Zähnen"; die Soldaten (*pugnatores*) bedrohen ihn mit Schwertern und Lanzen; die Bischöfe und Äbte (*oratores*) „richten ihre Amtsstäbe auf ihn". Mitte des 12. Jh., *Corpus Christi College, Oxford*

war fast unmöglich, von einem Stand in einen anderen zu wechseln. Die kleinste Einheit der Gesellschaft war die Familie und die Sippe, ihr galten die Loyalität und das Pflichtempfinden jedes Einzelnen.

Die Betenden (*oratores*) waren alle Kleriker und kirchlichen Funktionsträger. Die Kämpfenden (*pugnatores*) umfassten das Rittertum und den Adel. Und die Arbeitenden (*laboratores*) waren die bäuerliche und werktätige Bevölkerung. Dazu kamen später noch die Bewohner der allmählich entstehenden Städte und die dort ausgeübten handwerklichen oder dem Handel zugehörigen Berufe. Sie organisierten sich in Interessengemeinschaften, den Gilden. Sichtbar getrennt untereinander waren sie durch detaillierte Kleider-, Luxus- und Prozessionsordnungen, in denen genau festgelegt wurde, wer für seine Kleidung welche Materialien verwenden durfte; und selbst für Putz und Verzierung an den Kleidern gab es genaue Vorschriften. Damit war in der Öffentlichkeit die soziale Zuordnung an der Kleidung jederzeit deutlich erkennbar.

An der Spitze der Betenden (*oratores*) standen die mächtigen und bei Hofe einflussreichen Erzbischöfe und Bischöfe, die teilweise auch Ämter der königlichen Verwaltung innehatten. Nach zahlreichen Zwischenstufen mittlerer und niedrigerer Ämter standen am anderen Ende der Hierarchie die einfachen Dorfpfarrer. Das Einkommen der einzelnen Geistlichen, ihre Pfründe, stammte aus der kirchlichen Vermögensmasse. Eine Sondergruppe der *oratores* bildete das Mönchstum, das abgeschieden im Kloster lebte. Auch die Mönche waren streng organisiert, vom Abt bis hinunter zum Novizen, wobei jeder Mönch seinen bestimmten Aufgabenbereich hatte. Ihr Einkommen erwirtschafteten sie aus dem Klosterbesitz. Und die Klöster konnten Lehen vergeben.

Auch die Kämpfenden (*pugnatores*), nämlich die adligen Familien, waren hierarchisch abgestuft. Je nach Größe der Besitzungen, Einfluss bei Hofe, Ämtern und historischer Bedeutung gehörten sie dem hohen oder niederen Adel an. Am unteren Ende der Adelshierarchie standen Inhaber kleinerer oder kleinster Ämter in der königlichen Verwaltung, deren Lebensstil oft so karg war, dass sie von den Bauern kaum zu unterscheiden waren. Eine später aufkommende Schicht waren die Ministerialen, einst Unfreie im Königsdienst, die Aufgaben für den König wie Besatzung und Schutz der Burgen übernahmen. Nach und nach konnten sie aufsteigen, erhielten die Freiheit und vielleicht ein bescheidenes Lehen.

Die Arbeitenden (*laboratores*) bildeten den ganzen Rest der mittelalterlichen Gesellschaft, also Bauern, Freie wie Unfreie, kleine Handwerker, Hörige sowie die Frauen. Die Hierarchie reicht hier vom reichen „Großbauern" bis zu den Bewohnern ärmlichster Hütten. Aber sie unterschieden sich in ihrer Selbstdarstellung deutlich von jenen Gruppen, die außerhalb der Gesellschaft standen, den Bettlern, Verbrechern, Dirnen, Aussätzigen und anderen aus der Gesellschaft Ausgestoßenen.

Die Lebensräume der Gesellschaftsschichten

Die hohen Amtsträger des weltlichen Klerus lebten in ihren Residenzen oder zogen mit dem König und seinem Hof umher. Manchmal waren sie sogar bei Kriegszügen dabei. Die einfachen Pfarrer lebten in ihren Gemeinden ihr einfaches Leben. Die königsnahen Adelsfamilien befanden sich in der Nähe des Aufenthaltsorts des Hofes, berieten den König auf Hoftagen und bildeten bei Feldzügen die unmittelbare Umgebung des Königs. Sie residierten auf ihren Burgen, umgeben von ihrem Territorium und kümmerten sich um deren Verwaltung. Die Angehörigen der arbeitenden Stände lebten in Dorfgemeinschaften zusammen, wobei Rangunterschiede zwischen Reich und Arm, Frei und Unfrei klar erkennbar waren. Festliche Zusammenkünfte waren in allen Ständen der Gesellschaft möglich, in jeweils bescheidenerem Rahmen als adlige Turniere. Dörfliche Feste gab es bei familiären Ereignissen wie Kindstaufen, Hochzeiten oder kirchlichen Feiertagen.

Das Lehnswesen mit Lehnsherr und Lehnsmann

Die mittelalterliche Gesellschaft wird allgemein als „Feudalgesellschaft" bezeichnet, hergeleitet vom Wort *feudum* oder „Lehen". Ein Lehen war generell etwas Geliehenes, was der Lehnsherr, dem es ursprünglich gehörte, dem Lehnsmann zur Verfügung stellte. Das bedeutete ein wechselseitiges Verpflichtungsverhältnis. Das System geht auf historische Erfahrungen zurück. Als die italischen und gallischen Städte im frühen Mittelalter während der Germanen-Einbrüche keine Sicherheit mehr boten, zogen die Adligen sich auf ihre Landsitze zurück und umgaben sich mit von ihnen abhängigen Bauern und militärischem Hilfspersonal. Die Behinderung der Verkehrswege in unruhigen Zeiten zwang die Landgüter zu wirtschaftlichem Aufschwung, indem sie die in den Städten hergestellten Waren in großen Gütern selbst herstellten. Diese wirtschaftliche Neuord-

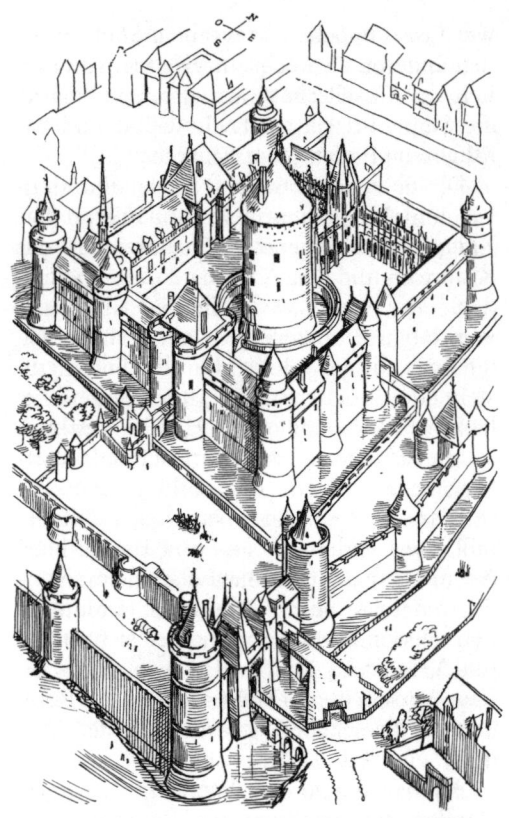

Die Zeichnung rekonstruiert den Louvre in Paris im 14. Jh. während der Regierungszeit Karls V., des Weisen (1364–1380). Aus Viollet-de-Duc „Dictionnaire raisonné de Architectur française", *Archiv des Autors*

nung ebnete zwischen dem 3. und 6. Jahrhundert den Weg zum Lehnswesen und führte zwischen dem 6. und 9. Jahrhundert zu dessen Ausbildung. Die Merowinger- und Karolingerkönige bezahlten ihre Feldherren und Staatsleute mit Belehnungen, die dann zum erblichen oder unabhängigen Besitz wurden. Während der späteren Einfälle der Sarazenen, Normannen oder anderer Invasoren, gegen die der Staat keinen Schutz mehr gewähren konnte, zwangen die örtlichen Grundherren, für eine begrenzte Verteidigung zu sorgen, für eine eigene Streitmacht und Gerichtsbarkeit. Als die Reiterei wichtiger als das Fußvolk wurde, wuchs in Frankreich, im normannischen England und in Spanien zwischen dem Herzog oder Baron und der Bauernschaft ein neuer Stand der Berittenen, die Ritter, heran. In einer Atmosphäre der Angst baute der Stand der Bauern seine Häuser so nahe wie möglich an die Burg des Lehnsherrn oder an ein befestigtes Kloster und leistete dem Lehnsherrn bereitwillig Treueid und Lehnsdienste. So bedeutete das Lehnswesen im Mittelalter die wirtschaftliche Unterwerfung und militärische Untertanenpflicht gegenüber einem Überlegenen im Austausch gegen wirtschaftliche Organisierung und militärischen Schutz.

Ländereien waren Königsgut, stammten also aus dem Eigenbesitz des jeweiligen Herrschers und wurden den Adligen zur eigenen Nutzung und Bewirtschaftung als Lehen zur Verfügung gestellt. Es gab aber nicht nur adlige Lehnsmänner, sondern auch bäuerliche, die nicht unbedingt Kriegsdienst leisten mussten, da sie mit der Bewirtschaftung der Güter für den Lebensunterhalt auch des königlichen Heeres sorgen mussten. Bäuerliche Lehnsmänner leisteten deshalb für den König auf seinen Domänen Arbeitsdienste wie Bestellung und Ernte der Felder. Sie lieferten anteilig Gewinne aus dem Lehen in Form von Naturalien ab.

Der Aufbau des Lehnswesens

Die Gesellschaft im 11. und 12. Jahrhundert bestand damals aus Freien, Leibeigenen und Sklaven. Zu den Freien zählten die Adligen, die Geistlichen, die Berufssoldaten, die Angehörigen freier Berufe, die meisten Kaufleute, Handwerker und die Bauern, denen Grundstücke gehörten ohne Verpflichtung gegenüber einem Lehnsherrn. In Westeuropa bildeten diese Freibauern etwa ein Viertel der bäuerlichen Gesamtbevölkerung.

Die Sklaverei nahm im selben Umfang ab, wie die Leibeigenschaft zunahm. Im England des 12. Jahrhunderts fanden sich Sklaven hauptsächlich im Hausdienst, in Deutschland nahm die Sklaverei im 10. Jahrhundert zu, als man keine Bedenken hatte, „heidnische" Slawen gefangen zu nehmen, um sie für Handarbeit auf deutschen Gütern zu verwenden oder in muslimische oder byzantinische Länder zu verkaufen. Besonders in Italien blühte der Sklavenhandel, sicher wegen der Nähe muslimischer Länder. Der Rückgang der Sklaverei war nicht einem sittlichen Fortschritt, sondern wirtschaftlichen Veränderungen zu verdanken, denn die Produktion unter physischem Zwang zeigte sich weniger einträglich als die Produktion unter dem Wirken des Erwerbstriebes. Die Leibeigenschaft dauerte aber an, denn es war der Leibeigene und nicht der Sklave, welcher der mittelalterlichen Welt das tägliche Brot verschaffte.

Der Leibeigene oder bäuerliche Lehnsmann bebaute ein Landstück, das dem Lehnsherrn gehörte, der ihn nach Belieben aus der Pacht entlassen konnte. Bei seinem Tod ging das Land nur dann an seine Kinder über, wenn der Lehnsherr damit einverstanden war. Viele Rechtlosigkeiten und Verpflichtungen, denen der bäuerliche Lehnsmann in der Theorie oder per Gesetz unterworfen war, wurde durch die Milde der Gutsherrn, durch erfolgreichen Widerstand oder durch die zeitliche Abnutzung abgeschwächt oder ganz aufgehoben. Auch das in vereinzelten Fällen vorkommende

„Recht der ersten Nacht" mit der Braut eines Lehnsmanns konnte meist durch eine Zahlung an den Lehnsherrn verhindert werden. Das war die Form des „Loskaufens" von der *ius primae noctis*, die sich in Bayern bis ins 18. Jahrhundert hielt.

Oberster Lehnsherr, dem alle verpflichtet waren, war der König. Durchlässig für Aufsteiger von einem Stand in den anderen war das Lehnssystem nicht. Man konnte sich lediglich innerhalb des Standes, in den man hineingeboren war, hocharbeiten. Deshalb gab es viele Unfreie, die die Freiheit erlangten und später ihren eigenen Hof bewirtschafteten, oder Angehörige der Ministerialität, die teils unfrei gewesen waren und später bis in den Übergangsbereich zum niederen Adel aufstiegen.

Der Lehnsherr musste die Menschen führen können, denn wer die Verteidigung und den Ackerbau zu leiten vermochte, wurde zum natürlichen Herrn des Landes – im Lateinischen der *dominus*, französisch der „Seigneur" (vom lateinischen *senior*), deutsch der „Herr", englisch der „Lord" (*law-ward* ist der „Gesetzeshüter"). Besitz und Bewirtschaftung des Landes wurden die Quelle von Reichtum und Macht. Im Mittelalter lag die Macht beim Grund besitzenden Adel und das blieb so bis zur industriellen Revolution.

Das lehnsherrliche Schloss oder die befestigte Burg eines Ritters war zur Sicherheit erbaut. Die Erkennungsmerkmale einer klassischen hochmittelalterlichen Burg sind der Bergfried, in dem der Burgherr mit seiner Familie wohnte, die Ringmauer und der Wohnbau. Die Wahl des Bauplatzes für eine Burg musste gut überlegt sein, denn die exponierte Lage der meisten Burgen hatte nicht nur militärische Gründe, sondern signalisierte auch, wie bedeutend und mächtig ihr Bauherr war. Die mittelalterlichen Handwerker errichteten die hohen Mauern einer Burg mit einem Gerüst, verstärkt mit sogenannten Auslegergerüsten. Dabei wurden Hölzer in die Steine eingemauert, auf die dann Bretter gelegt werden konnten. Für die Mauerung der schweren Quadersteine wurden Flaschenzüge verwendet. Das Innere des Bergfrieds war finster und eng. Es gab nur wenige und kleine Fenster, die selten verglast waren. Gewöhnlich hielten Leintücher, Ölpapiere, Fensterläden oder Gitter ein wenig Regen und viel Licht fern, Licht im Innern wurde von Kerzen und Fackeln geliefert. Im zweiten Stock des Bergfrieds befand sich der Rittersaal, der dem Burgherrn als Gerichtssaal, den meisten Angehörigen seines Hausstandes als Speisesaal, Wohn- und Schlafstätte diente. Zum Hausstand eines Burgherrn gehörten oft einige Vasallen oder Pächter. Ein Vasall war ein Mann, der seinem Lehnsherrn militärische und persönliche Dienste leistete und dafür eine Vergünstigung oder ein Privileg erhielt, gewöhnlich ein Grundstück mitsamt den Leibeigenen. Der Boden aber blieb Eigentum des Lehnsherrn. Die meisten Burgen wurden zwischen dem 11. und 14. Jahrhundert erbaut. In Deutschland gibt es heute noch etwa 20.000.

Leben und Wirtschaften der Bauern

Um die erste Jahrtausendwende waren etwa neun Zehntel der Menschen in Europa Bauern. Die Zahl der Stadtbewohner, insbesondere nördlich der Alpen, war noch sehr klein. Die bäuerliche Welt bestimmte demnach auch den Lebenslauf der meisten Menschen, „die harte Arbeit, bei der viele sich

Die Miniatur aus dem „Queen Mary's Psalter", englisch, frühes 14. Jh., zeigt auf einem Bild alle Arbeiten, die ein Bauer im Wechsel der Jahreszeiten zu leisten hat. *British Museum, London*

buchstäblich aufbrauchten, im Kindbett erschöpften, Krankheiten preisgegeben, die wir heute leicht zu heilen wüssten" (Ferdinand Seibt).

Der Grundherr war nicht in der Lage, allein oder mit einigen Knechten die großen, zur Grundherrschaft gehörigen Felder zu bewirtschaften und war deshalb auf die Mitarbeit der Bauern angewiesen. Den Bauern verlieh er eine Bauernstelle mit zugehöriger Landfläche zur Erbleihe im Tausch gegen festgelegte Dienste oder Abgaben. Der Bauer konnte frei oder unfrei sein. Ein freier Bauer leistete seine Pflichten ab, indem

er dem Grundherrn bestimmte Mengen an Getreide oder Vieh zu festgelegten Zeitpunkten ablieferte. Der unfreie Bauer, Leibeigene oder „Hörige" war aus mehreren Gründen in diese Situation gekommen. Unfrei und hörig konnte man durch Kriegsgefangenschaft werden, bei Verknechtung aufgrund von Vergehen oder bei Überschuldung. Da der Stand eines Neugeborenen sich nach dem der Mutter richtete, konnten Bauern auch als Hörige geboren werden und standen dann auch unter der vollen Bestimmungsgewalt des Grundherrn. Dieser musste sie aber wie die Mitglieder seiner Familie behandeln, war also auch zu ihrem Schutz verpflichtet – zumindest der Theorie nach. Unfreie Bauern hatten manchmal auch eigene Bauernstellen, allerdings bescheidener als der freie Bauer. Sie mussten ihre Verpflichtung gegenüber dem Herrn in Frondiensten leisten, der auch fast die ganze Woche dauern konnte. Die Situation der Bauern konnte also sehr unterschiedlich sein. In der Regel war die Grundherrschaft aus heutiger Sicht ein ungerechtes System, aber der Bauer protestierte selten, auch wenn es gelegentlich zu scharfen Konflikten mit dem Grundherrn kam. Die gottgegebene Situation, dass Gott jedem Menschen in der Welt seinen vorherbestimmten Platz gab, an dem man sich bewähren sollte, war allgemein gültig und man akzeptierte sie.

Die Kirche als Lehnsträgerin

Ein Grundherr konnte im Mittelalter auch ein Abt oder Bischof sein. Wenn auch die Mönche viel körperliche Arbeit leisteten und viele Klöster und Kirchen vom Zehnten der Gemeinden abhängig waren, war für große kirchliche Unternehmungen zusätzliche Hilfe notwendig. Diese kam in Form von Landschenkungen von Königen und Adligen oder als Anteile an lehnsherrlichen Einkünften. Da solche Landschenkungen sehr häufig geschahen, wurde die Kirche bald die größte Grundbesitzerin Europas und der bedeutendste Lehnsherr. Erzbischöfe, Bischöfe und Äbte erhielten das Lehen vom König, schworen ihm den Lehnseid, trugen Titel wie Herzog oder Graf, prägten Münzen, saßen in Gerichtshöfen und nahmen Verpflichtungen zu militärischem Dienst oder landwirtschaftlicher Gutsleitung auf sich. Die Kirche, die so in das Gewebe des Lehnswesens einbezogen war, erwies sich damit nicht nur als religiöse, sondern auch als politische, wirtschaftliche und militärische Institution. Diese ihre „weltlichen Güter" waren das Entsetzen aller strengen Christen, der Angriffspunkt der Häretiker, eine Quelle vieler Konflikte zwischen Kaisern und Päpsten.

Das Rittertum – sein Stand und Ethos

Wie der Name schon sagt, ist der Ritter ein Krieger, der vom Pferderücken aus kämpft. Das war nicht immer so. Im Frühmittelalter gab es nur den Fußkampf, allenfalls ritt man zum Schlachtfeld, stieg ab und kämpfte zu Fuß. Schon mit der Ausdehnung des Frankenreichs unter Karl dem Großen konnte man die Distanzen aber kaum noch mit den Füßen meistern und man erkannte den Wert von gepanzerten Reitern für kriegerische Auseinandersetzungen.

Die Pflicht jedes Freien war es, sich dem Heerbann anzuschließen, wenn eine Schlacht bevorstand. Die Kosten jedoch für Schwert und Rüstung waren ziemlich hoch und im Wert etwa einem ganzen Bauernhof gleich. Deshalb stammten die Berufskrieger zu Pferde meist aus der wohlhabenden Grundbesitzerschicht. Schließlich brauchten sie auch viel Freizeit für das Üben des Kampfes vom Pferderücken aus. Fähigen Reiterkriegern, die nicht genügend Besitz hatten, wurden Lehen zugeteilt, mit denen sie ihre Bewaffnung finanzieren konnten. So wurde der freie Reiterkrieger zum Prototypen des Rittertums, ja zur Symbolfigur des Mittelalters. Dessen Aufstieg ging mit der kulturellen Verfeinerung am Ende des 11. Jahrhunderts einher, deren Ausdruck dann Minnegesang, höfisches Betragen und glänzende Feste werden sollten. Und immer bedeutendere Schichten des Adels wollten an der aufgewerteten Ritterwürde teilhaben. Schließlich wollten sogar die Könige zu Ritterruhm kommen. Denken wir nur an eine Figur wie den Engländer Richard Löwenherz.

Der Wandel des Ritterethos

Im 11. Jahrhundert bildeten die Reiterkrieger die unterste Schicht des Adels und genossen keinen guten Ruf. Papst Gregor VII. (1073–1085) machte die Bezeichnung „Ritter" hoffähig, als er im Bestreben, alle kirchliche und weltliche Macht dem Papst unterzuordnen, Bischöfe als *milites Christi*, als „Ritter des Herrn" bezeichnete. Papst Urban II. rief den Rittern in seinen Kreuzzugspredigten 1095 zu: „Die ihr Räuber gewesen seid, werdet nun Ritter Christi!" Solche Bindung an christliche Glaubensvorstellungen machte aus Reiterkriegern erst richtige Ritter, denn die moralische Anforderung an das Rittertum waren Gerechtigkeit, Schutz der Kirche und der Schwachen sowie Freigebigkeit. Und der Rittertitel begann seinen Siegeszug bis in die höchsten Herrscherkreise. Das Mainzer Hoffest im Jahr 1184 war ein glänzender Höhepunkt dieser Entwicklung. Kaiser Friedrich I. Barbarossa verlieh in diesem prächtigen Rahmen zweien seiner Söhne den Rittergürtel und nahm sie damit in die Reihen der Ritter auf. Alles was wir heute mit Rittertum verbinden, bot dieses Mainzer Hoffest: Turniere, Gesang, Unterhaltung. Der Ritter setzte sich neben Schlachten und Turnieren auch ein Denkmal in literarischer Form, denn die Ritterlyrik und Ritterepik begründete die europäische Literatur in allen Volkssprachen.

Ausbildung und Leben der Ritter

Ein Jüngling aus einer adligen Grundbesitzerfamilie, den es gelüstete, Ritter zu werden, musste eine lange und schwere Schulung durchmachen. Mit sieben oder acht Jahren trat er als Page, mit 12 oder 14 Jahren als Knappe in den Dienst eines Herrn. Er bediente ihn bei Tisch, in der Schlafkammer, auf dem Gutshof, beim Turnier oder in der Schlacht. Er musste seinen Körper und Geist in vielerlei Übungen kräftigen und erlernte durch ständige Übung den Gebrauch der Waffen. Wenn seine Lehrzeit abgeschlossen war, wurde er in einem Zeremoniell von sakraler Feierlichkeit in den Ritterstand aufgenommen. Er hatte nun das Vorrecht, sein Leben auf Turnieren aufs Spiel zu setzen, wobei er noch größere Ge-

Diese Miniatur aus dem „Roman de Troie" von Benoît de Sainte-More zeigt einen Ritterschlag. Spielleute spielen auf, wenn der Ritter seine Waffen, Helm und Schild erhält. Italienisch, spätes 14. Jh., *Bibliothèque Nationale, Paris*

schicklichkeit, Ausdauer und Tapferkeit üben konnte. Turniere blühten vor allem in Frankreich auf. Ein Turnier konnte fast eine Woche dauern. Der Kampfplatz war auf einem Stadtplatz oder auf offenem Feld und teilweise von Tribünen und Galerien für die reichen Edelleute umgeben, die in der ganzen Pracht der mittelalterlichen Kostüme dem Kampf zusahen. Das Volk hatte rings um das Feld Stehplätze. Das Lanzenstechen war ein Zweikampf zweier Rivalen, die in vollem Galopp mit angelegter Eisenlanze aufeinander zustürmten. Wenn einer der Kämpfer vom Pferd stürzte, musste auch der andere absteigen und den Kampf zu Fuß fortsetzen, bis einer aufgab, verwundet oder getötet wurde oder der Schiedsrichter oder der König Einhalt geboten. Den Kampfpreis nahm der Sieger vom König, dem Schiedsrichter oder von einer vornehmen Dame in Empfang. Die siegreichen Ritter hatten das Vorrecht, die hübschesten Damen zu küssen und lauschten Gedichten und Liedern, die ihnen zu Ehren gedichtet oder komponiert worden waren.

Das Rittertum war eigentlich kein sozialer Stand, es war eine Würde, ein Ehrentitel, den sich jeder verdienen konnte, der von einem ritterlichen Geschlecht abstammte. Die Grenze des Rittertums blieb jedoch bis zum Ende des 12. Jahrhunderts durchlässig, sodass sich die ärmsten Ritter kaum von Bauern unterschieden. Der arme Ritter lernte das Ritterleben von seinem Vater und dessen Freunden. Bei den adligen Rittern mussten die Söhne die Verwaltung der Grundherrschaft erlernen. Häufig wurden sie als Knappen zu anderen Herren gegeben, um dort höfisches Verhalten zu erlernen. So wurden auch Freundschaften und Bündnisse zwischen Adelsfamilien gefestigt. Der spätere Kaiser Otto IV. (1209–1218) wuchs seit 1182 am englischen Königshof seines Onkels Richard I. Löwenherz auf und erhielt damit die beste Erziehung.

Neben der Kriegerausbildung legte man anfangs noch wenig Wert auf Lesen und Schreiben. Hartmann von Aue, der mittelhochdeutsche Dichter des höfischen Romans „Der arme Heinrich" (geb. 2. Hälfte des 12. Jh., gest. Anfang des 13. Jh.), wies extra daraufhin, dass er lesen konnte. Während in England und Frankreich Lesen und Schreiben für Ritter selbstverständlich waren, kamen ihre deutschen Kollegen meist mit ein paar Brocken Latein aus.

Minnesang und höfisches Leben

Das entscheidende Merkmal der „Minne" im Verständnis des Mittelalters war der bewusste Verzicht auf den realen Liebesvollzug. Gleichzeitig musste der Ritter aber durch ständigen Dienst seiner Dame zeigen, dass er ihrer würdig war. Sie durfte ihn keinesfalls erhören, um ihrerseits seiner Minne würdig zu bleiben. Diese Konstruktion eines Ideals mit Verzicht auf Erfüllung ist für uns Heutige überraschend, denn das Mittelalter gilt nicht gerade als eine Zeit des freiwilligen Triebverzichts. Die Höfe des Adels „spielten" Minne, gelebt wurde sie jedoch nicht. Ihren Ausdruck fand die höfische Minne einmal in den Ritterromanen, die immer wieder vom Hof des legendären König Artus berichteten. Die eigentliche Gattung, um Minne zu feiern, war jedoch der Minnesang im Sinne des getreuen Minne-Ideals. Im deutschsprachigen Raum gab es den Minnesang ab etwa 1150. Der Minnesang war eine Kunstform, die von Rittern für Ritter geübt wurde, wobei aber immer

über dem Welfen Otto IV. mit dem lang ersehnten Lehen, für das Walther sich mit überschwänglichen Versen bedankte.

Das Ende des Rittertums

Das Rittertum nahm seinen Anfang im 10. Jahrhundert, erreichte seine Blütezeit im 13. Jahrhundert, litt aber schwer unter den Schlachten des Hundertjährigen Krieges zwischen Frankreich und England, als die englischen Bogenschützen in der Schlacht bei Crecy (16.8.1346) dem französischen Ritterheer das nahe Ende ihrer Überlegenheit aufzeigten. Noch einmal blühte der Gedanke des Rittertums auf, als der englische König Eduard III. (1327–1377) mit dem Hosenbandorden den ältesten und würdigsten weltlichen Ritterorden Englands stiftete. Von da an war Ritterlichkeit zu einem Verhaltenskodex des Adels geworden, der mit seinen militärischen Ursprüngen kaum noch etwas zu tun hatte. Danach wurden ritterliche Feste als Kostümfeste zelebriert, deren Teilnehmer Figuren aus den Artus-Romanen darstellten.

Das Ende des Rittertums zeichnete sich auch ab in dem Hass, der den englischen Adel in den Rosenkriegen aufspaltete („a horse, a kingdom for a horse"); schließlich ging das Rittertum im Wüten der Religionskriege des 16. Jahrhunderts vollends unter. Was davon blieb, drückte seinen Stempel der Gesellschaftsform, der Bildung und Gesittung, der Literatur und Kunst sowie dem Wortschatz des mittelalterlichen und modernen Europa auf. Ritterorden wuchsen in ganz Europa bis auf die Zahl von 234 an. Wenn der Ritter gutes Benehmen und Galanterie am Hofe lernte, so gab er etwas davon an diejenigen weiter, die auf der sozialen

Der Minnesänger Walther von der Vogelweide (um 1170 bis um 1230), Miniatur aus der „Manessischen Handschrift", *Universitätsbibliothek, Heidelberg*

das Wohlwollen des jeweiligen Publikums den Ausschlag gab.

Der in Europa berühmteste Minnesänger, Walther von der Vogelweide (um 1170 bis um 1230), stand lange in den Rechnungsbüchern des Erzbischofs von Salzburg. Da diese Einkünfte nicht regelmäßig flossen, sondern nur, wenn er den erzbischöflichen Hof unterhielt, suchte Walther den Anschluss an die jeweiligen Könige und Kaiser, vorzugsweise an die Staufer. Für sie schrieb er scharfzüngige Lieder, als sie mit den Welfen um den Thron stritten. Friedrich II. dankte Walther seine Dienste gegen-

Stufenleiter unter ihm standen. Schließlich blühte die europäische Literatur vom „Chanson de Roland" bis zum „Don Quijote" mit ritterlichen Charakteren und Themen auf.

Das Leben in den Städten

Obwohl das mittelalterliche Leben überwiegend agrarisch geprägt war, traten im 11. Jahrhundert die Städte als neue und aufregende Lebensperspektiven ins Bewusstsein der Menschen – und die alten Römerstädte am Rhein waren ja nie ganz verlassen worden. Während in Italien städtische Siedlungen kontinuierlich bewohnt wurden, gab es nördlich der Alpen nur noch wenige Stadtsiedlungen. So wohnten in der alten Kaiserstadt Trier im 9. Jahrhundert nur noch ein paar Hundert Menschen auf einem Stadtgebiet von rund 100 Hektar, umschlossen vom gefestigten Mauerring. Und ihre Lebensweise unterschied sich kaum von derjenigen der Landbewohner. Das wandelte sich im 11. Jahrhundert.

Städte entwickelten sich unter anderem aus Pfalz-, Burg- und Klostersiedlungen. Als Musterbeispiel für eine planmäßige Stadtgründung gilt Freiburg im Breisgau, dem Konrad von Zähringen 1120 das Marktrecht verlieh. Hier gab es bereits eine ältere Burgsiedlung, doch ließ der Herzog die Stadt neu anlegen und lockte potenzielle Siedler mit zahlreichen Privilegien wie kostenlosen Bauplätzen, Zollfreiheit und Besitzerhalt von Verstorbenen für Witwen. Das Freiburger Stadtrecht war das Muster vieler Stadtgründungen in Süddeutschland. In Norddeutschland war das Lübecker oder das Magdeburger Stadtrecht am weitesten verbreitet. Das Stadtrecht regelte straf- und prozessrechtliche Fälle ebenso wie Anordnungen zum Geschäftsgebaren der Kaufleute und zur städtischen Selbstverwaltung. Diese mussten sich viele Städte allerdings erst gegen ihre Stadtherren erkämpfen: So vertrieben die Kölner und die Wormser ihre Bischöfe, die Nürnberger ihren Burggrafen und in Trier gab es ständige Auseinandersetzungen zwischen Bischöfen und der Bürgerschaft. In Zeiten der Streitigkeiten zwischen fürstlicher und königlicher Macht in Deutschland wurden die Städte zu Stützen der Könige, die wiederum ihren Ausbau und ihre Unabhängigkeit förderten. Allerdings errangen in Deutschland nur 85 Städte den Status einer freien Reichsstadt, die nur den Kaiser über sich hatte. In Städtebünden versuchten die Kommunen außerdem, ihren Einfluss zu stärken. Dazu gehörte etwa der mächtige Schwäbische Städtebund im 14. Jahrhundert. In Norditalien schlossen sich die reichen lombardischen Städte zu einem Bund zusammen, um dem Kaiser Widerstand zu leisten, der ihre Selbstständigkeit beschneiden wollte.

Anfangs hatten viele mittelalterliche Städte noch keine Ummauerung, Wall und Palisaden gehörten aber zum alten Stadtbild. Die Stadtmauer diente nicht allein zur Verteidigung, sondern auch als Zeichen dafür, dass hinter dem Stadttor ein eigener Rechtsbereich begann. Ein befestigter Platz wurde allgemein *burgus* genannt und so sind die mittelalterlichen Städte in den zeitgenössischen Quellen als *burgi* und ihre Bewohner als *burgenses* („Bürger") bezeichnet worden. Erst im 12./13. Jahrhundert setzte sich das Wort „Sta(d)t" durch, das auf das gotische *stats* zurückgeht, das allgemein „Stätte" oder „Stelle" bedeutete.

Das Zusammenleben in einer Stadt mit engen Gassen bereitete natürlich hygienische Probleme, denn Unrat aller Art wurde auf den Straßen und Gassen abgeladen. Dazu kam die Geruchsbelästigung durch die Abfälle der Gerber und Metzger. Die meisten Wege waren noch nicht gepflastert, allenfalls der Marktplatz oder Platz vor dem Rathaus, die Gassen versanken nach jedem Regen im tiefen Morast. Diesen Problemen versuchten die Stadtväter Herr zu werden, indem sie die Gerber aus der Innenstadt verbannten, Kanäle bauten, die den Unrat aus der Stadt schwemmten und Verbote erließen, den Nachttopf auf die Gassen zu entleeren.

Die Pyramide der Stadtbevölkerung

Die Stadtbevölkerung im Mittelalter war kein monolithischer Block. An der Spitze standen oft wenige Kaufmannsfamilien, die als Patrizier nicht nur das wirtschaftliche, sondern lange Zeit auch das politische Leben in der Stadt bestimmten. Dahinter stand eine breite Mittelschicht, gebildet vor allem von Handwerkern, die in Zünften zusammengeschlossen waren und sich im Spätmittelalter oftmals mit Gewalt ihren Anteil an der Stadtregierung erkämpften. Außerhalb der Zünfte durfte niemand ein Handwerk ausüben. Die Zünfte sorgten für eine ausgeglichene Preisgestaltung, setzten Qualitätsmaßstäbe, legten die Arbeitszeit fest und sorgten sich um das Wohl ihrer Mitglieder. Probleme gab es für einen Gesellen, irgendwann Meister zu werden, weil deren Zahl auch von den Zünften festgelegt wurde. Glücklich konnte sich ein Geselle schätzen, wenn er die Witwe seines Meisters heiraten konnte und damit die Chance hatte, seinen eigenen Betrieb aufzubauen.

Etwa 50 Prozent der städtischen Unterschicht konnte davon nur träumen, denn sie hatte, da sie keine Steuern bezahlte, auch kein Bürgerrecht. So bildeten Knechte, Taglöhner, Bettler, Prostituierte und Behinderte den Bodensatz der mittelalterlichen Stadtgesellschaft. Die Christenpflicht sicherte ihnen aber Almosen-Unterstützung, da 25 Prozent der Einnahmen eines Bistums und Anteile der Klöster in der Stadt in die Armenfürsorge flossen.

Die kommunale Selbstverwaltung einer Stadt wurde von einem im Durchschnitt etwa 20-köpfigen Stadtrat gebildet, der für die Rechtsprechung sowie im Falle einer unabhängigen Reichsstadt auch für politische Grundsatzentscheidungen und für die Vertretung der Stadt nach außen zuständig war. Der Bürgermeister einer Stadt war also nur *primus inter pares,* denn der Rat kooptierte seine Mitglieder selbst, sie wurden also nicht von der Bürgerschaft gewählt.

Kaufleute und Geldwirtschaft einer Stadt

Handel und Gewerbe in einer Stadt waren eng miteinander verzahnt, denn das Ziel des Gewerbes war es, Dinge von geringerem Nutzen und Wert durch Einsatz von Arbeitskraft und Können in Dinge von größerem Werk und Nutzen zu verwandeln. Der Handel sollte die Dinge dorthin bringen, wo sie am dringendsten gebraucht wurden und deshalb größten Gewinn erzielen konnten. Von noch grundlegenderer Bedeutung war dabei das Gewerbe, denn dort war es durchaus möglich, eine Lebensweise zu erreichen, bei der der Handel außen vor war und die Familiengemeinschaft selbstständig Nahrung, Kleidung, Wohnung, Werkzeuge, Möbel und alle übrigen Gebrauchsgegenstände erzeugte.

Trotzdem entwickelte sich ein besonderes Stadtrecht aus dem Kaufmannsrecht. Zuerst war dieses nur Kaufleuten gewährt worden, bis nach und nach alle Bürger an den Privilegien einer Stadt teilnahmen. Dazu gehörte in erster Linie das Marktrecht, das für die Bauern im Umland die Möglichkeit bot, auf dem Marktplatz einer Stadt ihre landwirtschaftlichen Erzeugnisse anzubieten. Das Angebot wurde sehr bald von heimischen Krämern oder auf größeren Märkten auch von fremden Händlern erweitert auf Kleidung, Holzwaren oder Küchengeräte. In den größeren Städten entstanden oft prächtige Kaufhäuser, in deren Laubengängen Händler unter der Kontrolle des städtischen Rates ihre Waren zum Verkauf anboten. Bald bildeten sich als Pendant zu den Zünften der Handwerker die Gilden der Kaufleute, und der Reichtum der größeren Handelsstädte wie Regensburg und Augsburg oder der freien Reichsstädte wie Ravensburg oder Biberach an der Riss beruhte nicht nur auf dem Kleinhandel der Krämer auf den Märkten, sondern auch auf den Kaufleuten, die europaweit Fernhandel betrieben. Die Gilden der Kaufleute richteten in den wichtigsten Zielorten Handelsniederlassungen als Anlaufstellen für die Kaufleute aus verschiedenen Ländern ein, so zum Beispiel die Zentrale der deutschen Kaufleute in Venedig, die *Fondaco dei Tedeschi*.

Die Hanse, wichtigste Handelsmacht im Mittelalter

Das Wort „Hanse" stand anfangs nur für eine gemeinsam reisende Kaufmannsgruppe, da die Fahrt in Gruppen mehr Sicherheit bot, denn sowohl See- als auch Landwege waren im Mittelalter immer gefährlich. Solche Kaufmannsgruppen organisierten sich als Genossenschaften mit eigenen Regeln und Aufnahmebedingungen. Wollte ein Kaufmann zum Beispiel über Gotland, die schwedische Insel, der sich die deutsche Hanse im Jahr 1160 als Ausgangspunkt und Feste des Ostseehandels bemächtigte, in den Handel mit Russland einsteigen, musste er zu den „Gotlandfahrern" gehören. So gab es nicht von Anfang an die eine Hanse, sondern mehrere Zusammenschlüsse von Kaufleuten, die am selben Zielort Handel trieben. Es ist dabei aber nicht klar, ob der Schiffstyp der „Kogge", das berühmte Hanseschiff, zuerst genutzt wurde. Denn die Kogge konnte es an Seetüchtigkeit nicht mit den nordischen Kauffahrtschiffen aufnehmen, die immer noch den alten Drachenbooten der Wikinger ähnelten. Aber in der Frage der Ladungskapazität war die Kogge unschlagbar, die wahrscheinlich im 9./10. Jahrhundert entwickelt wurde. Die Koggen hatten einen bauchigen Rumpf und hohe Bordwände, die auf einen umfangreichen Warentransport angelegt waren. Ein geschlossenes Deck schützte die kostbare Fracht vor der rauen See.

Das flandrische Brügge, das schon im frühen Mittelalter als Wirtschaftszentrum und Ausfallstor für die Erzeugnisse von blühendem Ackerbau als auch reichem Gewerbe galt, kristallisierte sich als wichtigstes Mitglied der Hanse in Westeuropa heraus. Dort schlossen sich die Handelsstädte Nordeuropas im 12. Jahrhundert zu ihren noch losen Bünden zusammen, die man dann in Deutschland „Hanse" nannte. In London bildete die britische Hauptstadt mit Brügge, Ypern und Troyes sowie 20 anderen Städten die „Londoner Hanse". Lübeck, das 1158 als Vorposten gegen den konkurrierenden Gotlandhandel des dänischen Schleswig gegründet wurde, ging einen gleichen

Diese Illumination aus dem Luttrell-Psalter zeigt Reisende des höchsten Standes unterwegs, englisch, um 1335–1340, *British Museum, London*

Bund mit Hamburg (1210) und Brügge im Jahr 1252 ein. Später schlossen sich diesem Bund andere Städte an: Danzig, Bremen, Nowgorod, Dorpat, Magdeburg, Thorn, Berlin, Visby, Stockholm, Bergen und London. Auf dem Höhepunkt der Hanse im 14. Jahrhundert umfasste der Bund 52 Städte. Er hatte damit alle Mündungen der großen Flüsse in seiner Hand, auf welchen die Handelsprodukte Mitteleuropas an die Nord- und Ostsee kamen, nämlich Rhein, Weser, Elbe und Weichsel.

Die Hanse beherrschte so den nordeuropäischen Handel von Rouen bis Nowgorod und hatte zeitweise das Monopol über die Heringsfischerei in der Ostsee und den Handel zwischen dem Kontinent und England. Sie sorgte für Gerichtshöfe, um Streitigkeiten zwischen den Mitgliedern beizulegen, schützte seine Mitglieder gegen Prozesse von außen und führte auch als unabhängige Macht Kriege. Sie unterstellte in jeder angeschlossenen Stadt ihre Kaufleute eigenen deutschen Gesetzen und verbot ihnen die Ehe mit Ausländern. So wirkte die Hanse über ein Jahrhundert lang als Triebkraft für die Zivilisation. Sie verbreitete den deutschen Handel, die deutsche Sprache und Kultur im Osten, in Preußen, Livland und Estland, gelegentlich mit tatkräftiger militärischer Unterstützung des Deutschen Ritterordens, und ließ Königsberg, Libau, Memel und Riga zu bedeutenden Städten werden. Sie schuf sich durch Kontrolle der Preise und der Qualität ihrer Waren einen so guten Ruf, dass der Name „Easterlings" (Männer des Ostens), den die Engländer den Hanseaten gaben, in der Form *sterling* mit der Bedeutung „gediegen, recht, vollwertig" in die englische Sprache einging und, als Eigenschaftswort dem Wort Silber oder Pfund beigesetzt, dessen Vertrauenswürdigkeit und Echtheit bezeichnete.

Mit der Zeit aber wurde die Hanse trotz der anfänglichen Verteidigerrolle selbst zu einer „Unterdrückerin", schreibt Will Durant: „Sie begrenzte die Unabhängigkeit der angeschlossenen Glieder allzu tyrannisch, zwang Städte mit Boykott und Gewalt zum Beitritt, bekämpfte die Konkurrenz mit anständigen und unanständigen Mitteln; sie war auch nicht darüber erhaben, Piraten einzusetzen, um den Handel der Konkurrenten zu schädigen. Sie stellte ihre eigenen Heere auf und bildete einen Staat in vielen Staaten."

Niedergang der Hanse und Aufstieg der Fugger, Welser und Medici

Im weiteren Verlauf des Mittelalters erstarkten langsam die lokalen Kaufmannschaften. Auch entstand der Hanse gegen Ende des 14. Jahrhunderts ein weiterer Feind durch die Vitalienbrüder. Das waren von den Mecklenburger Herzögen angeworbene Kaperfahrer, die das feindliche Dänemark schädigen sollten, aber schlichtweg bezahlte Piraten waren. Nachdem die Dänen das mit Mecklenburg verbundene Stockholm belagerten und die Seeräuber-Piraten die Stadt mit Lebensmitteln, den „Vitalien", versorgten, blieben diese ihrem Piratengeschäft weiterhin treu, konnten aber vom Deutschen Orden in die Nordsee abgedrängt werden. Der bekannteste Kopf der Vitalienbrüder, Klaus Störtebeker, wurde von den Hamburgern gefasst und hingerichtet.

Im 15. Jahrhundert wurde die Hanse Schritt für Schritt ihrer Monopolstellung beraubt, denn die englischen „Merchant Adventures" waren schon ab der Mitte des 14. Jahrhunderts immer mehr in hansische Handelsgebiete vorgedrungen. Das Erstarken der Territorialherrschaften dezentralisierte allmählich den ungehinderten Handel der Hansekaufleute. Ihre Privilegien galten immer öfter nur noch an bestimmten Plätzen und konnten daher von der Konkurrenz umgangen werden. So konnten in Süddeutschland, genauer in Augsburg, die Handelshäuser der Fugger und Welser zu großen Finanzimperien aufsteigen, denn den Handel mit der entdeckten „Neuen Welt" hatten die konservativen Hanseaten verschlafen. Nichts kennzeichnet den Wandel vom Mittelalter zur Neuzeit deutlicher als die Tatsache, dass Karl V. (1519–1556) das Geld der Fugger benötigte, um Kaiser werden zu können. Ihr Aufstieg ist zugleich beispielhaft für die Chancen, welche damals die Stadt bot.

Der Begründer der Fugger-Familie war als einfacher Weber nach Augsburg gekommen, und seine Nachkommen erlangten im Tuchhandel gewaltige Reichtümer. Sie erwarben damit Landbesitz, aber auch Münz- und Bergbauprivilegien. So wurden aus Kaufleuten Großunternehmer, die ihre Geschäfte vom heimischen Kontor in Augsburg aus betrieben. Natürlich blieb der Aufstieg der Fugger und Welser eine Ausnahme, viele andere

Das Stadtsiegel von Ypern, eines der größten Handelszentren Flanderns im 14. Jh. neben Brügge und Gent, in der Mitte die berühmte 150 Meter lange Tuchhalle, die im Ersten Weltkrieg zerstört wurde. Spätes 13. bis frühes 14. Jh., *Archiv des Autors*

Büste von Jakob Fugger (1459 bis 1525), dem berühmtesten Kaufherrn der Fugger-Dynastie, im Jahre 1518, vom Augsburger Bildhauer Adolf Daucher für die Fugger-Kapelle in Augsburg geschaffen. *Archiv des Autors*

Kaufleute machten Bankrott und fanden sich oft im Schuldturm wieder.

Ihren Ursprung hatten die Geldgeschäfte der Fugger und Welser in der Entwicklung in Norditalien, wohin die Kaufleute seit dem 13. Jahrhundert ihre Vertreter nicht mehr mit Geld schickten, sondern ihre Geschäfte am Bestimmungsort mit Wechseln einlösten.

Nicht ohne Grund ist die Bankensprache bis heute durchsetzt von italienischen Begriffen wie Giro, Lombard, Kredit, Bilanz usw. Auch die doppelte Buchführung kommt aus Italien. Erst diese zunehmenden schriftlichen Gepflogenheiten haben Unternehmen wie die Fugger in Augsburg oder die Medici in Florenz möglich gemacht.

5. Kapitel

Europa nimmt Gestalt an: Auf dem Weg zu den ersten Nationalstaaten ab dem 12. Jahrhundert

Osteuropa, das tausend Jahre lang der Schauplatz ungeordneter Stammesbewegungen war, verdankt seine staatliche Ordnung ab dem 10. Jahrhundert den Städten Nowgorod und Kiew. Durch die Taufe Wladimirs von Kiew im Jahr 989 hatte das Christentum Eingang nach Russland gefunden. Aber die Waräger, schwedische Normannen, die einst Handel treibend auf den Wasserwegen ins Innere Russlands vorgedrungen waren, bildeten anfangs die Oberschicht in Nowgorod und Kiew.

Das Reich von Kiew

Die indogermanische Völkergruppe der Slawen hatte gegen Ende der Bronzezeit ihre Heimat im Südosten Zentraleuropas verlassen und sich in drei Hauptstämme, aus denen später die heute lebenden slawischen Völker hervorgingen, aufgespalten. Die Ostslawen (Russen, Ukrainer und Weißruthenen) ließen sich entlang des Dnjepr nieder; die Westslawen (Tschechen, Slowaken, Polen, Elb- und Ostseeslawen) fanden an Weichsel und Oder eine neue Heimat; die Südslawen (Serben, Kroaten, Slowenen, Bulgaren) hatten sich auf dem Balkan angesiedelt. Noch vor dem 10. Jahrhundert waren auch in Polen, Kroatien, Mähren und Bulgarien unabhängige slawische Reiche entstanden. Doch nur Russland und Polen konnten unter dem Druck von Byzanz ihre Unabhängigkeit bewahren, während die anderen Staaten trotz Fremdherrschaft ihre Eigenart, Sprache und wesentliche Traditionen erhalten konnten. Im 9. Jahrhundert nahmen christliche Missionare ihre Missionsarbeit in allen slawischen Ländern auf: Fürst Boris von Bulgarien nahm 865 das Christentum an, im 10. Jahrhundert kamen byzantinische Missionare nach Russland und Wladimir der Heilige, Enkel der russischen Großfürstin Olga von Kiew, wurde Vater des mittelalterlichen Russland, das das Christentum nach ostkirchlich-byzantinischen Ritus annahm.

In der berühmten Nestor-Chronik aus dem 12. Jahrhundert wird geschildert, wie Wladimir Gesandtschaften zu den Katholiken in Deutschland, zu den Muslimen im ostbulgarischen Königreich und zu den Anhängern des griechisch-orthodoxen Glaubens nach Konstantinopel schickte, um festzustellen, welches die beste Religion sei. Im ottonischen Deutschland fanden sie „keine Schönheit", von den Bulgaren berichteten sie: „Es gibt dort keine Fröhlichkeit, nur Schwermut und großen Gestank; ihre Religion kann nicht gut sein." In Konstantinopel aber waren sie überwältigt von all dem Glanz und wussten kaum noch, ob sie sich „im Himmel oder auf Erden" befanden. So geschah es, nach der volkstümlichen Überlieferung und der Nestor-Chronik, dass Russland sich der griechisch-orthodoxen Kirche zuwandte.

Großfürst Wladimir der Heilige (978–1015) hatte sich die Schwester des byzantinischen Kaisers als Gemahlin nach Kiew geholt, und ehe er 1015 starb, hatte er die heidnischen Idole und Tempel im ganzen Kiewer Reich zerstören und durch Kirchen ersetzen lassen, die mit wandfüllenden Ikonen im byzantinischen Stil geschmückt waren. Wirtschaftliche Neuordnungen und Gesetzesänderungen hatte er nach byzantinischen Richtlinien durchgeführt, Schulen und Stiftungen gegründet. In Kiew hatte er einen glanzvollen Palast nach den Vorbildern in Konstantinopel bauen und Festungen errichten lassen, die sein Reich verteidigungsbereit machten. Das erstreckte sich vom Ladogasee im Norden und der Kljasma im Osten bis zum oberen Bug. Dem Musik liebenden russischen Volk hatte Wladimir den Gregorianischen Choral gebracht.

Nach vier Jahren Kämpfen um Wladimirs Thron konnte sich sein Sohn Jaroslaw (1019–1054) als Herrscher durchsetzen. Ihm fiel dann das Verdienst zu, dass das Reich von Kiew in der damaligen Welt als europäische Macht eingestuft wurde und das Fürstenhaus der Ruriks in der Christenheit geachtet war. Seine Kinder hat Jaroslaw mit den ersten Herrscherhäusern jener Zeit verbunden. Eine Tochter gab er Harald Hardrade III. (1047–1066), dem späteren König von Norwegen, zur Gemahlin; eine andere heiratete Heinrich I. von Frankreich (1031–1060) und wieder eine andere wurde mit Andreas I. (1046–1060), dem künftigen König von Ungarn, vermählt. Drei seiner Söhne heirateten deutsche Prinzessinnen. Und an Jaroslaws Hof suchten 1016 die vertriebenen Kinder Edmunds II. von England Schutz vor Knut dem Großen. Das russische Reich von Kiew war ein Teil der politischen Bühne Europas geworden.

Polen, ein neuer Slawenstaat

Im Nordwesten von Kiew hatten im 9./10. Jahrhundert der Stamm der Wislawen mit der damaligen Hauptstadt an der Stelle des heutigen Krakau, und die Polanen mit ihrer Hauptstadt Gnesen begonnen, den Grundstein des späteren Polen zu legen. Im 10. Jahrhundert war dann in Gnesen die Residenz des ersten Fürsten von Polen entstanden. Der Begründer der ersten Dynastie von Gnesen, Siemowit, konnte nach langen Machtkämpfen seinen Thron an seinen Sohn Leszak weitergeben, dem es wiederum gelang, ihn seinem Sohn Siemomysl zu sichern. Diesen drei Herrschern verdankt das spätere Polen sein staatliches Überleben, denn germanische Invasoren hatten bereits den slawischen Stamm der Polaben an der Elbe zerschlagen. So konnte Siemomysls Sohn Mieszko I. (960–992), als er an die Macht kam, als ungekrönter König über sein Volk und über ein Gebiet herrschen, welches fast das gesamte heutige Mittelpolen umfasste: die Bezirke Leczyca und Sieradz, Mazovia, Chelmno und Teile von Pommern. Allerdings blieb Westpommern selbstständig, während Schlesien und Malopolska Böhmen einverleibt wurden. Wie die Herrscher von Kiew erweiterten auch die polnischen Fürsten stetig ihre Macht und erweiterten stetig ihre Grenzen. Und als sich 966 die Polen zum römisch-katholischen Glauben bekehrten, konnte sich ihr Land als selbstständiges Reich Anerkennung verschaffen.

Nachdem Mieszko mit einem Bündnis mit Böhmen seine Südwestgrenze absichern konnte, führte er sein Heer nach Westpommern, um es seinem Reich einzuverleiben. Um 967 erreichte er die Odermündung und widerstand zwei Jahre später erfolgreich den Bemühungen Kaiser Ottos II., Westpommern zurückzuerobern. Damit waren die Grenzen Polens entlang der Oder und der Ostsee festgelegt und Mieszko konnte unmittelbar Beziehungen zu Skandinavien aufnehmen und seine Tochter Swjatoslawa mit Erik Segersäl, dem König von Schweden, verheiraten. Sie sollte später König Sven von Dänemark ehelichen und dann die Mutter Knuts des Großen werden. Somit war Polen eng an Westeuropa gebunden.

Mieszko starb 992 und sein Sohn Boleslaw der Tapfere (*Chrobry*) (992–1025) bereitete enge Beziehungen zum deutschen Kaiser Otto III. vor. Im Jahr 1025, zu einer Zeit, als Konrad II., der Kaiser aus dem soeben zur Macht gekommenen Haus der Salier, stark mit innerdeutschen Angelegenheiten beschäftigt war, ließ sich Boleslaw zum König von Polen krönen. Ihm folgte Sohn Mieszko II., der Polens Souveränität und Unabhängigkeit behauptete. Denn für die nahen Balkanslawen begann damals eine dunkle Zeit, nachdem 1018 die Bulgaren dem byzantinischen Reich unterworfen wurden. Aber wenn auch der byzantinische Kaiser Basileios II. (976–1025) 30 Jahre lang die Zerstörung des bulgarischen Reiches anstrebte und die bulgarische Bevölkerung niedermetzeln ließ, was ihm den Beinamen „der Bulgarentöter" einbrachte, konnte er doch nicht die Willenskraft der Bulgaren brechen. So konnte Asen I. im Jahr 1186 ein zweites bulgarisches Reich errichten, das bis zur Eroberung durch die Türken bestehen sollte. Auch Serbien konnte sich 1168 von Byzanz loslösen, und Stephan Nemanja (1168–1196) begründete eine Dynastie, die bis zum Sieg der Türken auf dem Amselfeld (*Kosowo Polje*) im Jahr 1389 bestand.

Um das Jahr 1000 hatten also die Slawen alle fremden Volksteile assimiliert, auf die sie bei ihrer Ausbreitung gestoßen waren. Und doch hatten sich nur das Russische Reich und Polen als bleibende Staatswesen etabliert.

Zwischen Ost und West: Die Geschichte Armeniens

Geografisch überaus günstig am Schnittpunkt zweier Welten gelegen, war Armenien ein Sammelbecken vielfältiger geistiger, religiöser und künstlerischer Strömungen, konnte aber niemals die geografisch zugedachte Bedeutung erreichen. Seine Lage bestimmte Armenien zum Schlachtfeld, auf dem ein 1.000-jähriger Kampf zwischen dem Abendland und Asien ausgetragen wurde. Armenien erduldete das Schicksal aller Länder, denen das Interesse der Großmächte gilt: Es wurde erobert, aufgeteilt, durch fremde Herrscher unterdrückt und hörte zuletzt auf zu bestehen.

Um 1080 wanderten viele armenische Familien aus ihrer Heimat aus, weil sie die islamische Seldschuken-Herrschaft nicht

mehr ertrugen. Sie überquerten das Taurus-Gebirge und gründeten in Kilikien (Südost-türkei) das Königreich Kleinarmenien, das drei Jahrhunderte lang seine Selbstständigkeit behielt, während das eigentliche Armenien von Türken, Kurden und Mongolen unterdrückt wurde. König Leo II. von Kleinarmenien (1187–1219) hat während seiner 32-jährigen Regierung seinem Land zu Wohlstand verholfen. Sein Schwiegersohn Hethum I. (1126–1270) verbündete sich mit den Mongolen und erlebte mit Genugtuung die Vertreibung der Seldschuken aus dem alten Armenien (1240). Als die Mongolen sich aber zum Islam bekehrten, überzogen sie Kleinarmenien mit Krieg und zerstörten es (1303). Im Jahr 1315 fiel Armenien den Mameluken in die Hände und das Land wurde unter einzelnen Lehnsherren aufgeteilt.

Russland unter Kiew und Nowgorod

Im 11. Jahrhundert stand Südrussland unter Vorherrschaft halb barbarischer slawischer Stämme: den Kumanen, Bulgaren, Chasaren, Polowzern und Patzinaken. Das restliche Russland war unter 64 Fürstentümern aufgeteilt, darunter Wolhynien, Nowgorod, Susdal, Smolensk, Rjasan, Tschernigow und Perejaslawl, die aber alle die Oberhoheit von Kiew anerkannten. Im 13. Jahrhundert wurden mehrere Fürstentümer in „Apanagen" – von den Fürsten den Söhnen zugewiesene Gebiete – weiter aufgeteilt, die dann erblich wurden. Diese

Reliefzeichnung eines armenischen Kriegers an der Fassade von Gagiks Kirche in Acht'amar, frühes 10. Jh., *Archiv des Autors*

Das Heer der Deutschen Ordensritter wird am 5. April 1242 vom Heer des Nowgoroder Fürsten Alexander Newskij (1238–1263) vernichtend geschlagen. Miniatur aus der Lizeroi Swod, 16. Jh., *Archiv des Autors*

Völker und 293 Fürsten, die sich den Thron von 64 Fürstentümern streitig machten. Der Reichtum von Kiew schwand dahin, 1169 plünderte das Heer des Andrej Bogoljubskij von Susdal (1157–1175) die Stadt so gründlich aus, dass die „Mutter der russischen Städte" fast völlig aus der Geschichte verschwand. Die Mongolen-Einbrüche von 1223 bis 1241 waren das Ende von Kiew. In der zweiten Hälfte des 12. Jahrhunderts ging die Führung Russlands von den „Kleinrussen" der Ukraine an die kühneren „Großrussen" des Gebietes um Moskau und entlang der oberen Wolga über. Moskau, erstmals 1147 urkundlich erwähnt, war um diese Zeit noch ein Dorf, das dem Fürstentum Susdal, nordöstlich von Moskau, als Grenzposten diente.

Nach der Versklavung von Kiew durch Bogoljubskijs Truppen wollte dieser auch das Fürstentum Nowgorod in seine Gewalt bringen, wurde aber auf dem Feldzug nach Norden ermordet. Nowgorod hatte an den Ufern des Wolchow und des Ilmensees einen blühenden Binnen- und Außenhandel entwickelt, war der östlichste Stützpfeiler des Hansischen Bundes und trieb über den Dnjepr mit Byzanz und über die Wolga mit dem Islam Handel. Der Stadtstaat Nowgorod war eine freie Republik und nannte sich „Groß-Nowgorod" (*Gospodin Weliki Nowgorod*). Seinen staatlichen Höhepunkt erreichte Nowgorod unter Fürst Alexander Newskij

bildeten die Grundlage für jenes modifizierte Lehnswesen, dem in späterer Zeit zusammen mit dem Mongoleneinfall die Schuld zufallen sollte, dass Russland im Mittelalter verharrte, während Westeuropa sich auf dem Weg des Fortschritts befand.

Der Niedergang und Sturz des Reiches von Kiew fiel in das 12. Jahrhundert. Zwischen 1054 und 1224 erlebte Russland 83 Bürgerkriege, 46 Invasionen, 16 Kriege russischer Staaten gegen nicht russische

(1238–1263). Als Papst Gregor IX. (1227–1241) einen Kreuzzug gegen Nowgorod predigte, um Russland zum römischen Christentum zu bekehren, erschien ein schwedisches Heer an der Newa, aber Newskij schlug es in der Nähe des heutigen St. Petersburg (1240). Als dann die deutschen Ordensritter den Kreuzzug aufnahmen, Pskow eroberten und bis auf 30 Kilometer an Nowgorod herankamen, trat auch ihnen Alexander Newskij entgegen, eroberte Pskow zurück und schlug das Heer der Deutschen Ordensritter am 5. April 1242 auf dem Eis des Peipussees.

Russland und die Mongolen

Jahrzehnte zuvor schon waren die Mongolen aus Turkestan über den Kaukasus Richtung Russland vorgestoßen, hatten ein georgisches Heer vernichtet und die Krim geplündert. Die Kumanen, die früher mit Kiew ständig im Krieg gelegen hatten, baten die Russen um Beistand gegen die Mongolen: „Heute haben sie unser Land genommen, morgen werden sie eures nehmen." Mehrere russische Fürsten halfen den Kumanen bei der Verteidigung ihres Gebietes. Als die Mongolen durch eine Gesandtschaft die Russen zum Bündnis gegen die Kumanen aufforderten, ermordeten die Russen die Gesandten. Danach schlugen die Mongolen ein russisch-kumanisches Heer an den Ufern des Kalkaflusses in der Nähe des Asowschen Meeres, brachten durch Verrat mehrere russische Führer in ihre Gefangenschaft, fesselten sie und legten einen Holzboden über sie, auf dem die mongolischen Anführer ihren Siegesschmaus abhielten, während ihre Gefangenen unter ihnen erstickten (1223). Dann zogen sich die Mongolen zurück und befassten sich mit der Eroberung Chinas.

Im Jahr 1237 kamen die Mongolen unter Fürst Batu Khan (1205 bis 1255), einem Enkel von Dschingis Khan, mit einem Heer von einer halben Million Mann wieder, zogen an das Nordufer des Kaspischen Meeres und zerstörten das Land der Wolgabulgaren. Batu richtete an den Fürsten von Rjasan die Botschaft: „Willst du den Frieden, so gib uns ein Zehntel eurer Habe." Dieser antwortete: „Wenn wir tot sind, kannst du dir das Ganze holen." Da die anderen russischen Fürsten Rjasan keinen Beistand leisteten, verlor Rjasan seine „ganze Habe", seine Städte wurden niedergebrannt und die Mongolen verheerten Susdal, steckten Moskau in Brand und belagerten Wladimir. Die in einer Kathedrale versteckten Adligen wurden mit der Kirche ein Opfer der Flammen (1238). Die Mongolen zogen weiter nach Westen, verheerten Tschernigow und Perejaslawl und kamen nach Kiew, schickten eine Aufforderung zur Übergabe in die Stadt mit Boten, die aber von den Kiewern umgebracht wurden. Die Mongolen setzten über den Dnjepr, plünderten Kiew aus und schlachteten Tausende ab. Sechs Jahre später traf der reisende Franziskaner Giovanni de Piano Carpini (um 1182 bis 1252) in Kiew ein, sah dort nur noch ein Nest von 200 Hütten, umgeben von vielen ausgeblichenen Gebeinen. Die Mongolen waren inzwischen nach Mitteleuropa vorgedrungen. Nach mehreren dort verlorenen Schlachten kehrten sie nach Russland zurück, gründeten an der Wolga die Stadt Sarai als Hauptstadt des unabhängigen Gemeinwesens „Goldene Horde". Von dort aus hielten Batu und seine Nachfolger Russland während weiterer 240 Jahre unter ihrer Knute. Die russischen Fürsten durften ihre Länder behalten, mussten aber jährlich einen hohen Tribut entrichten. Schließlich schlossen die Mongolenhäuptlinge Frieden mit der russisch-orthodoxen Kirche, diese empfahl den Russen die Unterwerfung unter die mongolischen Herren und betete öffentlich um ihre Erhaltung. Im russischen Volk entwickelte sich ein starkes Gefühl der Unterwürfigkeit, die vielen Jahrhunderten des Despotismus unter den Zaren den Weg ebnete.

Die ganze Gewalt der mongolischen Invasion hat sich über Jahrhunderte am Schutzwall Russland ausgetobt, das einen breiten Gürtel vor der asiatischen Eroberung darstellte. Die Slawen waren die Hauptopfer dabei – Russen, Böhmen, Mähren, Polen und Ungarn. Westeuropa zitterte, wurde aber wenig betroffen. Mehr als zwei Jahrhunderte konnte sich Westeuropa weiterentwickeln, während Russland geschlagen, gedemütigt, unterentwickelt und arm blieb.

Der Balkan in Bewegung: Bulgarien, Serbien, Ungarn

Aus der Ferne gesehen erscheint der Balkan als ein wildes Durcheinander politischer Wankelmütigkeit als Folge von ständigen Kriegen, Morden und Pogromen. Den Bulgaren, Rumänen, Ungarn, Serben, Kroaten und anderen Balkanvölkern bedeutete jedoch ihr Volkstum das Ergebnis eines 1.000-jährigen Kampfes um die Selbstständigkeit gegenüber übermächtigen Nachbarn, um die Erhaltung einer einzigartigen und farbenfreudigen Kultur.

Bulgarien war 168 Jahre lang Byzanz unterworfen. Im Jahr 1186 entlud sich die Unzufriedenheit der Bulgaren und Walachen unter der Führung von zwei Brüdern, Johann und Peter Asen. Sie redeten den Bulgaren ein, der heilige Demetrius habe sich nach Tirnowo begeben und unter seiner Fahne könne Bulgarien seine Freiheit wiedergewinnen. Sie hatten Erfolg damit und teilten das Land unter sich auf: Johann regierte in Tirnowo, Peter in Preslaw. Der spätere Herrscher Johann II. Asen (1218–1241) gliederte nicht nur Thrakien, Makedonien, Epeiros und Albanien seinem Bulgarenreich ein, sondern er tat dies mit so viel Gerechtigkeitssinn, dass auch die Griechen ihn liebten. Er gewann die Zuneigung der Päpste, förderte Handel und Kultur und brachte Bulgarien in zivilisatorischer und kultureller Hinsicht auf dieselbe Höhe mit anderen Völkern seiner Zeit. Seine Nachfolger litten unter den Mongoleneinfällen, die den Staat schwächten. Dann fiel dieser im 14. Jahrhundert erst an die Serben und dann an die Türkei.

Das Königreich Serbien wurde im Jahr 1159 vom Großzupan Stephan Nemanja (1168–1196) gegründet, seine Dynastie stellte dann zwei Jahrhunderte lang die Könige Serbiens. Sein Sohn Sava diente seinem Volk als Erzbischof und wurde einer der höchst verehrten serbischen Heiligen. Sein Hafen Ragusa (heute Dubrovnik) bildete einen unabhängigen Stadtstaat, der 1221 venezianisches Schutzgebiet wurde. Auch Bosnien verlor unter seinem König Kulin (1180–1204) durch Religionsstreitereien seine Einheit und wurde 1254 Ungarn untertan.

Ungarn geriet nach dem Tode Stephans I. des Heiligen (1000–1038) infolge der Aufstände der heidnischen Magyaren gegen die katholischen Könige und wegen der Bemühungen Kaiser Heinrichs III., Ungarn an Deutschland anzugliedern, in Schwierigkeiten. Auch die Bemühungen Kaiser Heinrichs IV. scheiterten. König Géza I. (970–997) übergab Ungarn Papst Gregor V. (996–999) und die ungarische Krone erhielt es 1076 als päpstliches Lehen zurück. Im Jahr 1222 erzwang der starke ungarische Adel von König Andreas II. (1205–1235) eine „Goldene Bulle", die den Lehen die Vererbbarkeit absprach, aber die jährliche Einberufung eines Reichstags versprach, sodass kein Adliger ohne Prozess eingekerkert werden konnte. Außerdem gewährte die Bulle den Gütern des Adels und der Geistlichkeit Steuerfreiheit. Das war für den ungarischen Adel auf die Dauer von 700 Jahren ein Freibrief, der die ungarische Monarchie schwächte, was sich vor allem zeigte, als der Mongolensturm auch Ungarn traf. Der mongolische Khan Batu schlug nicht nur die Deutschen bei Liegnitz (1241), sondern auch das ungarisch-österreichische Heer bei Mohi. Die Mongolen verfolgten König Bela IV. (1235–1270) bis an die Adria. Was das Christentum und Europa schließlich rettete, war der Tod von Großkhan Ögädai und die darauf erfolgte Rückkehr Batus zum Karakorum. König Bela IV. konnte nach Pest zurückkehren, besiedelte es neu mit Deutschen, verlegte seinen Regierungssitz über die Donau nach Buda (1247) und stellte das aus den Fugen geratene Wirtschaftsleben des Landes allmählich wieder her.

Deutschland: Die sächsische Ottonen-Dynastie

Der Vertrag von Verdun im Jahr 843 hat Ludwig den Deutschen (843–876), den Enkel Karls des Großen, zum ersten König von Deutschland gemacht. Der Vertrag von Mer-

Ein Sachse bewacht einen „verstockten" Heiden, einen gefangenen Wenden, die wie alle elbslawischen Volksstämme von den Sachsen mit dem Schwert christianisiert wurden. Um 955, *Archiv des Autors*

sen im Jahr 870 führte ihm zusätzliche Gebiete zu und definierte Deutschland als das Land zwischen Rhein und Elbe, wozu noch ein Teil von Lothringen und die Bistümer Mainz, Worms und Trier kamen. Beim Tode Ludwigs im Jahr 876 wurde das Karolingerreich unter seinen drei Söhnen aufgeteilt. Nach einem Jahrzehnt der Wirren, als die Normannen die rheinischen Städte heimsuchten, wurde Arnulf, ein illegitimer Nachkomme von Ludwigs Sohn Karlmann, zum König der „Ostfranken" gewählt (887).

Diesem gelang es, die Normannen wieder zu vertreiben. Sein Nachfolger, Ludwig das Kind (899–911) war zu jung und zu schwach, um die Überfälle der Magyaren auf Bayern, Kärnten, Sachsen und Thüringen und das alemannische Gebiet abzuwehren. Die Stammesherzöge stellten deshalb eigene Heere auf, indem sie Land an Pächter zu Lehen gaben, die dafür Kriegsdienste leisteten, was zur Bildung eines lehnsherrschaftlichen Deutschland führte und den Herzögen eine gewisse Unabhängigkeit von der Krone verschaffte. Beim Tod von Ludwig dem Kind übertrugen die Geistlichkeit und der Adel den Thron an Konrad I., den Herzog von Franken (911–918). Dieser war trotz ständigen Streits mit dem Nachbarn, Sachsenherzog Heinrich, so weitsichtig, diesen als seinen Nachfolger zu empfehlen – was er dann auch wurde. Und Heinrich I. (919–936), wegen seiner Vorliebe für die Jagd „der Vogler" genannt, trieb die slawischen Wenden an die Oder zurück, befestigte das Reich gegen die Magyaren, schlug sie im Jahr 933 und bereitete so die spätere Reichseinheit unter seinem Sohn Otto vor.

Die Königswahl Ottos I. des Großen (936–973), des ersten Ottonen-Herrschers in Deutschland, fand am 2. Juli 936 in Aachen statt, womit Otto an das Königtum Karl des Großen anknüpfte. Beim Königsmahl in der Aachener Pfalz erkannten die Stammesherzöge ausdrücklich die Wahl Ottos an, lehnten sich aber später gegen ihn auf und verleiteten dessen jüngeren Bruder Heinrich zur Verschwörung gegen Otto, die dieser aber aufdeckte und seinem Bruder verzieh. Im Streit zwischen Lehnsherren und dem König stellte sich die deutsche Geistlichkeit auf die Seite des Königs, der König seinerseits ernannte Bischöfe und Erzbischöfe so wie er Regierungsbeamte einsetzte. Dadurch wurde die deutsche römische Kirche zu einer nationalen Institution, die zum Papsttum nur noch in lockerer Beziehung stand. Otto benutzte die Kirche als einigende Gewalt, um die deutschen Stämme zu einem Staat zusammenzuschließen.

Im Bestreben, den Kaiserthron des Heiligen Römischen Reiches (*Sacrum Romanum Imperium*) zu erlangen, folgte Otto der Aufforderung der schönen Witwe König Lothars von Italien, Adelheid: Er errettete sie von der schmachvollen Behandlung durch den neuen König Berengar II. (928–966) und marschierte in Italien ein, ehelichte Adelheid und beließ Berengar sein italienisches Königreich nur als Lehen der deutschen Krone (951). Da der italienische Adel keinen Deutschen mehr als Kaiser und Herrn über Italien anerkennen wollte, begann nun ein Streit, der drei Jahrhunderte lang anhalten sollte. Zuerst jedoch schlug Otto die wieder in Deutschland einbrechenden Magyaren (Ungarn) auf dem Lechfeld bei Augsburg so entscheidend (955), dass Deutschland sich einer langen Periode des Friedens erfreuen konnte. Die Gelegenheit, die Kaiserwürde zu erreichen, kam, als Papst Johannes XII. (955–963) Otto um Hilfe gegen König Berengar ersuchte. Otto kam mit seinem Heer nach Italien, zog friedlich in Rom ein und wurde 962 zum Kaiser des römischen Westreiches gekrönt – und erwarb damit die Kaiserwürde dauerhaft für den deutschen König.

Neue Wirren um seinen Thron ahnend, ließ Otto I. der Große seinen Sohn Otto II. im Jahr 967 durch Papst Johannes XIII. (965–972) zum Mitkaiser krönen und sorgte dafür, dass dieser die Tochter des byzantinischen Kaisers Romanos II., Theophano, zur Gattin erhielt (972). Damit war Karls des Großen Traum von der ehelichen Verbindung beider Römischer Reiche vorübergehend in Erfüllung gegangen. Otto der Große starb 973 im Alter von 60 Jahren, betrauert als Deutschlands größter König. Sohn Otto II. (973–983) versuchte erfolglos, Süditalien dem Reich einzuverleiben und fand dabei einen frühen Tod. Otto III. (983–1002) war erst drei Jahre alt, als er König wurde, seine Mutter Theophano und seine Großmutter Adelheid wirkten für ihn als kluge Regentinnen acht Jahre lang. Im eigenen Namen begann Otto III. erst 996 im Alter von 16 Jahren zu regieren. Der Adel und das Volk von Rom leisteten Otto III. Widerstand als Kaiser, gründeten eine „Römische Republik", die Otto zerschlug und deren Anführer Crescentius er hinrichten ließ. Im Jahr 999 machte er seinen Berater Gerbert zum Papst, aber seine Politik erreichte nie die Durchschlagskraft seines Großvaters. Zudem verliebte er sich in Stephania, die Witwe von Crescentius. Diese willigte ein, seine Geliebte zu werden – und wurde auch zu seiner Mörderin. Das Gift in seinem Körper brachte ihm 22-jährig den Tod. Heinrich II. (1002–1024), der letzte deutsche König des fränkisch-sächsischen Herrscherhauses der Ottonen, bemühte sich, die Macht seiner Herrschaft in Italien und Deutschland zu festigen.

Die fränkische Salier-Dynastie

Konrad II. (1024–1039), mit dem das fränkische oder salische Herrscherhaus seinen Anfang nahm, befriedete Italien und führte Deutschland das Königreich Burgund zu. Er verkaufte Bistümer zu hohen Summen, um seinen Geldbedarf zu decken, verspürte deshalb aber Gewissensbisse und schwor, nie mehr Geld für eine kirchliche Ernennung zu nehmen.

Erst sein Sohn Heinrich III. (1039–1056) brachte das *Sacrum Romanum Imperium* wieder auf seinen Höhepunkt. Im Jahr 1043 gewährte er am „Ablasstag" in Konstanz Vergebung und rief seine Untertanen auf, alle Rache- und Hassgefühle zu begraben. Ein Jahrzehnt lang verschaffte er dem Reich so eine Zeit des Friedens, förderte das Bildungswesen und ließ die Dome in Speyer, Mainz und Worms vollenden. Dann überzog er die Ungarn mit Krieg, bis sie seine Lehnsoberhoheit anerkannten. Er setzte drei rivalisierende Bewerber um das Papsttum ab und ernannte nacheinander zwei Päpste. Schließlich trieb er seine Machtpolitik so weit, dass sowohl in der Geistlichkeit als auch bei seinen Herzögen der Widerstand gegen ihn wiederauflebte. Aber er starb noch, ehe der Sturm losbrach, und hinterließ seinem sechsjährigen Sohn Heinrich IV. (1056–1106) ein Reich, dem das Papsttum feindselig gegenüberstand und in dem die Herzöge gegen den König und Kaiser (ab 1084) opponierten.

Zuerst regierte für Heinrich IV. seine Mutter Agnes von Poitou. Unter der Führung des Kölner Erzbischofs Anno wurde er allerdings im April 1062 auf einem Rheinschiff bei Kaiserswerth entführt und durch das Einwirken von Annos Kollegen Adalbert von Bremen, ebenfalls Erzbischof und neben Anno Mitregent, wieder befreit, woraufhin er mit 15 Jahren für mündig erklärt wurde. Der junge Herrscher wandte sich entschieden gegen seine Adligen, die das Reich während seiner Hilflosigkeit fast aufgeteilt hätten. Die Sachsen lehnten sich gegen seine Steuern auf und weigerten sich, ihm die Kronländer, die er beanspruchte, zurückzugeben. 15 Jahre lang, von 1072 bis

1088, zog er immer wieder gegen sie zu Felde. Als er sie endgültig schlug, zwang er ihre ganze Streitmacht mit den Edelleuten und kriegerischen Bischöfen, ohne Waffen und barfuß zwischen seinem Heer Spießruten zu laufen und sich zu unterwerfen. Dann kämpfte er zehn Jahre lang gegen das Dekret von Papst Gregor VII. (1073–1085), das allen Laien untersagte, Bischöfe oder Äbte einzusetzen. Und die aufrührerischen Adligen seines Reiches kräftigten gegen seinen Willen ihre Lehnsherrschaft, während die gedemütigten Sachsen sich wieder auflehnten.

Der Investiturstreit: Heinrich IV. und Heinrich V.

Papst Gregor VII. verbot Heinrich jegliche Einmischung in kirchliche Angelegenheiten in Italien, nachdem dieser einen neuen Erzbischof von Mailand eingesetzt hatte. Der Gegenschlag des Papstes war der Kirchenbann gegen Heinrich IV. am 14. Februar 1076. Um die Exkommunikation des Papstes aufzuheben, entschloss sich Heinrich zu seinem spektakulären Gang nach Canossa, der Burg im Apennin, in der sich der Papst im Winter 1077 aufhielt. Drei Tage lang harrte er im Büßergewand vor dem Burgtor aus, bis der Papst ihn empfing und den Kirchenbann löste. Da Gregor VII. aber in Heinrich IV. nur einen „deutschen" König sah, gingen die Auseinandersetzungen um Heinrichs Anspruch auf das Kaisertum weiter. Im Reich wurde ein Gegenkönig, Rudolf von Rheinfelden, aufgestellt, der aber von Heinrich geschlagen wurde. Als Heinrich 1084 seine Macht wieder gesichert hatte, zog er nach Italien, um mit Gregor abzurechnen und endlich Kaiser zu werden. Papst Gregor VII. musste aus Rom fliehen und starb ein Jahr später in Salerno. Heinrich wurde von seinem ernannten Papst Klemens III. (1080–1098) zum Kaiser gekrönt. Als gegen Klemens III. ein Reformpapst Viktor III. (1086–1087) gewählt wurde, zog Heinrich erneut nach Italien und musste eine schwere Niederlage hinnehmen. Erst 1097 konnte er nach der Aussöhnung mit Herzog Welf V. von Bayern über die Alpen heimkehren, wo er sich bald einer Verschwörung der Fürsten gegenübersah, der sich auch seine Söhne angeschlossen hatten. Auf einem Reichstag in Mainz wurde sein Sohn als Heinrich V. zum König erklärt, der Vater gefangen gesetzt und zur Abdankung gezwungen (1105). Der Vater floh, wollte ein neues Heer aufstellen und starb plötzlich in Lüttich im 57. Lebensjahr. Das Volk von Lüttich scherte sich nicht um das Verbot eines christlichen Begräbnisses von Papst Paschalis II. (1099–1118) und gab Heinrich IV. ein königliches Leichengepränge und setzte ihn in der Kathedrale von Lüttich bei.

Heinrich V. (1106–1125) hatte nun die Aufgabe, das Problem zwischen König und Papsttum um die umstrittene Frage nach Einsetzung in geistliche Ämter (Investitur) zu lösen. Sein erster Versuch endete am 12. Februar 1111 mit einem Eklat in der Peterskirche. Heinrich V. und Papst Paschalis II. hatten sich geeinigt, dass die Bischöfe auf ihre weltlichen Güter verzichten sollten und der Kaiser auf Einmischung bei der Investitur. Aber die Bischöfe lehnten den

Bild links:
Achteckiges Elfenbeinsitula, geschnitzt um 1000 in Trier; im oberen Feld in der Mitte der Papst, wahrscheinlich Silvester II. (999–1003) und Kaiser Otto III. (983–1002), *Domschatz Aachen*

Kompromiss entrüstet ab. Zwei Monate später erzwang Heinrich V. mit nackter Gewalt seine Kaiserkrönung und es begann ein neues altes Spiel um die Kaiserkrone, wie schon bei seinem Vater mit Ungültigerklärung der Krönung seitens des Papstes, mit Zug des deutschen Königs nach Rom, Flucht des Papstes, mit Exkommunikation. Und doch suchte Heinrich V. mehr den Konsens als sein Vater. Das Ergebnis war schließlich das 1122 beschlossene Wormser Konkordat, mit dem der Investiturstreit als Erfolg für Heinrich V. endete: Es legte die Trennung der Bischofseinsetzung in einen weltlichen und einen geistlichen Akt fest, wobei Ring und Stab nicht mehr vom König überreicht wurden, sondern nur noch das Zepter als Ausdruck der weltlichen Herrschaft des Bischofs. Die Bischöfe sollten künftig frei gewählt werden können, aber in Anwesenheit des Königs oder eines seiner Vertreter. Nach dem Wormser Konkordat wurde Heinrichs Kirchenbann aufgehoben wie auch der Streit zwischen Kaiser- und Papsttum für beendet erklärt. Und mit dem Tod Heinrichs V. am 23. Mai 1125 endete auch die Dynastie der fränkischen Salierkönige in Deutschland.

Die ersten Staufer-Herrscher: Friedrich I. Barbarossa und Heinrich VI.

Als 13 Jahre nach dem Tode Heinrichs V. der Herzog Konrad III. von Schwaben von den deutschen Fürsten zum König gewählt wurde und der neue König damit die Dynastie der Hohenstaufer, benannt nach der Burg Hohenstaufen, südwestlich von Schwäbisch Gmünd, begründete, ahnte niemand, dass dies der Anfang des mächtigsten Herrscherhauses im deutschen Mittelalter war.

Es war eine Zeit, in der die Fürsten nur auf ihren eigenen Vorteil bedacht waren, und in dieser Zeit flammte auch der Kampf zwischen den „Guelfen" (Welfen) und den „Ghibellinen" (Waiblingen) auf, der im 12. und 13. Jahrhundert viele Probleme aufwarf. Das Wort „Ghibelline" ist eine andere Form von „Waibling", benannt nach dem damaligen Dorf mit Burg in Schwaben, das der Hohenstaufenfamilie als Stammsitz gehörte. „Hie Welf!" und „Hie Waibling!" waren die Schlachtrufe, die den beiden Kriegsparteien den Namen gaben, als das Hohenstaufenheer die aufständischen Bayern in der befestigten Stadt Weinsberg belagerten. Die siegreichen Hohenstaufer bestimmten bei der Übergabe der Stadt, der Sage nach, dass nur die Frauen verschont bleiben sollten und beim Auszug aus der Stadt hinaustragen dürften, was sie zu tragen vermochten. Die Weiber von Weinsberg hätten, wieder der hübschen Sage nach, ihre Männer auf dem Rücken aus der Stadt hinausgetragen.

Im Jahr 1142 kam zwischen den Kriegsparteien ein Waffenstillstand zustande, als König Konrad III. zum Kreuzzug aufbrach, sich bei den Sarazenen aber eine blutige Nase holte, in Ungnade nach Hause kam und seinen ursprünglichen Plan aufgab, sich nach der Rückkehr in Rom zum Kaiser krönen zu lassen, um sich in Süddeutschland weiter mit den Welfen auseinanderzusetzen. In der Angst, den Thron an die Welfen zu verlieren, bestimmte Konrad 1152 auf dem Sterbebett seinen Neffen statt seines erst sechs Jahre alten Sohnes als Nachfolger. Dieser Neffe war der Sohn Herzog Friedrichs II. von Schwaben und der Welfin Judith und wurde als Friedrich I. (1152–

1190) die herausragende Gestalt unter den deutschen Königen des Mittelalters. Er war kein Hüne, eher kleinwüchsig, hellhäutig mit blondem Haar und einem roten Bart, der ihm in Italien bald den Namen „Barbarossa" eintrug. Aber er hatte einen klaren Kopf, zeigte einen festen Willen und sein Leben war ganz der Sorge um den Staat geweiht. Und wenn er auch viele Niederlagen einstecken musste, so errang er für Deutschland und das Reich die Führung in der christlichen Welt seiner Zeit wieder zurück. Weil in seinen Adern sowohl hohenstaufisches als auch welfisches Blut floss, erließ er einen Landfrieden, söhnte die Kriegsparteien im süddeutschen Raum miteinander aus, zeigte aber auch große Härte in seinen Strafgesetzen. Sein Onkel war der Geschichtsschreiber Otto von Freising (um 1112 bis 1158), der dem Neffen mit seinem Werk „Gesta Friderici I. imperatoris" ein literarisches Denkmal setzte.

Am 9. März 1152 wurde Friedrich I. auf dem Marmorthron Karls des Großen in Aachen zum deutschen König gekrönt. In den ersten beiden Jahrzehnten seiner Regierung pflegte er eine enge Zusammenarbeit mit dem Welfen Heinrich dem Löwen, der von 1155 bis 1180 Herzog von Sachsen und Bayern war. Im Übrigen war seine Herrschaft ein „Reisekönigtum" in Pfalzen und Zelten: in Aachen, in Ulm, Augsburg und Konstanz, in Hagenau und Straßburg.

Für Friedrich I. Barbarossa war das Normannenreich im Süden Italiens ein „widerrechtlich erobertes Reichsgebiet, der normannische König Roger II. (gest. 1154) ein

Friedrich I. Barbarossa zwischen seinen Söhnen, Heinrich (links), dem späteren Kaiser Heinrich VI. (1190–1197), und Herzog Friedrich von Schwaben (rechts), Miniatur aus der Welfenchronik, um 1185–1190, *Landesbibliothek Fulda*

Kaiser Heinrich VI. (1190–1197) eroberte von den Normannen Sizilien zurück, herrschte auch über Italien, Teile von Frankreich, die Schweiz, Holland, Österreich, Böhmen und Mähren sowie Polen. Miniatur aus der „Manessischen Handschrift", *Universitätsbibliothek, Heidelberg*

feindlicher Usurpator" (Knut Görich). Im Jahr 1154 zog Barbarossa erstmals nach Italien. Er fand in Oberitalien eine komplizierte Lage vor, da dort „von Ort zu Ort unterschiedliche Machtverhältnisse wurzelten, in jeder Kommune es Gegner und Freunde Barbarossas gab". Bei der Zusammenkunft mit Papst Hadrian IV. (1154–1159) gab es einen Eklat wegen falscher Dienstleistung beim Halten des Steigbügels am Pferd Hadrians, aber Friedrich gab nach, hielt dann den päpstlichen Steigbügel und die Zügel des Papstes richtig, sprach vom „Heiligen" Römischen Reich und erhielt 1155 seine Kaiserkrone. Nach seiner Rückkehr nach Deutschland heiratete Friedrich Barbarossa die Erbin der Krone von Burgund, Beatrix, die im Juli 1167 in der Peterskirche in Rom zur Kaiserin gekrönt wurde. Beatrix war „anders als ihr Gemahl des Lesens und Schreibens mächtig" (Knut Görich).

Sein Kaisertitel brachte Friedrich auch den Titel König der Lombardei ein. Er sandte nun an die norditalienischen Städte einen *podestà*, der in seinem Namen die Regierung führen sollte, aber nur einige Städte fanden sich damit ab, andere verjagten die neuen Herren wieder. Friedrich wollte Ordnung schaffen und brach 1158 auf, um die aufrührerischen Städte zu unterwerfen. Er belagerte mit 15.000 Rittern Mailand, verheerte das Umland und ließ die Stadt völlig niederbrennen. Die Schlachtrufe der Guelfen und Ghibellinen

Bild rechts:
Der kaiserliche Reichsapfel aus der Zeit Heinrich VI., Gold, mit Perlen und Edelsteinen besetzt, Schatzkammer Wien, *Kunsthistorisches Museum, Wien*

wurden auch in Italien laut, um die Anhänger des Papstes und des Kaisers zu unterscheiden. Im Jahr 1167 schlossen sich die Städte Verona, Vicenza, Padua, Treviso, Ferrara, Mantua, Brescia, Bergamo, Cremona, Piacenza, Parma, Modena, Bologna und Mailand zum Lombardischen Städtebund zusammen und schlugen mit ihren Truppen bei Legnano Friedrichs Heer. Danach musste Friedrich einem sechsjährigen Frieden zustimmen. Und 1183, nachdem sich Friedrich mit dem Papst ausgesöhnt hatte, unterzeichnete er in Konstanz einen Vertrag, der den oberitalienischen Städten ihre Selbstverwaltung zurückgab – gegen die formelle Anerkennung der Oberhoheit des Reiches.

Während Friedrich I. Barbarossa in Italien mit seinen Zielen unterlag, gelangen ihm andernorts viele Siege. Er setzte seine kaiserliche Macht in Polen, Böhmen und Ungarn durch. Er stellte in der Praxis alle Rechte zur Ernennung von Geistlichen, die Heinrich IV. beansprucht hatte, wieder her und errang sich die Unterstützung der Geistlichkeit sogar gegen die Päpste. Auf dem Höhepunkt seiner Macht brach Friedrich am 11. Mai 1189 von Regensburg aus an der Spitze von 100.000 Mann zum dritten Kreuzzug auf – mit fast 70 Jahren. Am Morgen des 10. Juni 1190 fand er bei einem Bad in dem kleinasiatischen Fluss Saleph den Tod, vermutlich durch Herzschlag.

Nachfolger Barbarossas wurde der älteste Sohn aus seiner Ehe mit Beatrix von Burgund, Heinrich VI. (1190–1197). Er machte den Traum seines Vaters beinahe wahr, als er im Jahr 1194 mithilfe von Genua und Pisa Süditalien und Sizilien von den Normannen zurückeroberte und sich ganz Italien – mit Ausnahme des Kirchenstaates – vor ihm verbeugte. Heinrich VI. vereinigte auch die französischen Länder der Provence und die Dauphiné, Burgund, Elsass-Lothringen, die Schweiz, Holland, Deutschland, Österreich, Böhmen, Mähren und Polen. England erkannte ihn als Lehnsherrn an; die Almohaden, das maurisch-spanische Herrscherhaus Nordafrikas, sandten ihm Tribut, und Antiochien und Kilikien im Südosten Kleinasiens sowie Zypern baten um Aufnahme in den Reichsverband Heinrichs VI. Dieser sah mit großem Appetit auch auf Restfrankreich und Spanien und plante sogar die Eroberung von Byzanz. Die ersten Abteilungen seines Heeres waren schon nach Osten unterwegs, als der Kaiser im Alter von 33 Jahren in Sizilien an einem Malariaanfall starb. Heinrich VI. hatte keinerlei Pläne für seine Nachfolge getroffen, Friedrich, sein einziger Sohn mit Konstanze von Sizilien, war drei Jahre alt, weshalb ein Jahrzehnt folgte, in dem mehrere Anwärter um den Kaiserthron kämpften und das Reich führerlos war, bis 1198 Friedrich II. mündig und König von Sizilien wurde.

Der letzte große Staufer: Friedrich II., der exkommunizierte Kreuzfahrer, Gelehrte und Antichrist

Friedrich, der König von Sizilien, hatte mit drei Jahren seinen Vater verloren und mit fünf seine Mutter, die per Testament Papst Innozenz III. (1198–1216) bat, die Erziehung und den politischen Schutz ihres Sohnes zu übernehmen. Als Gegenleistung sollte der Papst die Regentschaft und die erneuerte Lehnsherrschaft über Sizilien bekommen. Dieser nahm das Angebot gerne an und nutzte seine Stellung dazu, die von

Vorder- und Rückseite einer Augustal-Münze mit dem Bildnis Kaiser Friedrichs II. (1215–1250), geprägt in Brindisi oder Messina, *Staatliches Münzkabinett, Berlin*

Im Streit um die deutsche Königskrone war als Kandidat für die Staufer Friedrichs Onkel Philipp von Schwaben ins Rennen gegangen, für die Welfen Otto, der Sohn Heinrichs des Löwen. Philipp setzte sich durch, wurde aber 1208 vom Pfalzgrafen Otto von Wittelsbach ermordet, warum, ist bis heute nicht geklärt. Otto IV., der Welfe, wurde 1209 zum Kaiser gekrönt, doch als er sich anschickte, Sizilien zu erobern, ließ ihn Innozenz III. schnell wieder fallen, belegte ihn mit dem Kirchenbann und befahl den Fürsten und Bischöfen des Reiches, sein Mündel Friedrich zum Kaiser zu wählen, denn er sei „so alt an Weisheit wie jung an Jahren". Als Preis für seine Unterstützung forderte der Papst von Friedrich, die Lehnstreue Siziliens dem Papst gegenüber zu wahren, die sizilianischen Tribute an die Päpste fortzusetzen, die Unverletzbarkeit des Kirchenstaates zu heiligen, Sizilien und das normannische Süditalien vom Reich getrennt zu halten und als Kaiser seine Residenz in Deutschland zu nehmen. Außerdem verpflichtete sich Friedrich II., alle Rechte der Geistlichkeit zu achten, Ketzer zu bestrafen und einen Kreuzzug zu veranstalten. Friedrich ging nach Deutschland und erschien vor Konstanz, wo der Bischof ihm die Tore der Stadt öffnete. Sein Widersacher, der Welfe Otto IV., wurde außerhalb Deutschlands, in der Schlacht von Bouvines bei Lille vom französischen König Philipp II. im August 1214 besiegt. Der Aufstieg Friedrichs II. war nicht mehr zu stoppen, der Welfe Otto zog sich in seine Erblande zurück und starb dort 1218. Friedrich II. wurde 1220 in Aachen in einer prächtigen Zeremonie von Papst Honorius III. (1216–1227) zum Kaiser gekrönt.

Friedrichs Vater erreichte Vereinigung Siziliens mit Deutschland wieder aufzuheben, denn der Papst und seine Nachfolger fürchteten ein Reich, das den Kirchenstaat von allen Seiten einschließen konnte.

Bezüglich des versprochenen Kreuzzuges kam es durch den Welfen Heinrich, dem

In dieser mittelalterlichen Initiale ist die Verwüstung der lateinischen Kreuzfahrer-Staaten durch Sultan Saladins Truppen dargestellt. 1255, *British Library, London*

Bruder Ottos IV., zu Verzögerungen. Papst Honorius III. billigte dem Kaiser das Recht zu, zunächst seinen Thron zu verteidigen, was Friedrich mit der Überwältigung Heinrichs auch gelang. Aber der im Herzen ein Italiener gebliebene Friedrich II. sehnte sich nach Italien zurück. Tatsächlich hielt er sich von seinen 56 Lebensjahren nur acht Jahre in Deutschland auf. Er übertrug den Lehnsherren weitgehende Vollmachten, stellte mehreren Städten Freibriefe aus und betraute Erzbischof Engelbert von Köln (um 1185–1225) und Hermann von Salza (1209–1239), den Großmeister des Deutschritterordens, mit der Regierung Deutschlands. Seinen Sohn Heinrich ließ er in Deutschland zurück und übernahm selbst die Regentschaft in Sizilien, wo er ein fast modernes Staatswesen mit straffer zentralistischer Verwaltung, mit nur ihm verpflichteten Beamten und Richtern, aufbaute. Im Jahr 1222 starb seine Gattin, Konstanze von Aragón, und Papst Honorius überredete Friedrich, Isabella von Jerusalem, die Erbin des verlorenen Königreiches Jerusalem, heimzuführen, in der Hoffnung, ihn schneller zum Kreuzzug zu bewegen. Aber Zerwürfnisse mit dem Lombardischen Städtebund hielten ihn erneut auf. Als im Jahr 1227 Honorius starb und der strenge Gregor IX. (1127–1241) Papst wurde, machte Friedrich sich daran, eine große Flotte zu bauen und ein Heer von 40.000 Kreuzfahrern in Brindisi zu versammeln. Dann brach in Brindisi eine schreckliche Epidemie aus, der Kaiser selbst und sein Stellvertreter, Ludwig von Thüringen, erkrankten ebenfalls. Friedrich musste sich zur Behandlung nach Italien zurückziehen. Papst Gregors Geduld war dennoch erschöpft und er verkündete die Exkommunikation Friedrichs noch im Jahr 1227.

Trotz des Kirchenbanns stach Friedrich sieben Monate später in See Richtung Palästina, begleitet nur von einer kleinen Ritterschar. Aber er erreichte die Rückgabe Jerusalems an die Christenheit, weil der Oberbefehlshaber der Sarazenen, Sultan al-Kamil, höchst erstaunt war, in Friedrich einem Europäer zu begegnen, der Arabisch sprach und die arabische Kultur achtete. Selbst in innere Machtkämpfe verstrickt, schloss er mit Friedrich Frieden, dieser zog ohne Blutvergießen in Jerusalem ein und krönte sich 1229 eigenhändig in der Grabeskirche zum König von Jerusalem. In Rom wurde der Verdacht laut, Friedrich habe heimlich Sympathien für den Islam. Nach Friedrichs Rückkehr nach Italien machte er vor den Grenzen zum Kirchenstaat Halt, sein Kirchenbann wurde gelöst, aber 1239 von Gregor IX. erneut ausgesprochen. Schließlich wurde Friedrich 1245 von Gregors Nachfolger, Innozenz IV. (1243-1254), auf dem Lyoner Konzil für abgesetzt erklärt. Gleichzeitig startete der Papst einen Propagandafeldzug gegen den Staufer, in welchem er Friedrich zum Antichristen dämonisierte.

Die Päpste gegen das „Natterngezücht" der Staufer

Das Leben Friedrichs II., vom ständigen Kampf des Kaisertums gegen das Papsttum geprägt, wurde 1245 von einer Beamtenverschwörung bedroht, die er gnadenlos niederschlagen ließ. Friedrich beschuldigte den Papst der Anstiftung. Die schwerste Niederlage musste Friedrich 1248 bei der Belagerung von Parma hinnehmen, als während eines Jagdausflugs seine neu gebaute Stadt Vittoria von den Parmesern zerstört wurde, wobei Staatsschatz, Kaiserkrone und Königssiegel verloren gingen und er selbst nur knapp sein Leben retten konnte. Ein Jahr später schlug ein vom Papst angestifteter Giftmordversuch an Friedrich fehl. Im selben Jahr 1249 wurde König Enzio, ein „natürlicher" Sohn des Kaisers aus einer vor 1220 in Deutschland stattgehabten Liebesbeziehung mit einer schwäbischen Hochadligen, von den Bolognesern gefangen genommen und bis zu seinem Tod 1272 festgehalten. Am 15. Dezember 1250 starb Friedrich II. im Kastell Fiorentino in der Capitanata an Darmkrebs. Zuvor setzte er noch seinen Sohn Konrad IV. zu seinem Haupterben ein und dessen Halbbruder Manfred zum Stellvertreter in Italien. Konrad IV. starb 1254 in Italien an Malaria. Manfred ließ sich nach dem Wunsch des toten Vaters zum König von Sizilien wählen. Sieben Jahre später holte Papst Klemens IV. (1265-1268) zum letzten Schlag gegen das staufische „Natterngezücht" aus: Er gab das Königreich Sizilien dem Franzosen Karl I. von Anjou (1226-1285) zum Lehen, der nach Apulien einrückte und Manfred im Februar 1266 in der Schlacht von Benevent besiegte. Er tötete ihn und ließ ihn verscharren, kerkerte seine Witwe und deren vier Kinder ein, setzte drei Söhne Friedrichs II. in dessen Schloss Castel del Monte gefangen, wo sie „dreißig Jahre lang in Ketten und noch einmal zehn Jahre in langsam einsetzender Verblödung verbringen" (Horst Stern).

Der letzte Akt im Stauferdrama, gesteuert im Hintergrund von den Päpsten, begann 1268 mit dem Zug von Konrads Sohn Konradin nach Italien, wo er das Südreich seines Großvaters zurückholen wollte. Aber in der Schlacht von Tagliacozza fiel er Karl von Anjou in die Hände, der den 16-Jährigen am 29. Oktober 1268 in Neapel öffentlich enthaupten ließ.

Der letzte große Staufer, Friedrich II., wurde schon von seinen Zeitgenossen sehr unterschiedlich beurteilt. Petrus von Vinea, sein Protonotar, schrieb um 1239 über ihn: „Er ist es, von dem die Worte Ezechiels verkünden: ein großer Adler mit gewaltigen

Fittichen, mit starken Schwingen, voll von Federn und von vielfacher Buntheit." Der Chronist Salimbene von Parma (1221 bis 1287) sah in ihm einen „unheilvollen und verworfenen Menschen, Schismatiker, Ketzer und Epikureer, der die ganze Welt verdarb". 200 Jahre später charakterisierte ihn Pandolfo Collenuccio (1444 bis 1504) in seinem „Kompendium der Geschichte des Königreichs Neapel" ausführlich so: „Er besaß einen ganz außergewöhnlich natürlichen Verstand und war klüger als alle Menschen, erfahren in allen mechanischen Künsten, denen er zuweilen seine Erfindungskraft zuwandte. Gelehrt in den Wissenschaften, beherrschte er viele Sprachen, so dass er Italienisch, Lateinisch und Sizilianisch sprach sowie Deutsch, Französisch, Griechisch und Arabisch. Er war prachtliebend, freigebig und hochherzig, äußerst großzügig gegenüber seinen Getreuen, unerbittlich streng im Bestrafen von Treulosigkeit ... Er war ein allzu großer Liebhaber der Frauen ... Und über jedes Maß ergötzte er sich an den Falken."

England und Frankreich im Hundertjährigen Krieg

Die heutigen Nationen in Europa entwickelten sich aus den Herrschaftsgebieten der Franzosen, Engländer und Deutschen, denn im 12. Jahrhundert erhielt Europa seine moderne Gestalt, nachdem die Wälder verschwanden und Ackerflächen sich ausbreiteten. Es gab kein wertloses, urwaldiges „Dazwischen" mehr. Und die mächtigen Könige, Fürsten und Bischöfe bildeten langsam geschlossene Territorien. Im dezentralisierten Deutschland bestand die Macht des Kaisers bald nur aus einer Summe von Herrschafts- und Lehnsrechten, die aber noch nicht für ein nationales Bewusstsein ausreichten. Und im sogenannten Interregnum, der „kaiserlosen, der schrecklichen Zeit" (Friedrich Schiller) nach dem Tod Friedrichs II. ab 1250 bis zur Königswahl Rudolfs von Habsburg im Jahre 1273, wurden Wilhelm von Holland, Richard von Cornwall und Alfons X. von Kastilien teilweise gegeneinander zu Königen des Römischen Reiches gewählt, aber ihr Königtum blieb bedeutungslos. Ein nationales Zusammengehörigkeitsgefühl konnte im Römischen Reich nicht entstehen, wohl aber in Frankreich und England, wo König Eduard I. (1272–1307) im Jahr 1293 ein Parlament einberief, dessen Aufgabe es war, über die Finanzen des Landes zu entscheiden. In Frankreich folgte König Philipp IV. „der Schöne" (1285–1314) diesem Beispiel im Jahr 1304, als er sich von der ersten Ständevertretung in Frankreich Rückendeckung für seinen Kurs gegen Papst Bonifaz VIII. (1294–1303) holte. Im römisch-deutschen Reich dauerte es bis 1356, bevor mit der „Goldenen Bulle" von Kaiser Karl IV. (1355–1378) die Politik des Reiches auf ein schriftlich fixiertes Fundament gehoben wurde. Inwieweit die Könige in Frankreich und England damit ein Gefühl der nationalen Besonderheit hatten herausbilden können, ist schwer zu beurteilen. Jedenfalls nahm Eduard III. von England (1327–1377) Mitte des 14. Jahrhunderts den Kampf um die verlorenen Besitzungen seiner Krone auf französischem Boden wieder auf. Er und sein Sohn Eduard, Prinz von Wales, genannt der „Schwarze Prinz", errangen glänzende Siege und brachten West- und Südfrankreich unter ihre Kontrolle.

Auf beiden Seiten hatten die Könige und Fürsten aber bald mit einem sich festigenden Bewusstsein nationaler Identität zu rechnen und die Beherrschten in beiden Lagern wurden zunehmend wählerisch in punkto ihrer Gruppenzugehörigkeit. So stärkte das französische Zusammengehörigkeitsgefühl die Franzosen so weit, dass die Engländer ihre militärischen Erfolge im „Hundertjährigen Krieg" nicht in eine faktische Eroberung Frankreichs und damit politisches Kalkül umsetzen konnten. In einem Sturm nationaler Empfindungen wurden schließlich unter Führung der legendären Jeanne d'Arc (um 1410 bis 1431) die Engländer geschlagen, und die „Jungfrau von Orléans" wurde Nationalheilige Frankreichs. Der fortwährende schreckliche Krieg auf französischem Boden beeinflusste das Leben der Bevölkerung so sehr, dass sie sich mit dem Gemeinwesen ihres Landes, für das sie gestritten und gelitten hatte, immer stärker identifizierte.

Auch auf europäischer Ebene wurde langsam die Idee der Nationen „verspätet" doch wirksam. Die Einteilung der entstandenen Universitäten nach *nationes* wurde auf die europäische Politik übertragen, wenn auch in Italien und Deutschland mit größerer Verspätung. Auch auf dem Konstanzer Konzil von 1414 bis 1418, das das abendländische Schisma beenden sollte, wurde die Einteilung nach *nationes* übernommen. Dies war eine große Modernisierung und trug wesentlich dazu bei, dass bei der Wahl von Papst Martin V. (1417–1431) das Schisma auch wirklich überwunden werden konnte. Und die „Verspätung" Deutschlands und Italiens in diesem Prozess war ei-

Bildnis von Jeanne d'Arc, aus einer Gedichtsammlung des Poeten von Herzog Karl von Orléans (1394 bis 1465), der nach der Schlacht von Azincourt 25 Jahre ritterliche Haft in England verbrachte, *Archiv des Autors*

ne Folge der Fortwirkung mittelalterlicher Strukturen.

In Frankreich endete der Hundertjährige Krieg erst am 19. Oktober 1453 mit der Einnahme von Bordeaux, als damit ganz Frankreich in der Hand der französischen Krone und die englischen Festlandbesitzungen auf eine einzige Stadt, nämlich Calais, zusammengeschmolzen waren.

England von Wilhelm dem Eroberer bis zu den „Rosenkriegen"

In England hatte Wilhelm der Eroberer das Land von Grund auf umgekrempelt, seine normannischen Vasallen mit Gütern belehnt und Französisch am Hof und in der Verwaltung eingeführt. Es gab keinen Adelsbesitz mehr, alles Land gehörte dem König. Die Verteilung von Land und Lehen ließ Wilhelm im Jahr 1086 bis ins Detail im „Domesday Book" festhalten. Wilhelms Söhne Wilhelm II. (1087-1100) und Heinrich I. (1100-1135) setzten die Neustrukturierung der Verwaltung fort, präzisierten die Aufgaben der Sheriffs im niederen Adel und gründeten 1118 ein Schatzamt (*exchequer*), bei dem alle Einnahmen der Krone zusammenflossen. 1154 folgte Heinrich I., der Sohn Mathildes und Gottfrieds von Anjou, Heinrich II. Plantagenet, als englischer König (1154-1189). Er baute die königliche Gerichtsbarkeit weiter aus, drängte die feudalrechtlichen Strukturen zurück, und geriet dadurch in Konflikt mit der Kirche, weil der König straffällig gewordene Priester der königlichen Gerichtsbarkeit unterstellen wollte. Dem widersetzte sich Thomas Becket, der Erzbischof von Canterbury. Der Streit um die nach Beckets Meinung bedrohte Unabhängigkeit der Kirche endete mit dem „Mord im Dom" von Canterbury an Becket am 29. Dezember 1170, begangen von Anhängern des Königs.

Richard Löwenherz, König von 1189 bis 1199, verbrachte die Hälfte seiner Regierungszeit im Ausland, vor allem auf dem dritten Kreuzzug als Gegenspieler Saladins und dann als Gefangener Herzog Leopolds V. von Österreich (1177-1194) und Kaiser Heinrichs VI. (1191-1197), der ihn erst nach Zahlung einer riesigen Lösegeldsumme freiließ, die aber ein großes Loch in den englischen Staatshaushalt riss. Auch gestorben ist Richard nicht in England, sondern bei der Belagerung einer kleinen Burg bei Limoges in Frankreich. Richards Nachfolger Johann Ohneland (1199-1216), der böse Prinz aus „Robin Hood", wurde nach der verheerenden Niederlage von Bouvines gegen die Franzosen im Land immer unbeliebter, da er die Abgabenlast drastisch erhöhte, um seine Kriege zu finanzieren. Er musste dem Druck und den Forderungen der englischen Barone nachgeben und erließ am 15. Juli 1215 die berühmte „Magna Charta Libertatum", die den Untertanen größere Rechtssicherheit brachte und die Willkür des Königs einschränkte: „Kein Freier darf ergriffen und ins Gefängnis gesteckt oder enteignet oder verbannt oder auf irgendeine andere Art in den Ruin getrieben werden, noch werden wir ihn ergreifen oder nach ihm schicken, außer auf Grund eines rechtmäßigen Urteils und des Rechtes des Landes." Nachfolger Heinrich III. (1216-1271) versuchte die für spätere Gesetze in Europa beispielhaften Grundsätze der Magna Charta rückgängig zu machen, jedoch erreichte er damit eine Verschwörung der Barone unter Führung seines Schwagers Simon de Montfort, während der er sogar in Gefangenschaft geriet. Er musste sogar die Einberufung eines dreimal jährlich tagenden Parlaments als Kontrollorgan zugestehen. Heinrichs Sohn Eduard I. (1272-1307) erkannte das Parlament als dauerhafte

Einrichtung an, machte es zu einem Instrument seiner Politik und seiner Feldzüge in Frankreich, Schottland und Wales, das er 1298 eroberte. Sein Sohn Eduard II. (1307–1327), der „Prince of Wales", wurde 1314 in der Schlacht von Bannockbury von schottischen Aufständischen besiegt, sodass Schottland wieder ein unabhängiges Königreich wurde. Die Herrschaft Eduards III. und seiner Nachfolger ist geprägt vom Hundertjährigen Krieg um den englischen Festlandbesitz in Frankreich, der nach den großen Siegen von Crecy 1346, Poitiers 1356 und Acincourt 1415 mit dem Verlust sämtlicher englischer Besitzungen in Frankreich endete – Calais fiel erst 1558 an Frankreich zurück.

Zwischen 1348 und 1352 wütete in England die Pest, der rund die Hälfte der Bevölkerung zum Opfer fiel. Und die sozialen Spannungen entluden sich nach einer überhöhten Kopfsteuer 1380 in dem Bauernaufstand von 1381. König in dieser Zeit war Richard II. (1377–1399), verhasst im Volk wegen seiner Günstlingswirtschaft. Während eines seiner Feldzüge nach Irland übernahm sein Vetter Henry Bolingbroke die Macht und als Heinrich IV. (1399–1413) die Krone. Richard wurde nach seiner Rückkehr von Irland gefangen genommen und im Kerker ein Jahr später ermordet. Heinrich IV. war der erste Lancaster-Herrscher, einer Seitenlinie der Plantagenets, deren Stellung von anderen

Englische Bogenschützen mit ihren Langbogen, denen die französischen Ritter immer wieder unterlagen, aus dem Luttrell Psalter, spätes 13. Jh., *British Museum, London*

Thronprätendenten stets angefochten wurde. Erst der Verlust der Gebiete in Frankreich unter Heinrich VI. (1422–1461 und 1470/71) löste die „Rosenkriege" (beide Familien hatten eine Rose im Familienwappen) zwischen den Häusern Lancaster und York aus, die von 1455 bis 1485 dauerten. Den Schlussstrich unter die englische Krise zog Heinrich VII. (1485–1509), dessen Vater ein Halbbruder Heinrichs VI. war, durch seine Heirat mit der ältesten Tochter König Eduards IV. (1461–1483) aus dem Hause York, die die verfeindeten Häuser einte und die „Rosenkriege" beendete.

Irland und seine keltischen Stämme

Irland ist das einzige Land Westeuropas, das nicht von der frühmittelalterlichen Völkerwanderung berührt worden war. Die keltischen Stämme bewahrten dort ihre Sprache und Kultur, während das Land unter zahlreichen Kleinkönigreichen zersplittert war. Immerhin konnte schon 684 ein englischer Eroberungsversuch abgewehrt werden. Hilflos waren die Iren dagegen gegen die Wikinger, die ab 795 regelmäßig die irische Küste heimsuchten, schließlich Siedlungen gründeten und Burganlagen errichteten. Die berühmteste dieser Gründungen ist die heutige Hauptstadt Dublin, wo es häufig zu Auseinandersetzungen zwischen dänischen und norwegischen Wikingern kam. Erst im 11. Jahrhundert gelang es dem irischen König Brian Borumha, die ganze Insel unter seiner Oberherrschaft zu vereinen und den Einfluss der Wikinger zurückzudrängen. Heinrich II. von England begann 1171 mit der Eroberung der „Grünen Insel" und vergab die eroberten Gebiete normannischen Adligen als Lehen. Allerdings bekamen die Engländer die entlegenen Gebiete der Insel nie unter ihre Kontrolle.

Ein Beispiel für Italien: Der Aufstieg von Florenz

Florenz lag schon im 8. Jahrhundert als Kreuzungspunkt an der Via Francesca zwischen Frankreich und Rom im Fokus der Handelswege in alle Welt hinaus. Bald standen die Banken in Florenz mit den Kaufleuten im Wettbewerb um die Herrschaft über das Florentiner Leben und wurden den Päpsten wegen der finanziellen Kontrolle von Kirchenbesitz, der an sie verpfändet war, unentbehrlich. Im 13. Jahrhundert besaßen die florentinischen Banken das Monopol über die päpstlichen Finanzen in Italien. Dieses Bündnis von Florenz mit den Päpsten bei deren Kampf mit den römisch-deutschen Kaisern hatte seinen Grund teilweise in der finanziellen Verbindung, teilweise in der Furcht vor Angriffen des Kaisers oder der Adligen auf die Freiheiten der Stadtgemeinde und des Handels.

Die Bankiers wurden deshalb die Hauptverfechter der päpstlichen Sache in Florenz. Sie waren es, welche die Invasion Italiens durch Karl von Anjou finanzierten, indem sie Papst Urban IV. (1261–1264) ein Darlehen von 148.000 Livres gewährten. Als Karl Neapel einnahm, erhielten die Bankiers als Sicherheit für die Rückzahlung das Recht, in dem neuen Königreich die Münzen zu prägen, die Steuern einzuziehen und den

Der Dichter Dante Alighieri (1265 bis 1321), gezeichnet von Luca Signorelle (um 1450 bis 1523), *Archiv des Autors*

Handel mit Waffen, Seide, Wachs, Öl und Getreide sowie die Belieferung des Heeres mit Waffen und Nachschub für sich allein zu beanspruchen. Laut dem in Florenz geborenen Dichter Dante, der das Leben seiner Zeit genau dokumentierte, waren die damaligen Florentiner Bankiers habgierige Freibeuter der Gewinnsucht, die sich mit verfallenen Hypotheken ein Vermögen erwarben und hemmungslos hohe Zinsen für ihre Darlehen verlangten. Einer der Bankiers war Folco Portinari, den Dantes Beatrice zum Vater hatte. Um 1277 finden wir zwei Florentiner Banken – die Brunelleschi und die Medici – als beherrschende Finanzinstitute von Nîmes. Die Florentiner Firma Franzesi finanzierte die Kriege Philipps IV. von Frankreich (1285–1314), und von der Regierungszeit dieses Königs an beherrschten italienische Finanzleute das französische Geldwesen bis ins 17. Jahrhundert.

Natürlich machten Darlehen auf hoher politischer Ebene das Wirtschaftsleben von Florenz abhängig von der großen Politik und hatten auch zahlreiche Bankrotte zur Folge, ebenso eine Verschärfung des Klassenkampfes in Florenz, wo drei Stände das weltliche Leben spalteten: das *popolo minuto*, das „kleine Volk" der Kleinhändler und Handwerker, das *popolo grasso*, das „fette Volk" der Arbeitgeber und Geschäftsleute, und die *grandi*, die Adligen. Im Wettstreit um die Vorherrschaft in der Regierung der Stadt schlossen sich die „Kleinen" und die „Fetten" eine Zeit lang als die *popolani* gegen den Adel zusammen, der die alten Feudalrechte über die Stadt beanspruchte und zuerst mit den Kaisern und dann mit den Päpsten gegen die Freiheiten der Stadtgemeinde vorging. Lange Zeit ging der Streit der Parteien um die Vorherrschaft in der Stadt hin und her, wobei die Florentiner Demokratie ihr Ende fand. Schließlich suchte das Bürgertum seine innenpolitischen Erfolge mit Kriegen gegen Pisa und Siena um die Beherrschung des florentinischen Handelsweges ans Meer und nach Rom.

Die reicheren Kaufleute bildeten einen Neuadel und verteilten die Staatsämter an ihre eigenen Kreise. Das Bürgertum brachte dann 1282 einen Verfassungswechsel zuwege, demzufolge die höheren Zünfte die Regierungsgewalt in der Stadt weiter ausbauten. Die Kaufleute und Finanzleute waren endgültig am Ruder. Aber der Adel schlug zurück und wandte sich an den Papst um Unterstützung. Papst Bonifaz wandte sich an Karl von Valois, er möge nach Italien kommen, um Florenz zu unterwerfen. Der Sohn König Philipps III. zog 1301 in Florenz ein, um Ordnung und Frieden zu schaffen. Aber der Führer der Adligen, Corso Donati, fiel bald darauf mit seinen Anhängern in die Stadt ein und terrorisierte Florenz sieben Jahre lang als Diktator, bis er nach unzähligen Gewalttaten selbst durch den Dolch eines Attentäters den Tod fand.

Frankreich: Von den Kapetingern zu den Valois

Die lange Regierungszeit von König Philipp II. August (1180–1223), in der die Fassade der Kathedrale Notre-Dame fertiggestellt und der Louvre als Festung zur Bewachung der Seine erbaut wurde, gab der Staatsführung Frankreichs Beständigkeit und Festigkeit, während England unter dem unbekümmerten Richard Löwenherz, dem leichtsinnigen Johann und dem unfähigen Heinrich III. zu leiden hatte und Deutschland in den Kriegen zwischen Kaiser und

Papst zerfiel. So kam es, dass Frankreich um 1300 die stärkste Macht in Europa war. Auch Philipp IV. der Schöne (1285–1314) steckte seine Ziele weit, denn er wollte alle Stände – Adel, Geistlichkeit, Bürger und Leibeigene – unter die unmittelbare Rechtsprechung und Herrschaft des Königs bringen, das Wachstum Frankreichs auf Handel und Gewerbe statt auf den Ackerbau gründen und Frankreichs Grenzen bis an den Atlantik, die Pyrenäen, das Mittelmeer, die Alpen und den Rhein ausdehnen. Seine Ratgeber holte er nicht aus der Geistlichkeit und dem Hochadel, sondern aus dem Stand der Juristen, welcher vom Reichsgedanken des römischen Rechtes erfüllt war.

Pierre Flotte und Wilhelm von Nogaret waren glänzende Köpfe, unter deren Anleitung Philipp das französische Staatswesen erneuerte und das Feudalrecht durch ein königliches Recht ersetzte, seine Gegner mit schlauer Diplomatie überwand und schließlich sogar die Macht des Papsttums brach und den Papst zum Gefangenen Frankreichs machte. König Philipp erwarb die Champagne, Brie und Navarra durch Heirat und kaufte Chartres, die Franche-Comté, das Lyonnais und einen Teil Lothringens durch klingende Münze. Stets in Geldnöten, ersann er neue Steuern und Möglichkeiten, Geldmittel einzutreiben, beispielsweise von den Juden und Lombarden oder durch die Vernichtung des Tempelritterordens, um in den Besitz seines Vermögens zu kommen. Er besteuerte auch ohne Zustimmung des Papstes das Vermögen der Kirche, der zu dieser Zeit ein Viertel des französischen Grundbesitzes gehörte. Als der alte Papst Bonifaz VIII. im Jahr 1303 starb, sorgte er dafür, dass ein Franzose als Klemens V. (1305–1314) gewählt wurde und das Papsttum nach Avignon umsiedelte. Von da an herrschten die Advokaten in Frankreich über die Priester. In den 14 Jahren nach Philipps des Schönen Tod 1314, vom Großmeister des Templerordens auf dem Scheiterhaufen vorausgesagt, bestiegen drei Söhne den französischen Thron und sanken ins Grab. Keiner hinterließ einen Sohn, der nächste männliche Verwandte war Karl von Valois, ein Neffe Philipps des Schönen. Mit seiner Thronbesteigung erlosch die Linie der Kapetinger und begann die Herrschaft der Valois.

Um diese Zeit hatte Paris etwa 200.000 Einwohner, das Land Frankreich rund 22 Millionen. Der Gelehrte Brunetto Latini (um 1215 bis 1295), der sich vor der politischen Gewalt in Florenz nach Paris geflüchtet hatte, staunte über den Frieden unter Ludwig IX. in Paris, über die Regsamkeit von Handel und Gewerbe im Land, über die fruchtbaren Äcker und Weinberge um die Hauptstadt. Es war die Zeit der Troubadoure in der Provence, des „Chanson de Roland", des „Rosenromans", der ersten französischen Geschichtsschreiber wie Geoffroi de Villehardouin (um 1150 bis 1213) und Jean de Joinville (1225 bis 1317). Es entstanden in dieser Zeit die großen Universitäten in Paris, Orléans, Angers, Toulouse und Montpellier mit ihrem Höhepunkt der scholastischen Philosophie. Und es war die Zeit der majestätischen gotischen Kathedralen von St. Denis, Chartres, Notre-Dame, Amiens und Reims sowie der gotischen Plastik in ihrer größten Vollkommenheit.

Spanien im 13. Jahrhundert

Die Wiedereroberung Spaniens durch die Christen schritt so schnell voran, wie der chaotische Bruderzwist der spanischen Könige es zuließ. Im Jahre 1118 eroberte Alfons I. von Aragonien Saragossa. 1195 wurden die Christen bei Alarcos besiegt, aber 1212 vernichteten sie das Hauptheer der Almohaden bei Las Navas de Tolosa fast vollständig. Der maurische Widerstand brach zusammen und eine maurische Festung nach der anderen ergab sich: Córdoba 1236, Valencia 1238, Sevilla 1248, Cádiz 1250. Danach erlitt die Reconquista einen Aufschub um zwei Jahrhunderte, während denen sich die spanischen Könige bekriegten.

Alfons VIII. von Kastilien wurde von den Königen von León und Navarra bedrängt, musste mit den Mauren Frieden schließen, um sich gegen die Christen erwehren zu können. Ferdinand III. (1217–1252) vereinigte León wieder mit Kastilien, trieb die katholische Grenze bis Granada vor, ließ sich in Sevilla nieder, machte die große Moschee zu seiner Kathedrale und den Alcázar zu seiner Residenz. Sein Sohn Alfons X. (1252–1284) war ein ausgezeichneter Gelehrter, gründete eine Astronomenschule, deren „Alfonsinischen Tafeln" der Himmelskörper und Sternenbahnen für die spätere Astronomie grundlegend wurden. Mit ihm erhielt die kastilische Sprache die Vormachtstellung in der spanischen Literatur und Geschichtsschreibung. Aragón errang eine Vormachtstellung durch die Ehe seiner Königin Petronilla mit Graf Ramón Berenguer von Barcelona (1137), kam in den Besitz von Katalonien und damit des größten Hafens von Spanien. Peter II. von Aragón (1196–1213) gab den Häfen, Märkten und Straßen Sicherheit. Seinen Hof in Barcelona machte er zum Mittelpunkt des spanischen Rittertums und Minnewesens. Sein Sohn Jakob (Jaime) I. (1213–1276) unterwarf die aufständischen Adligen der königlichen Gewalt, entriss den Mauren die Balearischen Inseln sowie Valencia und Alicante. Schließlich nahm er den Mauren Murcia ab und schenkte es in einer ritterlichen Geste des spanischen Einheitsstrebens dem König von Kastilien. Er war der mächtigste spanische Monarch seines Jahrhunderts, ein Rivale von Kaiser Friedrich II. Sein Sohn Peter III. (1276–1285) ehelichte eine Tochter von Friedrichs Sohn Manfred, des Königs von Sizilien, musste Sizilien aber dann auf Befehl des Papstes Karl von Anjou überlassen.

Die ersten „Cortes" aus Adel, Geistlichkeit und Bürgern

Wie in England und Frankreich fällt auch in Spanien der Aufstieg und Verfall des Lehnswesens in das 13. Jahrhundert. Adel und Geistlichkeit unterwarfen sich dem König, der von den Städten mit Geld und Truppen unterstützt wurde. In der Ausbildung freier Städte und demokratischer Volksvertretungen war Spanien im Mittelalter führend. Die Könige gewährten vielen Städten, die ihn unterstützten, das Selbstverwaltungsrecht und damit ihre Unabhängigkeit. Die von Zeit zu Zeit vom König einberufene Versammlung der Adligen und Geistlichkeit erhielt 1137 erstmals den Namen „Cortes". 1188 nahmen am Cortes von León auch Geschäftsleute der Städte teil und wurde damit erstes Beispiel einer politischen Vertretung im christlichen Europa. Vor dieser historischen Versammlung versprach der König, keinen Krieg zu erklären, keinen Frieden zu schließen und kein Dekret zu erlassen, ohne die Zustimmung des Cortes einzuholen. In Kastilien traten die ersten Cortes aus Adligen, Geistlichen und Bürgern im Jahre 1250 zusammen – 45 Jahre vor dem „Modellparlament" Englands unter Eduard I. Die Cortes hatten keine unmittelbare gesetzgeberische Gewalt, aber sie stellten Gesuche an den König, und ihr Verfügungsrecht über die Finanzen war oft Anlass, dass dieser seine Zustimmung erteilte. Außerdem bestellten die Cortes eine Junta, einen Ausschuss aus Vertretern aller Stände, der darüber wachte, ob in den Cortes die erlassenen Gesetze auch richtig angewandt wurden. Die teilweise Übernahme der maurisch-muselmanischen Kultur in die spanische, der Sieg über den alten Feind, das Wachstum von Gewerbe und Wohlstand gaben dem geistigen Leben Spaniens einen großen Auftrieb. Das 13. Jahrhundert erlebte in Spanien die Gründung von sechs Universitäten, viele spanische Minnesänger ebneten den Weg für Lope de Vega (1562 bis 1635) und Calderón (1600 bis 1681). Berühmt wurde aus dieser Zeit das spanische Nationalepos, der „Cid" (1637). Der erste historisch bekannte Stierkampf fand in Avila im Jahr 1107 zur Verschönerung einer Hochzeit statt; um 1300 waren dann in allen spanischen Städten Stierkämpfe üblich.

Von der spanischen Grafschaft zum unabhängigen Portugal

Portugal war ursprünglich eine Grafschaft des spanischen Königreichs von León und wurde von Alfons VI. von Kastilien und León dem spanischen Kreuzritter Graf Heinrich von Burgund, an dem das Königspaar sehr viel Gefallen fand, als Mitgift bei der Heirat mit ihrer Tochter Teresa zum Lehen gegeben. Das Gebiet war erst vor 31 Jahren dem muselmanischen Spanien entrissen worden. Graf Heinrich und seine Gattin wollten aus ihrem Lehen einen unabhängigen Staat machen. Nach Heinrichs Tod führte Teresa die Bemühungen um die Unabhängigkeit fort, lehrte ihre Vasallen ein national-freiheitliches Denken, führte in eigener Person ihre Krieger in mehreren Feldzügen an. Sie erlitt Niederlagen, wurde gefangen genommen, wieder freigelassen und in ihr Lehen eingesetzt. Schließlich wurde sie erneut vom Thron gestürzt, ging mit ihrem Liebhaber in die Verbannung und starb in Armut (1130). Aber ihr Sohn Alfonso I. Henriques (1139–1185) konnte, ihr Vorbild vor Augen, die Ziele der Mutter verwirklichen. Alfons VII. von Kastilien versprach, ihn als souveränen Herrscher eines jeden Gebiets anzuerkennen, das er den Mauren südlich des Douro entreißen würde. Alfonso Henriques schlug die Mauren bei Ourique im Jahr 1139 und ließ sich zum König von Portugal ausrufen. Dann bot er Papst Alexander III. sein neues Königreich zum Lehen an, das der Papst annahm unter der Bedingung, jährlich einen Tribut zu zahlen (1143). Alfonso Henriques eroberte von den Mauren noch Santarém und Lissabon und dehnte sein Herrschaftsgebiet bis zum Tajo aus.

Unter Alfonso III. (1248–1279) erhielt Portugal seine noch heute geltenden Festlandsgrenzen, Lissabon wurde wegen seines Hafens an der Tajomündung die Hauptstadt von Portugal. Sein Sohn Dionysius (1297–1325) konnte nach anfänglichem Streit mit dem Vater und durch Vermittlung seiner Gattin Isabella auf Kriegsruhm verzichten und widmete sich in langer Regierungszeit der wirtschaftlichen und kulturellen Entwicklung seines Landes. Er war ein guter Staatsmann und gerechter Richter, unterstützte Dichter und Gelehrte, er sorgte dafür, dass das Portugiesische aufhörte, ein galizischer Dialekt zu sein und eine Literatursprache wurde. Leider zog er seinem einzigen legitimen Sohn seine illegitimen Söhne vor, bis dieser rebellierte und ein Heer aufstellte, um dem Vater den Thron zu entreißen. Als die Heere einander gegenüberstanden, ritt, so berichten die Chroniken, Königin Isabella, die abseits vom fröhlichen Hof des Königs lebte, zwischen den Kriegern auf und erklärte, sie wolle das erste Opfer der Gewalttätigkeiten sein. Sie beschämte damit Vater und Sohn so sehr, dass diese Frieden schlossen (1323).

Das *Sacrum Romanum Imperium* unter Habsburgern, Luxemburgern und einem Wittelsbacher

Die Stammlande der Habsburger lagen in der Schweiz, rund um die den Namen gebende Habsburg, auch Habichtsburg genannt. Die Burg zwischen Aare und Reuß im heutigen Kanton Aargau gelegen, wurde bis heute von der Schweiz „sorgfältig gehütet, Kaiser Franz Joseph wollte sie zurückkaufen" (Friedrich Heer). Die Habsburg gehörte einst zum Gebiet des lotharingischen Zwischenreiches südlich des Oberrheins.

Nach seinem Sieg über Ottokar II. von Böhmen auf dem Marchfeld bei Wien am 26. August 1278, wo Ottokar den Tod fand, war Rudolf I. von Habsburg (1273–1291) unangefochtener König und mächtiger, als es den Kurfürsten lieb sein konnte. Die Gebiete in Böhmen und Österreich, die er Ottokar abnahm und seinen Söhnen Albrecht und Rudolf übertrug, bedeuteten in etwa jenes Herrschaftsgebiet, das die Habsburger bis zum Jahr 1918 regieren sollten. Rudolfs Sohn Albrecht I. von Österreich (1298–1308) überlebte den von den Kurfürsten erwählten „Pfaffenkönig" Adolf von Nassau (1292–1298), der im Kampf gegen Albrecht fiel. Doch bevor Albrecht ein starker König hätte werden können, wurde er von seinem Neffen Johann ermordet, aus Wut über sein von Albrecht nicht herausgegebenes väterliches Erbe. Die Wahl des nächsten Königs sollte nach den Kurfürsten auf einen mit geringer Hausmacht fallen, es war Graf Heinrich von Luxemburg (1308–1313). Diesem gelang es, in Rom von einem Kardinal zum Kaiser gekrönt zu werden, doch konnte er seine Herrschaft nicht festigen, weil er an Malaria verstarb. Nun kam es zur Doppelwahl des Wittelsbachers Ludwig IV. dem Bayern (1313–1347) einerseits und Friedrich dem Schönen von Österreich (1314–1330), einem Habsburger, der aber in der Schlacht von Mühldorf am Inn von Ludwig dem Bayern 1322 besiegt wurde, andererseits. Der unter französischem Einfluss stehende Papst Johannes XXII. (1315–1334) erkannte auch nach dieser gewonnenen Schlacht Ludwig nicht als Kaiser an und exkommunizierte ihn 1324. Die Frage, wer ihn in Rom zum Kaiser krönen sollte, beantwortete Ludwigs Berater, der Franziskanermönch Marsilius von Padua (1275 bis 1342) in seiner Schrift „Defensor Pacis". Demnach liege die gesetzgebende Gewalt allein beim Volk, das auch das Recht zur Königswahl habe. Oberste Instanz der Kirche sollte ein Konzil sein, dem nicht nur Priester, sondern auch Laien angehören sollten. So wurde Ludwig der Bayer 1328 von einem Vertreter des römischen Volkes gekrönt. Darüber hinaus ließ Ludwig Johannes XXII. von einem aus Vertretern des Volkes zusammengesetzten Gerichtshof für abgesetzt erklären. Als Ludwig versuchte, seine bescheide-

9 Ausschnitt aus einer Kalender-Miniatur, die die Burg Saumur von Jean Duc de Berry (1340 bis 1416) zeigt, aus dem Stundenbuch „Très riches heures", das von den Brüdern von Limburg für den Herzog geschaffen wurde, um 1413–1416, *Musée Condi, Chantilly*

10 Die Miniatur zeigt die Vermittlung Mathildes von Tuszien und des Abtes von Cluny zwischen Kaiser Heinrich IV. (1056–1106) und Papst Gregor VII. (1073–1085) vor Heinrichs Gang nach Canossa (1077). Aus dem Leben der Mathilde von Tuszien, um 1114/5, *Biblioteca Apostolica Vaticana, Rom*

11 Diese Miniatur aus der französischen Handschrift „Girart de Rousillions", um 1448, zeigt die verschiedenen Stationen beim Bau einer Kirche. *Österreichische Nationalbibliothek, Wien*

12 Eine Seite aus dem Beatus (Kommentar zur Johannes-Apokalypse) für König Fernando I. von León und Kastilien (1035–1065) und seine Gemahlin Doña Sancha, geschrieben und illuminiert von dem Mönch Facundo, *Biblioteca Nacional, Madrid*

13 Dante vor Florenz mit seiner „Göttlichen Komödie in der Hand, gemalt von Domenico Michelino, um die Mitte des 15. Jh., heute im Dom von Florenz, *British Museum, London*

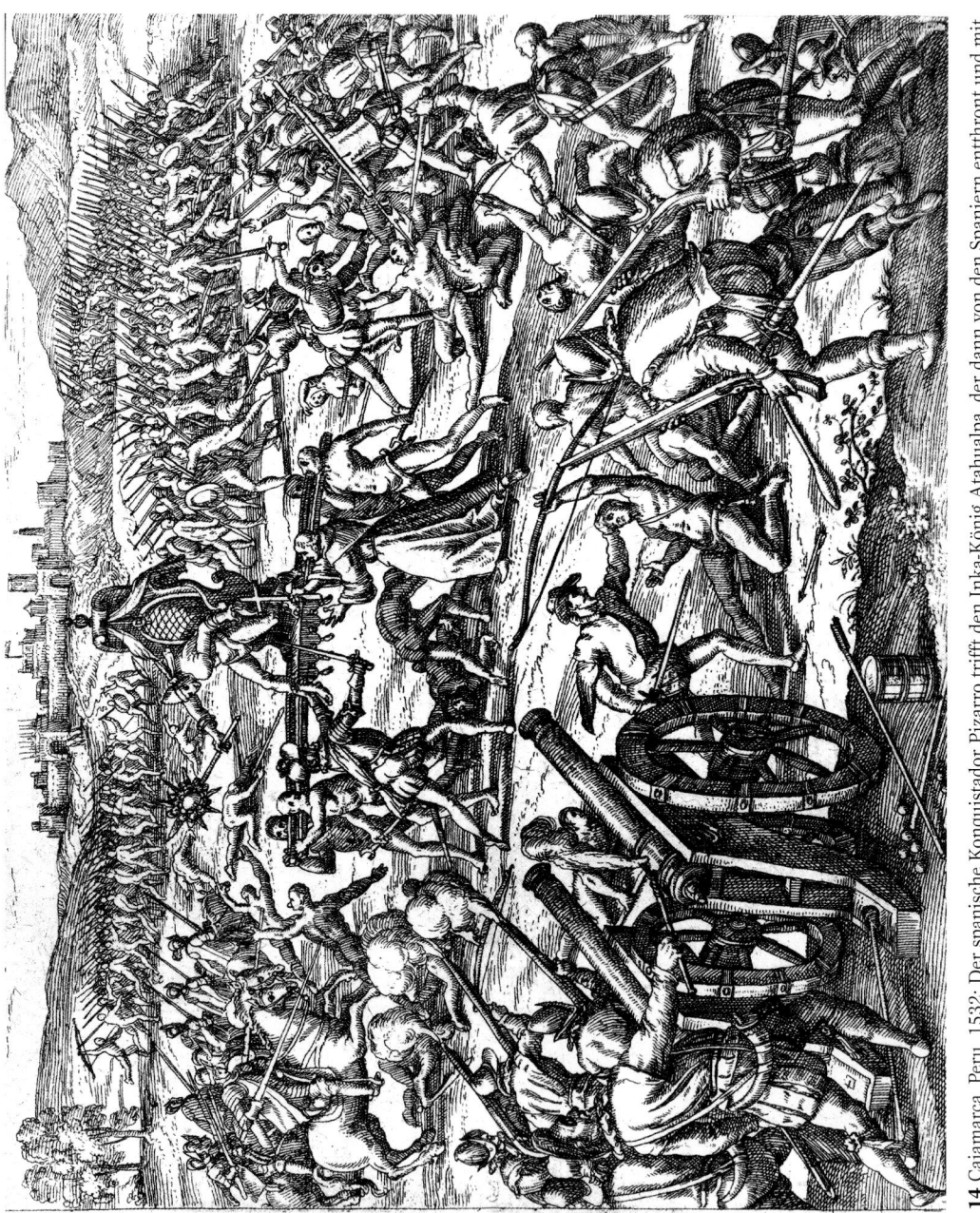

14 Cajamarca, Peru, 1532: Der spanische Konquistador Pizarro trifft den Inka-König Atahualpa, der dann von den Spaniern entthront und mit den Leuten in seiner Umgebung ermordet wird. Stich von Theodor de Bry, um 1590, *Bibliothèque Nationale, Paris*

15 Titelblatt zu Thomas Murners (1475 bis 1537) Schrift „Von dem großen lutherischen Narren", in dem Murner in einem allegorischen Gedicht die Reformation verspottet, gedruckt 1522 bei Johannes Grienninger in Straßburg, *Universitätsbibliothek, Leipzig*

16 Altfranzösische Buchmalerei mit einer Szene aus einem Badehaus, 14. Jh., *Bibliothèque Nationale, Paris*

ne Hausmacht auszubauen, zog er sich die Feindschaft der Luxemburger zu. Die Gegner Ludwigs wählten 1346 Karl von Luxemburg zum Gegenkönig, der ein Jahr später den bei der Jagd verstorbenen Ludwig den Bayern als Kaiser Karl IV. (1346–1378, Kaiser ab 1355) ablöste.

Mit Karl IV. verlagerte sich der Schwerpunkt des Reiches nach Osten, nach Prag, das von ihm zur prachtvollen Residenz ausgebaut wurde. Als Baumeister holte er Matthias von Arras (gest. 1352), später den 23-jährigen Peter Parler (um 1330 bis 1399). Unter Karls Herrschaft entstanden die Burg, der Dom, die Karlsbrücke, der Karlshof (Augustinerchorherrenstift nach dem Vorbild des Aachener Karlsmünsters) und mehrere Kirchen und Klöster, denn Karl war fromm, aber „seine Frömmigkeit ist nüchtern, mittelalterlich. Er will ‚nach dem Rechten sehen', nach den Rechten, die seinem Haus und auch dem Reich zukommen" (Friedrich Heer). Karls „Karlstein" an der Moldau wurde der „böhmische Escorial", die geweihte Burg der Reichskleinodien.

Karl IV. ist die „markanteste Herrscherpersönlichkeit der zweiten Hälfte des Spätmittelalters" (Ferdinand Seibt). Mit seiner Regierung untrennbar verbunden ist die „Goldene Bulle" von 1356, die einzige Verfassung des ersten Deutschen Reiches, die bis 1806 Gültigkeit hatte. Es war ein Friedensprogramm mit merklichem Entgegenkommen für die Bedürfnisse von Handel und Verkehr, also mit einem städtefreundlichen Akzent. Mit Schweigen umgangen hat die Goldene Bulle das päpstliche Approbationsrecht. Für diese „Politik des Schweigens", die sich Karl IV. zu eigen machte, fand er die Zustimmung aller Fürsten. „Unbestreitbar" ist die Goldene Bulle „ein diplomatischer Sieg Karls in der uralten Auseinandersetzung zwischen Kaiser und Papst durch die stillschweigende und auch päpstlich bestrittene, aber immerhin im deutschen Wahlrecht nun einmal festgelegte und fortan praktizierte Annullierung des päpstlichen Approbationsanspruches".

Ein großer Erfolg für Karl war noch zu Lebzeiten die Wahl seines Sohnes Wenzel von Böhmen (1378–1400) zum römisch-deutschen Kaiser, womit er die Thronfolge im Sinne seiner Luxemburger Familie sicherte. Aber Wenzel war als Herrscher nur ein Schatten seines Vaters, konzentrierte sich nur auf Böhmen, was wiederum den rheinischen Kurfürsten nicht gefiel, sodass sie ihn im Jahr 1400 wieder absetzten. Zum Nachfolger wählten sie Ruprecht von der Pfalz (1400–1410), einen Wittelsbacher, dessen Herrschaft wieder einmal vom Streit konkurrierender Päpste überschattet war und dadurch auch die Fürsten in zwei Lager spaltete. Nach Ruprechts Tod gab es wieder eine Doppelwahl mit zwei Luxemburgern, Sigismund von Luxemburg und Jost von Mähren, die sich nach dem frühen Tod von Jost 1411 von selbst erledigte.

Sigismund war ein Halbbruder des abgesetzten Wenzel und hatte aus der Gebietsmasse seines Vaters das Kurfürstentum Brandenburg geerbt, das Karl IV. 1373 durch Zahlung einer horrenden Summe von Herzog Otto von Wittelsbach erworben hatte. Sigismund (König ab 1410) heiratete Maria von Ungarn und gewann 1387 noch die ungarische Königskrone hinzu. Als starke Persönlichkeit setzte sich Sigismund im Reich durch und ließ sich in Prag von Wenzel auch die Erbfolge in Böhmen übertragen. Er war auch die dominierende Gestalt auf dem Konstanzer Konzil, konnte aber trotz seiner Zusage des freien Geleits für Jan Hus dessen Ende auf dem Scheiterhaufen nicht verhindern. Verhindern konnte er auch nicht die für die Geschichte Europas so entscheidende Schlacht von Nikopol an der Donau in Bulgarien, wo er mit seinem Kreuzfahrerheer von den überlegenen Türken unter Sultan Bajasid I. (1389–1403) im Jahr 1396 vernichtend geschlagen wurde. „Der Sieg der Türken bei Nikopol etablierte die Türken fest in Europa, besiegelte den Fall von Konstantinopel und die Herrschaft der Türken über Bulgarien für die nächsten fünfhundert Jahre" (Barbara Tuchman).

Mit Sigismund starben die Luxemburger 1437 im Mannesstamm aus. Damit war der Weg frei für die Habsburger. „Garant dieses Erfolges war auch damals schon eine geschickte Heiratspolitik, denn Albrecht II. (1438/39) war mit der einzigen Tochter Kaiser Sigismunds verheiratet gewesen und dadurch Erbe der großen böhmisch-ungarischen Ländermasse der Familie, die er mit seinen eigenen österreichischen Erblanden verband und damit bereits erstmals die Umrisse der späteren habsburgischen Donaumonarchie sichtbar werden ließ" (Uwe A. Oster).

In der Nachfolgezeit wurden bis auf eine Ausnahme – der Wittelsbacher Kurfürst Karl Albrecht von Bayern wurde von den Gegnern Habsburgs 1742 zum Kaiser Karl VII. (bis 1745) gemacht – bis zum Ende des römisch-deutschen Reiches im Jahr 1806 nur noch Habsburger zu Königen und Kaisern gewählt.

Der Holzschnitt „Die Rache des Sultans" bezieht sich auf den Sieg des Sultans Bajasid (1389–1403) bei Nikopol (1396) über das Heer Kaiser Sigismunds (1410–1437). Aus dem Bericht von Johannes Schiltberger (1380 bis 1438), erschienen als Buch 1476 in Augsburg, *Archiv des Autors*

6. Kapitel

Kunst und Wissenschaften im europäischen Mittelalter – Versuch einer Übersicht

Westeuropa erlebte ab dem 12. Jahrhundert einen künstlerischen Höhepunkt, der einen Vergleich mit den Glanzzeiten des perikleischen Athen und des augusteischen Rom nicht zu scheuen braucht. Dabei sind die überlebenden Kulturzeugnisse des Mittelalters keineswegs die Gesamtheit des mittelalterlichen künstlerischen Schaffens. Was wir heute noch aus dieser Zeit besitzen, ist allenfalls die Spitze eines Eisberges, dessen ganze Größe wir nicht mehr ausloten können. Vieles bleibt für immer verschollen. Natürlich war ein Großteil der Bildenden Kunst sakral motiviert. Kirchenschmuck machte den größten Anteil dessen aus, womit man als Kunsthandwerker seinen Lebensunterhalt bestreiten konnte. Aber auch weltliche Kunst, auf privates Mäzenatentum sich stützend, spielte eine große Rolle. Denken wir nur an die Lebens-

Der Minnesänger Werner von Teufen mit Dame und Falke aus der „Manessischen Handschrift", 14. Jh., *Archiv des Autors*

In dieser Federzeichnung (um 1200) wird die Harmonie in der Gestalt der Luft (AER) personifiziert, die wie die Seele „alles umgibt, was zwischen Himmel und Erde ist". AER gebietet über die vier Winde, in der Mitte die Personifikation der Künste und der Musen, *Bibliothèque Municipale, Reims*

leistung des Minnedichters Walther von der Vogelweide (um 1170 bis 1230) und an seinen Mäzen, den Bischof von Passau, Wolfger von Erla. Oder an die Manessische Liederhandschrift, die im Auftrag des Züricher Rittergeschlechts Manesse entstand. Insgesamt ist die Kunst des Mittelalters vielschichtiger, bunter und sehr viel lebendiger, moderner, als wir gemeinhin annehmen.

Die Völker im Westen erwachten aus dem finsteren Mittelalter und strebten dem Mittagslicht des 13. Jahrhunderts entgegen. Sie gaben der edlen Anmut von Giottos Frauenbildnissen den Vorzug vor den steifen Theodoras der byzantinischen Mosaike. Sie trotzten der semitischen Bilderfeindlichkeit und bildeten eine reine Zierkunst so lange um, bis der lächelnde Engel der Kathedrale von Reims und die Goldene Jungfrau von Amiens entstanden. Und die Mönche bewahrten in ihren abgeschiedenen Klöstern nicht nur die klassische Literatur, sondern sorgten auch für die Erhaltung römischer, griechischer und orientalischer Kunstverfahren, zum Beispiel in den illuminierten Handschriften des Mittelalters, die fast durchweg das Werk von Mönchen waren.

Die Verschönerung des Lebens durch das Handwerk

Der mittelalterliche Mensch lebte hauptsächlich in Holz- und Fachwerkhäusern. Holz war der Baustoff Nummer eins, auch Kirchen und Kapellen wurden ursprünglich meist in Holz erbaut. In Stein zu bauen, war etwas Besonderes und Kostspieliges. Die Neigung des Mittelalters, die einfachsten Gegenstände zu Kunstwerken zu machen, zeigte sich in der Verzierung von Riegeln, Schlössern und Schlüsseln. Die Feinschmiede wetteiferten bald mit den Holzschnitzern, Eisen wurde zu eleganten Fenstergittern, Gattern und Toren verarbeitet, zu mächtigen Scharnieren, die sich in einer großen Vielseitigkeit pflanzlicher Muster über die ganze Tür erstreckten, wie heute noch in Notre-Dame in Paris zu sehen ist.

Die Kunst der Edelmetall- und Edelsteinbearbeitung blühte trotz der allgemeinen Armut. In Paris gab es im 13. Jahrhundert eine mächtige Goldschmiede- und Juwelierzunft und die Pariser Steinschneider waren bereits wegen ihrer künstlichen Steine berühmt. Kameen, erhaben geschnittene Gemmen aus Edelsteinen, erfreuten sich bei den Reichen großer Beliebtheit. Heinrich III. von England besaß eine „große Kamee", die noch im 20. Jahrhundert mit 200 Pfund bewertet wurde. Aus Elfenbein wurden während des ganzen Mittelalters sorgfältig die verschiedensten Gegenstände geschnitzt: Kämme, Handgriffe, Trinkhörner, Ikonen, Buchdeckel, dreiteilige Altarbilder, Bischofsstäbe, Reliquiare oder Schreine.

Die gewerbliche Töpferei entwickelte sich zur künstlerischen Reife. Limoges in Frankreich hatte Töpferwaren schon seit dem 3. Jahrhundert glasiert, im 12. Jahrhundert wurde Limoges der wichtigste Produktionsort in Westeuropa. Im 13. Jahrhundert belegten maurische Töpfer ihre Tongefäße mit einer undurchsichtigen Glasur als Grundlage für bunte Verzierungen. Im 15. Jahrhundert führten italienische Kaufleute solche Keramiken auf mallorquinischen Handelsschiffen aus Spanien ein und nannten sie Majolika.

Die Glasbläserkunst kehrte aus Ägypten und Byzanz nach Venedig zurück. Bereits 1024 gab es dort zwölf Meister, deren Erzeugnisse so vielfältig waren, dass die Regierung das Gewerbe in ihren Schutz nahm und den Glasbläsern den Titel „Edelmann"

Zimmerleute bei der Arbeit, Miniatur um 1430, *British Museum, London*

zubilligte. 1278 mussten die Glasmacher ein besonderes Quartier auf der Insel Murano beziehen, teils um der Sicherheit, teils um der Geheimhaltung willen. Strenge Gesetze wurden erlassen, die den venezianischen Glasbläsern das Verlassen ihrer Heimat und die Preisgabe der Technik ihrer Kunst untersagten.

Die Malerei im Mittelalter

Die sogenannte Bildende Kunst trat im Mittelalter im Wesentlichen unter vier Gestaltungsarten auf: als Mosaik, als Miniaturmalerei, als Fresko und als Glasmalerei.

Die Mosaikkunst hatte im Verlauf von 2000 Jahren manche Feinheit erreicht. So

Auf dieser Miniatur werden die Stationen für das Glasblasen aufgezeigt. Aus den „Reisen" des Sir John Manderville, flämisch, frühes 15. Jh., *British Museum, London*

sieben Jahrhunderten, die ersten Mosaiken gab der Doge Domenico Selvo bei byzantinischen Künstlern 1071 in Auftrag, erst 1450 wurden italienische Künstler eingesetzt. In Süditalien vollbrachten griechische und sarazenische Künstler die Meisterwerke der Mosaikkunst im normannischen Sizilien, in der Cappella Palatina und der Martorana von Palermo wie in der Kathedrale von Cefalù (1148). Prächtige Mosaiken wurden im 13. Jahrhundert in den Kirchen Roms geschaffen. In der Abtei St. Denis in Paris gab es einen wunderbaren Mosaikboden, von dem im Cluny-Museum noch Teile erhalten sind (1150), der Fußboden der Westminster Abbey (1268) ist eine schöne Vermengung von Mosaikschattierungen.

Die Handschriften-Illumination mit Miniaturmalereien, zu denen Silber-, Gold- und Farbtinten benutzt wurden, waren sehr beliebt und wurden von Mönchen in der klösterlichen Stille geschaffen. Spanien schuf das bedeutendste Meisterwerk der Buchmalerei des 13. Jahrhunderts in den Cantigas del Rey Sabia (um 1280) und den „Lobgesängen des weisen Königs (Alfons X.)".

Die Wandmalereien in mittelalterlichen Bauten, die von Künstlern vor dem 13. Jahrhundert hergestellt wurden, sind fast alle durch Krieg, Revolution und die Witterung zerstört worden. Als die italienische Wandmalerei neu erstand, folgte sie den halb griechischen, halb orientalischen Verfahren von Byzanz. So trugen auch die frühesten signierten Tafelgemälde der italienischen Kunst griechische Namen. Mit dem 13. Jahrhundert gaben italienische Maler die träumerische byzantinische Art auf und begannen ihre Malerei mit der Farbigkeit Italiens zu durchdrin-

wickelten die Mosaikleger um den Goldgrund, den sie so liebten, Goldblätter um Glaswürfel, deckten das Goldblatt mit einem dünnen Glasfilm, um das Gold vor dem Anlaufen zu bewahren, und legten die vergoldeten Würfel in leicht geneigten Ebenen auf, um eine Oberflächenblendung zu vermeiden. Das Licht wurde von den Würfeln in verschiedenen Winkeln reflektiert und vermittelte dem Ganzen beinahe das Aussehen lebenden Gewebes. Die Mosaiken der Markuskirche in Venedig entstanden während

gen. Zur selben Zeit begründete Giovanni Cimabue (um 1240 bis 1302) in Florenz eine Künstlerdynastie, die fast drei Jahrhunderte lang Italiens Kunst beherrschen sollte. Sicher ist, dass Giotto (um 1266 bis 1337) in Cimabues Atelier arbeitete. Giotto gilt heute als Wegbereiter einer auf Naturbeobachtung gestützten Gestaltungsweise in der Malerei. Somit leitete er mit seiner Reife eine für die Entwicklung der Malerei in der Renaissance wesentliche Kunstauffassung ein.

In der Glasmalerei und Baukunst lag Italien im Vergleich zum Norden Europas um ein Jahrhundert zurück. Es gab noch keine Versuche, mit dem bunten Glas bildliche Darstellungen zu verbinden. Solche erste Darstellungen gab es durch Erzbischof Adalberto von Reims, wo die Fenster in seiner Kathedrale „Geschichten enthielten", wie ein Chronist berichtete. Die Fenster wurden zumeist in Paneele, Medaillons, Kreise, Rauten oder Quadrate aufgeteilt, sodass ein Fenster mehrere Szenen eines Entwurfs gleichzeitig aufscheinen ließ, meist Szenen der biblischen Geschichte. Aber innerhalb eines halben Jahrhunderts erreichte in der Kathedrale von Chartres in Frankreich die Glasmalerei große Vollkommenheit. Die Fenster dieser Kathedrale waren Vorbild für die Fenster von Sens, Laon, Bourges und Rouen, waren Inspiration für die Kathedralenfenster von Canterbury und Lincoln in England, nachdem die Glasmaler Ludwigs VII. (1137–1180) in einem Vertrag die Erlaubnis erhielten, nach England zu gehen.

Die Plastik im Mittelalter

Nach Deutschland kamen griechische Bildhauer, als Kaiser Otto II. im Jahr 972 Theophano aus Byzanz heiratete. Und griechische Künstler gingen danach nach Venedig, Ravenna, Rom, Neapel, Sizilien, vielleicht auch nach Barcelona oder Marseille. Und von griechischen und muselmanischen Künstlern haben auch die Künstler unter der Herrschaft Friedrichs II. im 13. Jahrhundert ihr Gewerbe erlernt. Das bevorzugte Material der Plastik war dauerhaft, also Stein, Marmor, Alabaster oder Bronze. Für Figuren in der Kirche zog man Holz vor. Das 13. Jahrhundert erlebte Bildhauer, die sich aus dem Formalismus in den Realismus hinauswagten, heraus aus der Frömmigkeit und hinein in Humor, Satire und irdischen Lebensschwung. Im 12. Jahrhundert noch sind die Figuren in der Kathedrale von Chartres düster und steif, in Reims ein Jahrhundert später sind sie in natürlicher Haltung oder spontaner Tätigkeit mit individuell gestalteten Gesichtszügen dargestellt. Und die Kathedralen wurden jetzt auch steingewordene Menagerien. So stehen in Laon 16 Stiere drohend auf den Türmen der Kathedrale.

Die Kathedralen boten auch für einen botanischen Garten Raum, für Pflanzen, Früchte und Blumen der deutschen, französischen oder englischen Landschaft. In der romanischen Architektur (800–1200) blieb die Ornamentik noch bei römischen Pflanzenmotiven wie dem Weinblatt, in der Gotik wichen sie der Vielfalt einheimischer Pflanzen, die in Kapitellen, Nischen, Säulen, Kanzeln, Türpfosten oder Sessel gemeißelt oder geschnitzt wurden. In der gotischen Plastik, schreibt Will Durant in seiner „Kulturgeschichte der Menschheit", „ist eine Gefühlstiefe, Mannigfaltigkeit und Lebenskraft, ein Mitgefühl mit allen Erscheinungen der Pflanzen- und Tierwelt, eine Zartheit, Freundlichkeit und Anmut zu eigen und die wunderbare Eigenschaft, dass der Stein nicht das Fleisch, sondern die Seele zeigt, so dass sie uns heute noch bewegt und berührt".

In Italien stoßen wir im 13. Jahrhundert dann auf Künstler, deren Persönlichkeit ganz individuell in ihrem Werk zum Ausdruck kommt. Niccolò Pisano (1225 bis 1278) vereinigt in seinem Werk viele verschiedene Einflüsse, weil er im Umkreis des Stauferkaisers Friedrich II. mit der Kunst der Antike in Berührung kam, die sich bei ihm zu einer einzigartigen Synthese vereinten. Und sein Sohn Giovanni Pisano (um 1245 bis um 1320) übertraf ihn noch im technischen Können. Das dritte Glied dieses berühmten Bildhauer-Trios, Arnolfo di Cambio (um 1232 bis um 1300), setzte den gotischen Stil unter Förderung der Päpste fort. Im Jahr 1296 entwarf er drei der Glanzstücke von Florenz: den Dom Santa Maria del Fiore, die Kirche Santa Croce und den Palazzo Vecchio. Er beteiligte sich selbst noch im Vorfeld der Renaissance an der Ausführung dieser Bauwerke.

Die Baukunst des Mittelalters: Das Gotteshaus der Kathedrales

Mit Arnolfo di Cambio und seinem Wirken geht die Darstellung der mittelalterlichen Kunst von der Plastik bereits über zur Baukunst und Architektur, denn nun stand alles bereit für die Gipfelleistung der mittelalterlichen Kunst: der Baukunst von der Romanik zur Gotik. Sie kulminierte am augenscheinlichsten in den Kathedralen dieser beiden Baustile. Und für die großen Kathedralen, die alle nach der Mitte des 11. Jahrhunderts entstanden, wurde es notwendig, Berufsarchitekten einzusetzen, die damals noch schlicht „Baumeister" oder „Maurermeister" hießen, weil sie alle als Handwerker ausgebildet waren. Erst ab dem 13. Jahrhundert war dann ein Baumeister ein Mann, der nicht mehr körperliche Arbeit leistete, sondern Grundrisse und Vorschläge vorlegte, Bauarbeiten vergab, Skizzen und Bauzeichnungen entwarf, das Baumaterial beschaffte, Künstler und Handwerker einstellte, Löhne bezahlte und die Bauarbeiten vom Anfang bis zum Ende leitete.

Der Grundriss der Kathedrale folgte im Wesentlichen noch demjenigen der römischen Basilika: ein Längsschiff, das in Chor und Apsis auslief und über und zwischen zwei Seitenschiffen zu einem Dach aufstieg, das von Mauern und Seitenreihen getragen wurde. Und sie waren alle gegen Jerusalem orientiert, das heißt mit dem Hauptteil, der Apsis, gegen Osten gerichtet. Das Hauptportal war in der Westfassade untergebracht, weil es dort den besonderen Lichteinfall der Abendsonne einfing. Die Würde der Westfassade wurde noch durch flankierende Türme erhöht. Sie wurden in der romanischen und gotischen Baukunst nicht nur zur Aufnahme der Glocken benutzt, sondern auch dazu, den seitwärts gerichteten Druck der Fassade und den Längsdruck der Seitenschiffe aufzufangen. Das Hauptproblem der damaligen Architektur bestand darin, dem Dach eine tragfähige Stütze zu geben. So entstand Schritt für Schritt im Laufe von wenigen Jahrzehnten die Kathedrale und setzte sich zum Ruhme Gottes über die Schwerkraft hinweg.

Die romanische Kunst in Europa

Überall in Europa wurde dank des wirtschaftlichen Aufschwungs ab der Mitte des

11. Jahrhunderts gebaut, wurden neue spirituelle Konzepte gemäß den Vorgaben der großen Ordenskonzepte gefunden. Wachsende Pilgerströme machten Bauten wie in Santiago de Compostela in Galicien notwendig. Vermutlich über Venedig, Genua und Marseille drang der byzantinische Stil der Kuppeln mit Gewölbezwickeln über einem Grundriss in Form eines griechischen Kreuzes in Frankreich ein und erschien in den Kirchen St. Etienne und St. Front in Périgueux und in den Kathedralen von Cahors und Angoulême. Als sich Venedig 1172 entschloss, den Dogenpalast zu restaurieren und zu erweitern, übernahm es ein Gemisch von Elementen aller Stile der römischen, lombardischen, byzantinischen und arabischen Baukunst und vereinte sie zu einem Meisterwerk, das heute noch den Glanzpunkt des Markusplatzes bildet.

Nach Frankreich, Deutschland und England wandernde Mönche aus Italien brachten die romanische Bauweise mit. Die Benediktiner von Cluny errichteten von 1089 bis 1131 eine Abtei mit vier Seitenschiffen, sieben Türmen und einem solchen Aufwand an Tierplastiken, dass der heilige Bernhard voll Zorn schrieb: „In den Klöstern, unter den Augen der Mönche, die lesen können, was haben da diese lächerlichen Ungebilde zu suchen? Was sollen diese unsauberen Affen, diese Drachen, Kentauren, Tiger und Löwen bedeuten?" Coimbra, das bald darauf die Universitätsstadt von Portugal werden sollte, baute im 12. Jahrhundert eine schöne romanische Kathedrale.

Ihren Höhepunkt erreichte die romanische Baukunst im Norden Europas in der Normandie. Im Jahr 1066 stiftete Wilhelm der Eroberer die Geldmittel für den Bau der Kirche St. Etienne in Caen und seine Gattin Mathilde von Flandern finanzierte die Kirche La Trinité, die dann Abbaye aux Dames genannt wurde. Von Flandern, Frankreich und Italien kam der romanische Stil nach Deutschland. Mainz hatte 1009, Trier 1016 und Speyer 1030 mit dem Bau des Doms begonnen und vor 1300 wurden alle drei umgebaut. Köln baute die Kirchen St. Maria im Kapitol und Groß-St. Martin, beide romanischen Bauwerke fielen dem Zweiten Weltkrieg zum Opfer. Der Wormser Dom, 1171 geweiht und im 19. Jahrhundert renoviert, ist ein Denkmal der rheinischen Romanik. Gegen Ende des 12. Jahrhunderts war das Bamberger Domkapitel nach einem Brand zum Neubau seiner Kathedrale gezwungen. Es entschied sich für einen romanischen Bau, der während der Bauphase immer wieder Unterbrechungen erfuhr, um gotische Elemente einzubringen. Aber die „romanische" Partei im Domkapitel setzte sich durch, der Dom wurde 1237 eingeweiht. Doch am Tympanon des Fürstenportals wurde eine Figurengruppe verwirklicht, deren Schöpfer auch am Bau der gotischen Kathedrale von Chartres (12./13. Jahrhundert) beteiligt waren.

Der Durchbruch des gotischen Stils in Frankreich: Chartres, Reims, Amiens, Beauvais

Die Gotik hat sich von Abt Sugers Kirche St. Denis (um 1130) aus stürmisch in Frankreich verbreitet. Von Sugers Kirche sind heute nur Überreste erhalten: die West-

Bild rechte Seite:
Steinplastiken am Königsportal von Chartres, darstellend die vier Freien Künste: Musik und Grammatik (Donatus), Philosophie und Mathematik (Pythagoras), Mitte 12. Jh., *Archiv des Autors*

Die Westfassade der gotischen Kathedrale von Reims, Krönungskirche der französischen Könige, um 1255–1290, *Archiv des Autors*

einer Art Kreuzzug, der im Jahr 1144 eine derartige finanzielle und körperliche Hingabe an die Arbeit des Kirchenbaus erweckte, dass nach dem Augenzeugenbericht des Abtes Haimon von der Normandie „Könige, Fürsten, Mächtige der Welt, Leute, die von Ehren und Reichtümern aufgeblasen waren, Männer und Frauen edler Geburt, sich Zügel um den stolzen und geschwellten Hals legten und sich vor Karren spannten, die sie nach Art der rohen Tiere mit Ladungen von Wein, Öl, Kalk, Steinen, Balken und anderen für den Lebensunterhalt oder den Kirchenbau wichtigen Dingen zogen." Kaum fertiggestellt (1180) brannte Chartres Kathedrale 1194 wieder bis auf die Westfassade mit den Türmen nieder und zerstörte noch alle Häuser der Stadt. Der päpstliche Legat Melior erklärte die Katastrophe zu einer Strafe Gottes und die Diözese raffte alle Einkünfte für den Wiederaufbau zusammen.

seite, zwei Abschnitte des Längsschiffes, die Kapellen des Umgangs und die Krypta. Der größte Teil des Inneren ist zwischen 1231 und 1281 umgebaut worden. Namen wie Chartres, Reims und Amiens sind heute noch besondere Zeugen für die spezifisch gotische Art der Baukunst.

Als in Chartres 1020 eine Kirche aus dem 9. Jahrhundert niederbrannte, machte sich Bischof Fulbert sofort an deren Wiederaufbau. Die neue Kirche fiel 1134 erneut den Flammen zum Opfer und der Bischof machte den Bau einer neuen Kathedrale zu

Und wie 1144 strömte das Volk in Scharen herbei, um beim Bau der neuen Kathedrale zu helfen. Die Berühmtheit von Chartres beruht auf ihren Plastiken und Fenstern. Allein in den Portalen stehen 2.000 Statuen, weitere an Säulen im Inneren und auf den Stufen zum Dach. Die Fassaden und Vorhallen des Querschiffes von Chartres sind die schönsten in ganz Europa. Nicht zu vergessen die wunderbaren Rosen mit ihren Glasarbeiten.

Ebenso erstaunlich ist die Einheit und Harmonie des gotischen Stils an der Kathedrale von Reims, die von sechs Generationen erbaut, erst 1472 fertig wurde und heute noch die Löcher durch Granaten im Ersten Weltkrieg aufweist. Die Kathedrale von Amiens wurde zwischen 1220 und 1288 von einer Reihe von Baumeistern errichtet, die Türme erst 1402 fertiggestellt. Das Innere zeigt die glücklichste Lösung eines gotischen Längsschiffes. Die Pracht von Amiens ließ den Bürgern von Beauvais keine Ruhe. Eifersüchtig begannen sie 1227 mit dem Bau ihrer Kathedrale, die noch höher als Amiens werden sollte, aber schließlich, nach mehreren Einstürzen der Türme mit Querschiff wurde nach dem Hundertjährigen Krieg die Kathedrale von Beauvais ein Kopf ohne Leib, ein Chor ohne Längsschiff.

Die englische und deutsche Gotik

Durch die engen politischen Verbindungen Frankreichs nach England wurde die neue Art des Bauens im gotischen Stil auch dort schnell heimisch. Die Kathedrale von Canterbury, die vom 11. bis 15. Jahrhundert mehrfach umgebaut wurde, legt dafür Zeugnis ab. Ihr gotischer Stil breitete sich über ganz Britannien aus, in den Kathedralen von Winchester, Lincoln und Salisbury, die Baumeister Elias von Derham in der kurzen Zeit von 25 Jahren fertiggestellt hat. Die Kathedrale von Ely zeigt deutlich, dass ihre Holzdecke eine Wärme und Lebendigkeit ausstrahlt, die steinerne Architektur nie erreichen kann. Die Kathedrale von Wells, erbaut zwischen 1174 und 1191, weist heute noch mit ihrer Ansammlung figürlicher Skulpturen eine Besonderheit in britischen Kathedralen auf.

Die Westminster Abbey aber ist die Gipfelleistung englischer Gotik in London. König Heinrich III. brachte für den Neubau einer ehemals romanischen Kirche durch Besteuerung der Bevölkerung 750.000 Pfund auf. Der Bau wurde 1245 begonnen und dauerte bis zu Heinrichs Tod im Jahre 1272 an. Der Grundriss von Westminster folgte dem von Reims und Amiens.

In Deutschland hielt man bis zum 13. Jahrhundert am romanischen Stil fest. Erst der große Dom in Bamberg ist das Beispiel für den Übergangsstil in Deutschland und zeigt eine Entwicklung der Plastik hin zu einem prächtigen und kraftvollen Naturalismus. Fast jede deutsche Domkirche aus dieser Zeit beherbergt herausragende Skulpturen. Die schönsten stehen im Dom von Naumburg aus der Zeit um 1250, vor allem die Porträtplastik von Uta, der Gattin des Markgrafen. Und ein Fries auf dem Chorlettner beherbergt Figuren in kühner Komposition, die zu den Meisterwerken deutscher Bildhauerei im 13. Jahrhundert zählen.

Konrad von Hochstaden, Erzbischof von Köln, legte 1248 den Grundstein zum berühmtesten deutschen Dom, dessen Bau nach dem Tod Friedrichs II. nur langsam voranschritt. Der Kölner Dom wurde 1322 geweiht, große Teile stammen aus dem 14. Jahrhundert. Die eleganten Spitztürme mit ihrem reichen Maßwerk und den Kriechblumen wurden erst 1880 nach Plänen des 15. Jahrhunderts erbaut. Prächtige Fenster und die 14 Statuen an den Pfeilern des Chores bieten ein schönes Inneres des Doms, der im Zweiten Weltkrieg fast wie durch ein Wunder verschont blieb. Am Straßburger Münster ist die äußere Gestalt von französischer Anmut, während das Innere deutsche Wucht beinhaltet. Die Fassade wird überstrahlt von einer Rose von großer Pracht.

Die italienische Gotik

Die Italiener im Mittelalter nannten die Gotik *lo stile tedesco*, den „deutschen Stil". Ihrer Meinung nach beleidigten die Überfülle des Zierrates und die Kühnheit der Bauwerke den klassischen Geschmack der römisch-italienischen Seele. Widerstrebend nahm Italien die Gotik doch auf und wandelte sie nach eigenen Bedürfnissen ab. Sie belegte die Kirchenfassaden mit viel Marmor aus italienischem Boden und den Ruinen der Antike. Es bedurfte auch nicht der gewaltigen Fenster, denn die Dome der Italiener sollten Zufluchtsstätten vor der Sonnenhitze sein. Und man hielt dicke Mauern, ja sogar Eisenstreben, keineswegs für hässlicher als hochragende Strebebögen.

In Nord- und Mittelitalien spielte die bürgerliche Architektur im gotischen Stil eine herausragende Rolle. Fast alle Rathäuser, Stadtmauern, Tore und Türme, lehnsherrlichen Burgen und Kaufherren-Paläste übernahmen ihn. Perugia begann seinen Palazzo del Municipio im Jahre 1281, Siena seinen Palazzo Pubblico 1289, Bologna seinen Palazzo Communale 1290, Florenz seinen einzigartigen Palazzo Vecchio 1298 – alle im toskanisch-gotischen Stil. In Assisi ordnete man für die ständig wachsenden Pilgerscharen den Bau der ersten gotischen Kirche San Francesco durch einen deutschen Baumeister an, den die Italiener Iacopo d'Alemannia nannten. Auf einem Hügel hinter den dicht stehenden Wohnhäusern von Siena erhebt sich der Dom der Stadt, La Metropolitana, 1229 begonnen, 1348 fertiggestellt. Im Jahr 1380 kam eine nach hinterlassenen Plänen von Giovanni Pisano errichtete Fassade aus rotem, schwarzem und weißem Marmor hinzu, deren drei romanische Portale von prächtig gemeißelten Türpfosten eingerahmt werden. Im Inneren finden sich die weiße Marmorkanzel von Niccoló und Giovanni Pisano, ein bronzener Täufer von Donatello (1457), Fresken von Pinturicchio, ein Altar von Baldassare Peruzzi (1532) und ein reich geschnitztes Chorgestühl von Bartolomeo Neroni (1567). Den Bau des Doms in Orvieto befahl Papst Urban IV. mit 40 Baumeistern, Bildhauern und Malern aus Siena und Florenz, 1219 begonnen, 1330 vollendet. Die Fassade folgte dem Dom von Siena, insgesamt bildet die Fassade ein gewaltiges Gemälde aus Marmor, wobei jedes einzelne Element ein Meisterwerk für sich ist.

Im wohlhabenden Florenz schuf die Bauwut der Italiener im 13. Jahrhundert die größten Wunderwerke der italienischen Gotik. 1294 begann Arnolfo di Cambio den Bau von Santa Croce, wobei er den überlieferten Grundriss der Basilika mit flacher Holzdecke beibehielt, jedoch für die Fenster Spitzbogen, die Arkade für das Hauptschiff und eine Marmorfassade übernahm. Die Schönheit der Kirche beruht aber auf dem Reichtum an Plastiken und Fresken im Inneren. Nach dem Tode von Arnolfo im Jahr 1301 ging die Arbeit mit entsprechenden Änderungen unter Giotto, Andrea Pisano, Brunelleschi und anderen weiter bis zur Weihe unter dem Namen Santa Maria de Fiore im Jahr 1436. Es ist eine mächtige und bizarre Kirche, die sechs Jahrhunderte Bauzeit beanspruchte.

Die spanische Gotik

Wie die Mönche Frankreichs im 11. Jahrhundert die romanische Architektur nach Spanien gebracht hatten, so trugen sie im 12. Jahrhundert die Gotik über die Pyrenäen. In der kastilischen Kleinstadt Avila entstand die Kathedrale San Salvador mit einem gotischen Portal und eleganten Säulen in der Apsis, die zu spitzen Bögen im Gewölbe aufsteigen. Die gediegene Einfachheit der älteren Bauelemente des Bischofssitzes in Tarragona, entstanden zwischen 1089 und 1375, bildete den Hintergrund für die gotische und maurische Verzierung dieses Bauwerks, dessen Kreuzgang, romanische Kolonnaden unter einem gotischen Gewölbe, zu den schönsten Schöpfungen mittelalterlicher Baukunst zählt.

Tarragona ist typisch spanisch, während Burgos, Toledo und León französischer wirken. Ferdinand III. von Kastilien (1217–1252) legte 1221 den Grundstein zur Kathedrale von Burgos, deren Pläne ein französischer Architekt entwarf. Die Spitztürme der Kathedrale ließ der deutsche Baumeister Juan de Colonia entstehen (1442), Felipe de Borgoña, ein Burgunder, umbaute die große Laterne über der Kreuzung von 1539 bis 1543, und sein Schüler, der Spanier Juan de Velljo, schloss den Bau 1567 ab. Ebenfalls Ferdinand III. brachte die Mittel für die Kathedrale von Toledo auf. In Toledo hatten einst Westgotenkönige, dann maurische Emire, dann christliche Monarchen ihren Regierungssitz gehabt. Die dortige Kathedrale wurde 1227 begonnen, wuchs stückweise heran und wurde bis 1493 nicht ganz fertig. Nur ein Turm wurde angelegt. Der zweite Turm folgte im 17. Jahrhundert, mit einer Kuppel versehen, die von dem berühmtesten Sohn der Stadt, El Greco (um 1541 bis 1614) entworfen worden war. 1205 begann Bischof Manrique die Kathedrale von León zu bauen, für die Ablässe ausgegeben wurden, bis sie 1303 fertig war. Sie übernahm von der französischen Gotik den Grundsatz, eine Kathedrale hauptsächlich aus Fenstern zu erbauen, wobei viel farbiges Glas verarbeitet wurde. Um die Reconquista Spaniens zu feiern, entstanden viele andere Weihestätten: in Zamora 1174, Tudela 1188, Lérida 1203, Palma 1229, Valencia 1262 und Barcelona 1298. Mit Ausnahme von León kann man die spanischen Kathedralen kaum als gotisch bezeichnen, denn sie weichen den hohen Fenstern und Strebbögen aus. Anstelle von Bogenrippen, die von der Basis bis zur Decke verlaufen, steigen die Pfeiler fast bis zum Gewölbe auf.

Angesichts der Schönheit einer mittelalterlichen Handschrift, demütig vor Notre-Dame und tief beeindruckt vom Anblick einer gotischen Kathedrale wie Winchester, vergessen wir den Aberglauben und den Schmutz, das Gezänk und die Kriege sowie die monströsen Verbrechen dieser Jahrhunderte der Glaubenskriege.

Die Musik des Mittelalters

Eine heute allgemein anerkannte Überlieferung schreibt Gregor dem Großen und seinen Helfern eine Festlegung der römisch-katholischen Musik zu, die zur Bildung des „gregorianischen Kirchengesangs" als der offiziellen Musik der Kirche während mehr als sechs Jahrhunderten führte. Es war eine einstimmige Musik, ganz gleich wie viele Sänger mitwirkten. Im 10. Jahrhundert kam dann der mehrstimmige Gesang auf. Für das Steigen und Fallen der Töne, also die Melodie, ist wohl Guido von Arezzo (um 992 bis 1050), ein Mönch aus Pomposa (bei Ferrara), verantwortlich. Er erfand einen Vorläufer der heutigen Notenschrift, indem er die Notenpunkte auf und zwischen die Linien setzte und ihnen so einen genauen Platz innerhalb einer Oktave zuwies. Dadurch konnte man das Notenlesen lernen, wenn auch die neue Notenschrift noch nicht erkennen ließ, wie lange ein Ton gehalten werden musste. Das Problem löste im 11. Jahrhundert der Priester, Musiktheoretiker und Mathematiker Franco von Köln in seiner Abhandlung „Ars cantus mensurabilis" (um 1280), wo er Vorschläge zur Verbesserung der Notenschrift machte und im Wesentlichen die heutigen Verfahren der Längenbezeichnung einer Note darlegte. So entwickelten sich bis zum 13. Jahrhundert die Grundlagen der heutigen Musik – und sie wurde prompt vom Konzil in Lyon im Jahr 1274 verurteilt. Das Verschwinden des gregorianischen Chorgesangs wurde bedauert und Papst Johannes XXII. sprach 1324 eine päpstliche Verbannung der Polyphonie aus, da die Komponisten mit ihrer Neuerung die Melodien zerhackten, „so dass sie endlos dahinschweifen und das Ohr berauschen, ohne es zu beruhigen, und die Andacht stören, statt sie hervorzurufen". Aber die musikalische Revolution schritt fort und die Polyphonie breitete sich in Europa aus, bis sie auch von der Kirche gebilligt wurde als mächtiges Instrument im Dienst des Glaubens.

Ein neues Kapitel in den weltlichen Musik- und Tanzüberlieferungen begann mit den Liedern der Troubadoure. Der Minnegesang wertete den Gesang in der damaligen Volksmusik beachtlich auf und die Musiker fanden mit ihren verschiedenen Instrumenten in Zünften mehr Beachtung. Gegen Ende des Mittelalters, im 15. Jahrhundert, vereinigten sich in vielen Städten Süddeutschlands Handwerksmeister zu Meistersinger-Gesellschaften mit dem Zweck, Meisterlieder zu dichten und vorzutragen, wie das mit den Nürnberger Meistersingern geschah und ihrem Schuhmacher und Dichter Hans Sachs (1494 bis 1576). Damit wurde auch der Volksgesang verbreitet, wie die um 1450 entstandene Minneliederhandschrift Lochamer Liederbuch, eine Hauptquelle des damaligen Volksliedes und mehrstimmiger Gesänge, anschaulich zeigt. Sie ist in der Bibliothek zu Wernigerode aufbewahrt.

Die Welt der Bücher

Geschrieben wurde im Mittelalter auf Pergament, Papyrus oder Papier. Und zwar

In der deutschen Handschrift aus dem 12. Jh. porträtiert sich Bruder Rufillus von Weißenau bei der Arbeit an einer großen Initiale. *Archiv des Autors*

mit Federkielen oder Schreibrohren mit schwarzer oder farbiger Tinte. Nach der Eroberung Ägyptens durch die Muselmanen kam der Papyrus in Europa außer Gebrauch. Das Pergament, das aus den Häuten junger Lämmer hergestellt wurde, war teuer und blieb luxuriösen Handschriften vorbehalten, das aus Schafshäuten verfertigte Pergament benutzte man für gewöhnlichere Schreibarbeiten. Bis zum 12. Jahrhundert wurde Papier zu hohen Preisen aus dem islamischen Bereich eingeführt, aber ab 1190 kamen in Deutschland und Frankreich Papierfabriken auf, und im 13. Jahrhundert begann Europa Papier aus Leinen zu fertigen. Viele Pergamente wurden abgekratzt, um durch Ausradieren einer alten Handschrift für eine neue Beschriftung verwendbar zu sein. Alte Werke gingen so für immer verloren. Viele kirchliche Stimmen, wie Gregor I., Isidor von Sevilla oder Petrus Damiani, wandten sich gegen die Lektüre antiker, heidnischer Klassiker. Aber es gab auch viele Geistliche, die sich für die heidnischen Klassiker erwärmten und dafür sorgten, dass ihre Werke erhalten blieben.

Bücher waren selbst in einfachster Form immer Luxusgegenstände. Die hohen Buchkosten verzögerten das Hochkommen eines Buchhändlergewerbes bis zum 12. Jahrhundert, erst dann stellten Universitäten *librarii* an, welche Schreibstuben mit Kopisten einrichteten, um die Professoren und Studenten mit Büchern zu versorgen. Wenn einer unbedingt ein Buch schreiben wollte, dann musste er für dessen Kosten selbst aufkommen oder einen König oder Mäzen finden. Die hohen Bücherkosten förderten natürlich auch das weitverbreitete Analphabetentum.

Schulen im Mittelalter

Unter der Förderung von Karl dem Großen eröffneten Klöster und Gemeindekirchen Schulen zur allgemeinen Bildung von Knaben und Mädchen. Seine am fränkischen Hof gegründete Palastschule überlebte Karl den Kahlen Ende des 9. Jahrhunderts nicht lange und die Wirren durch Normannen- und andere Invasoren-Einfälle waren für Schulen nicht förderlich. Aber viele Nonnenklöster unterhielten Mädchenschulen, die von Mädchen aus vermögenden Elternhäusern besucht wurden, wie die Schule von Argenteuil, in der Héloise, die Geliebte des Philosophen Abälard, ihre klassische Bildung erhielt (um 1110). Es gab auch Kathedralschulen, welche Mädchen aufnahmen, „edelgeborene Frauen", wie Abälard für seine Schule an der Notre-Dame in Paris berichtete. Knaben hatten bessere Aussichten, obwohl die Söhne von Leibeigenen schwerlich in Oxford oder anderswo Aufnahme gefunden hätten. Vieles was heute zum Lehrstoff der Grundschule gehört, wurde damals zu Hause oder in der Lehre in Werkstätten erlernt. Es ist anzunehmen, dass es dabei vielerorts Gelegenheit zu künstlerischer und handwerklicher Ausbildung gab. Kathedralschulen unterstanden einem Domherrn, die Lehrer waren Kleriker der unteren Stände. Unterrichtssprache war das Lateinische, die Züchtigung galt für den Unterricht als unerlässlich, wie die Hölle für die Religion. In der Schule von Winchester wurden die Schüler mit dem Hexameter begrüßt: „Lerne oder gehe von hinnen, als dritter Weg bleibet die Rute."

Die wirtschaftlichen Umwälzungen im 13. Jahrhundert brachten auch Änderungen im Bildungswesen. Die Städte suchten gebildeten Nachwuchs und gründeten, oft gegen den Widerstand der Kirche, weltliche Schulen, an denen Laienlehrer unterrichteten und dafür von den Eltern der Schüler honoriert wurden. Weltliche Schulen kamen mit dem wirtschaftlichen Aufschwung und hatten sich Mitte des 13. Jahrhunderts bis nach Lübeck und in die baltischen Städte ausgedehnt. Ab 1292 gab es auch in Paris mehr und mehr Privatschulen.

Die Universitäten in Westeuropa

Die Universität Pavia, gegründet Mitte des 9. Jahrhunderts durch Kaiser Lothar I., war zuerst eher eine Rechtsschule als eine Universität, wie die anderen Rechtsschulen in Westeuropa, die das Studium des römischen Rechts wiederaufleben ließen: Rom, Ravenna, Orléans im 9., Mailand, Narbonne und Lyon im 10., Verona, Mantua und Angers im 11. Jahrhundert. Bologna war die erste Schule, die zu einem *studium generale* (Universität mit verschiedenen Fakultäten) im Jahr 1088 einlud. Pavia folgte erst im Jahr 1361. In Bologna schlossen sich im 13. Jahrhundert die Professoren der dortigen Kunstschule, der Ärzteschule und der Rechtswissenschaftsschule zu einem Kollegium zusammen. Seit Beginn des 13. Jahrhunderts fanden sich in Bologna auch Studentinnen und ab dem 14. Jahrhundert unterrichteten in Bologna auch weibliche Professoren. Die Studentenverbindungen, gegründet zum Schutz und zur Selbstverwaltung, erhielten im 13. Jahrhundert eine außerordentliche Macht über den Lehrkörper und konnten durch organisierten Boykott einen unbeliebten Professor in seiner Laufbahn stoppen.

Viele Universitäten entstanden im 12./13. Jahrhundert durch Abwanderung von Professoren aus Bologna, so zum Beispiel Modena, Reggio Emilia, Vicenza, Arezzo und Padua, wo eine medizinische und philosophische Fakultät hinzukam. Padua wurde dadurch im 14. Jahrhundert zu einem der lebendigsten Zentren des europäischen Denkens. Im Jahr 1224 gründete Kaiser Friedrich II. die Universität Neapel,

Albertus Magnus (um 1200 bis 1280), Dominikaner, war seit etwa 1244 Lehrer in Philosophie, Theologie und Naturforschung an der Universität Paris, leitete dort von 1248 bis 1254 das neugegründete *studium generale*, Detail und Freskos von Tomaso da Modena im Kapitelhaus von San Niccolò in Treviso, *Archiv des Autors*

Bologna war schon im 11. Jh. eine Hochburg der Rechtswissenschaft und die dortige Glossarenschule war Ausgangspunkt der Universität von Paris. Im Bild oben Detail vom Grabmal des Guittone Sinibaldi, genannt Cino da Pistoia (1272 bis 1337) im Dom von Pistoia, südwestlich von Bologna; im Sockel ein Relief mit Studenten bei einer Vorlesung in Bologna, um 1360, *Archiv des Autors*

um die Studenten Süditaliens von der Abwanderung nach Norden abzuhalten.

Die spanischen Universitäten hatten die Besonderheit, dass sie von den Königen gegründet und deshalb mit Freibriefen ausgestattet wurden, sich aber der staatlichen Kontrolle unterwarfen. Kastilien hatte eine Universität in Valencia (1208) und Vallado-

lid (1304); León hatte ihre in Salamanca (1227), die Balearen in Palma (1280), Katalonien in Lérida (1300). Die Universität Salamanca wurde im 13. Jahrhundert von den Königen mit reichen Stipendien ausgestattet und nahm es bald an Ruhm und Gelehrsamkeit mit Bologna und Paris auf. Eine Schule orientalischer Studien wurde 1250 von Dominikanermönchen in Toledo eröffnet, um Unterricht in Arabisch und Hebräisch zu vermitteln. In Sevilla gründete Alfons der Weise 1254 eine Universität für arabische Studien.

Die Führungsrolle des europäischen Geisteslebens im 12. und 13. Jahrhundert nahm Frankreich ein mit seiner Universität in Paris. Die Studenten strömten in Scharen herbei, als dort Abälard um 1103 aus der Bretagne kam und seine historischen Vorlesungen aufnahm. Die Universität Pa-

Das vom Bischof von Winchester (1367 bis 1404) gegründete New College in Oxford, Miniatur aus der Chandler-Handschrift, englisch, um 1460, *Permission of the Warden and Fellows of New College, Oxford*

ris entstand aus den Kirchenschulen der Stadt und schöpfte ihre Einheit zunächst lediglich aus der Tatsache, dass die Lehrberechtigung von diesen alten Schulen ausging. Um die Mitte des 13. Jahrhunderts teilte sich die Magisterschaft an der Universität Paris in die vier Fakultäten Theologie, Kirchenrecht, Medizin und die „Künste". Aus Deutschland kamen so viele Studenten nach Paris, dass sich die Gründung eigener Universitäten bis zum Jahr 1347 verzögerte.

Die meisten Studenten lebten in Herbergen, die von Studentenverbindungen unterhalten wurden. Unter den Studentenheimen von Paris gab es zwei, die für Angehörige oder Novizen der Dominikaner und Franziskaner bestimmt waren. Die Dominikaner begründeten auch eigene Schulen, unter denen das dominikanische *studium generale* in Köln das berühmteste neben Bologna und Oxford war.

Paris lockte drei Jahrhunderte lang nicht nur die größte Zahl von Studenten an, sondern auch eine Reihe großer Lehrer, die zusammen schon fast die Geschichte der Philosophie von 1100 bis 1400 bildeten: Abälard, Johannes von Salisbury, Albertus Magnus, Siger von Brabant, Thomas von Aquin, Bonaventura, Roger Bacon, Duns Scotus und Wilhelm von Ockham. Neben Paris war die berühmteste französische Universität die von Montpellier, zwischen Marseille und Spanien am Mittelmeer gelegen. Hier mischten sich die französische, griechische, spanische und jüdische Kultur mit den Überresten maurischer Elemente aus einer vergangenen arabischen Kultur. Die Universität verfiel im 14. Jahrhundert, aber ihre Ärzteschule lebte in der Renaissance neu wieder auf. Und im Jahr 1517 hielt in Montpellier ein gewisser François Rabelais Vorlesungen über Hippokrates.

In Oxford in England bestand schon zu Zeiten König Knuts im 10. Jahrhundert eine Kathedralschule. Um 1117 wird ein „Magister von Oxenford" erwähnt. 1133 kam ein Theologe Robert Pullen von Paris nach Oxford und im 12. Jahrhundert wurde in Oxford ein *studium generale* eingeführt. Im Jahr 1209 wurden nach einer zeitgenössischen Schätzung in Oxford 3.000 Studenten und Lehrer gezählt. Neben Oxford gründete 1280 eine Stiftung des Erzbischofs von Rouen, Wilhelm von Durham, die Universität Hall, die heute University College heißt. Der berühmteste Zögling in Oxford war Roger Bacon, und Robert Grosseteste (um 1175 bis 1253) war die bemerkenswerteste Gestalt Oxfords im 13. Jahrhundert. Er leitete in seiner Eigenschaft als Universitätskanzler den Bau der Kathedrale von Lincoln. Er verfasste Kommentare zu Aristoteles und fasste das Wissen seiner Zeit in einem „Compendium Scientiarum" zusammen.

Heute ist neben Oxford, das auch als Industrieort bekannt wurde, Cambridge immer noch eine reine Universitätsstadt, die im 13. Jahrhundert erstmals als höhere Bildungsinstitution bekannt wurde. Im Jahr 1281 richtete der Bischof von Ely in Cambridge das erste weltliche College, heute St. Peter's College, ein.

Philosophie und Theologie im Mittelalter: Die Scholastik

Alle Lebensbereiche im Mittelalter waren von der Dominanz der römisch-katholischen Kirche geprägt, alle Bildungseinrichtungen und die frühen Wissenschaften waren eng mit der Theologie verknüpft. Aus dieser Theologie entwickelte sich eine philosophische Schule, die die christliche Lehre auf wissenschaftliche Grundlagen stellen sollte. Die Philosophen des Mittelalters studierten aber auch die alten Schriften von Platon und Aristoteles, um ihre vom Christentum dominierte Welt zu erklären. So entstand eine Verschmelzung der christlichen Lehre mit antiker Philosophie. Erst durch das Aufkommen der Naturwissenschaften wurde dieses Weltbild immer wieder schwer erschüttert.

Zwischen dem 9. und 15./16. Jahrhundert entwickelte sich die geistige Strömung der Scholastik, ein Synonym für die wissenschaftliche Theologie und ein Vorläufer der modernen Philosophie. Zur scholastischen Methode gehörten verschiedene Lehrformen. In der *lectio* wurden Texte vorgelesen, erklärt und kommentiert, die Urform der Vorlesung. In der *desputatio* wurden strittige Fragen behandelt und aus allgemeinen Sachverhalten Rückschlüsse auf Besonderheiten gezogen.

Die Scholastik wurde geprägt von der „Ja-und-Nein-Methode", die besonders der Mönch und Universitätslehrer Petrus Abälard (1079 bis 1142) förderte, um damit die Widersprüche der Schriften, aber auch des Lebens, zu lösen. Man verglich die Lehren der Kirchenväter, die christlichen und heidnischen Schriften, prüfte und kam nach Abwägung aller Argumente doch auf die von der Kirche gebilligte Meinung als Lösung des Problems zurück. In der Scholastik gab es mehrere Denkrichtungen um den schon zwischen Platon und Aristoteles ausgetragenen Streit über die Existenz der Allgemeinbegriffe, die „Universalien". In der Frühphase der Scholastik neigten die Denker zur Richtung des „Realismus", die besagte, dass die Universalien gegeben seien und daher unabhängig von Raum, Zeit und Kultur universelle Bedeutung hätten. Alles existiere als Fortsetzung der Idee Gottes, der jedes Lebewesen und Ding in seinen Grundzügen geschaffen habe. Später setzten sich die „Nominalisten" durch, die meinten, dass alle Begriffe erst durch den Menschen geschaffen werden.

Die Hochscholastik im 13. Jahrhundert war entscheidend durch die Entdeckung bisher unbekannter Schriften des Aristoteles geprägt und wurde überwiegend von der Auseinandersetzung mit aristotelischem Gedankengut beherrscht. Vertreter dieser Philosophie waren Albertus Magnus (um 1193 bis 1280) und Thomas von Aquin (1225 bis 1274). Thomas von Aquin entwickelte auf der Basis der Lehre von Aristoteles ein philosophisch-theologisches System, das die Macht der Kirche stützte und eine klare christliche Dogmatik herausarbeitete. Das war der Höhepunkt der Scholastik.

Mit Roger Bacon (um 1214 bis um 1292), einem Franziskaner, welcher der Scholastik kritisch gegenüberstand, begann langsam eine neue philosophische Einstellung Fuß zu fassen. Mit ihm vollzog sich der Übergang zur modernen Naturwissenschaft und es begann die Trennung von Glauben und Wissen. Der sich fortentwickelnde Nominalismus trennte in der Spätscholastik im 14./15. Jahrhundert endgültig zwischen Glaubenswahrheiten, die letztlich zu begründen seien, und „Erkenntnis" (Wissen), das durch Beobachtung und Berechnung erreicht werden könne. Dadurch rückte der Mensch selbst mehr in das Zentrum der Forschung. Das Zeitalter des Humanismus kündigte sich an.

7. Kapitel

Das Ende des Mittelalters in Europa: Die Anfänge der Renaissance, die Entdeckung der „Neuen Welt" und die Reformation

Den Satz „Das Mittelalter endete mit dem Einsetzen der Renaissance" finden wir bei vielen Historikern, die sich um Gemeinverständlichkeit bemühen, damit der Eindruck erweckt wird, das Einsetzen der Renaissance sei ein Ereignis gewesen, vergleichbar der Französischen Revolution: „Danach war nichts mehr, wie es früher war." In Wirklichkeit wurde das Mittelalter natürlich nicht durch ein Ereignis beendet, sondern zum Ende des Mittelalters führte ein recht langsamer Prozess von vielen ineinandergreifenden Geschehnissen und Leistungen und ihr Zusammenwirken.

Eine neue Epoche der Zeitmessung

Schon das 14. Jahrhundert brachte eine neue Epoche der Zeitmessung mit dem Beginn der Geschichte der europäischen Räderuhr. Sie brachte ein neues Element in die Messung von Abläufen. Die Räderuhr wird zwar von der Schwerkraft bewegt, aber mit ihr lässt sich der Ablauf einer Zeiteinheit genau nach dem Umfang des Rades regulieren, das man mit einem Gewicht in Drehung bringt und mit einer Hemmung wieder aufhält. Diese Hemmung bleibt in regelmäßigem Schwung durch ein Pendel, danach einer Metallspirale. „Die ‚Unruhe' ist fortan der mechanische Takt des abendländischen Daseinsempfindens ... Kein Zweifel, die Uhr ist ein neues Maß für den Tages- und den Lebensablauf. Die neue Kunst der Uhrenherstellung in allen Landen ist zugleich ein Ausdruck für das Bedürfnis nach zeitlicher Rechenschaftsablage, nach Planung und Rationalisierung. Mehr noch: in tiefster Betrachtung ist sie förmlich eine Hinwendung zu den exakten Naturbeobachtungen nach Maß und Gewicht." Ferdinand Seibt schließt diese Beobachtungen mit dem Hinweis: „Sie ist ein Schritt auf dem weiten Weg des europäischen Rationalismus und greift, wie die allerseits sichtbare Turmuhr, nicht nur nach der gelehrten Spekulation, sondern auch nach dem Alltag."

Humanismus und Renaissance

Im Spätmittelalter kam es zu einer Aufwertung der menschlichen Vernunft, zu größerer religiöser Toleranz, zu einem wachsenden Interesse an der Natur und einer Tendenz, den Menschen zunehmend als selbstständig handelndes, verantwortliches Individuum zu betrachten. Diese neue Bewegung hin zum Rationalismus war der Humanismus, der oft mit der Renaissance, also dem kulturellen und sozialen Wandel in dieser Zeit, gleichgesetzt wird. Humanismus war das Streben nach geistiger Erneuerung, verbunden mit der klaren Abkehr von der mittelalterlichen Scholastik in der Philosophie und einer Kritik an dem autoritären, die freie Entfaltung des Menschen einengenden Geist der Kirche. Die Humanisten suchten ein von den Machtintrigen der Kirche freies, reines Christentum, das sie mit ihren neuen Erkenntnissen zu einem neuen Weltbild zu verbinden gedachten. Damit gingen auch ein neuer Forschungsgeist und ein neues Verhältnis zur Natur einher, die nun bewusst erkundet wurde. Seine rasche Ausbreitung verdankt der Humanismus einem technischen Fortschritt, nämlich der Erfindung des Buchdrucks und damit in der Folgezeit einer wachsenden Zahl lesekundiger Menschen.

Der Buchdruck und die Verbreitung des Wissens

Seitdem im Abendland Papier hergestellt wurde, kostete es keine besondere Mühe mehr, Aufzeichnungen zu machen und Niederschriften herzustellen. Die eigentliche Bedeutung des Papiers lag jedoch darin, dass dadurch überhaupt der Buchdruck erst ermöglicht wurde. Druckstöcke aus Buchsbaumholz wurden bereits Ende des 12. Jahrhunderts von Zisterziensermönchen für Initialen benutzt. Der Schritt vom geschnittenen Holzblock zur beweglichen Letter war damit folgerichtig. Damit war die Kunst des Buchdrucks, des Druckverfahrens also, das Einzeltypen für den Druck verwendete, geboren – eine Kunst, die stärker als jede andere Erfindung Mittelalter und Neuzeit voneinander trennt. Die Erfindung wurde in der Zeit zwischen 1450 und 1455 von Johannes Gutenberg (um 1400 bis 1468), Buchdrucker in Mainz, gemacht. Das technisch und ästhetisch hervorragendste Werk des Mainzer Meisters ist wohl die 42-zeilige Gutenberg-Bibel, die spätestens im Frühjahr 1456 vollendet wurde. Sehr rasch verbreitete sich die neue Drucktechnik in ganz Europa, fast immer durch ausgewanderte deutsche und holländische Drucker.

Die Werke des großen François Villon (1431 bis 1463) sind in sechs verschiedenen Handschriften und in zwei Druckausgaben von 1489 und 1501 überliefert. Sehr ungewöhnlich ist, dass von der größten mittelalterlichen Dichtung, Dantes „Divina Commedia", keine Handschrift existiert, sondern dass sie aus gedruckten Ausgaben bekannt ist, die 1472 in Mantua und in Foligno anscheinend gleichzeitig gedruckt wurden.

Dante Alighieri, Wegbereiter der Renaissance

Die Familie Dante Alighieris (1265 bis 1321) hatte in Florenz einen langen Stammbaum, war aber in Armut geraten. Seine Mutter starb, als Dante noch sehr jung war, und er wuchs unglücklich mit einer Stiefmutter, einem Halbbruder und zwei Halbschwestern auf. Seinen Vater verlor er mit 15 Jahren.

Die berühmteste aller Liebesgeschichten, die von Dante und Beatrice, nahm ihren Anfang, als beide neun Jahre alt waren. Nach Giovanni Boccaccio (1313 bis 1375) begann sie auf einem Maienfest im Hause des Folco Portinari in Florenz. Die kleine „Bice" war Folcos Tochter. Dass sie später Dantes Beatrice wurde, ist wahrscheinlich, aber nicht genau belegt. Dante sprach auch nie den Gedanken einer Ehe mit ihr aus. 1289 heiratete sie den Teilhaber einer reichen Bankfirma. Ein Jahr später starb sie im Alter von 24 Jahren. Dante beklagte sie in einer stillen Elegie – und heiratete als 26-Jähriger Gemma Donati aus ältestem florentinischem Adel, die ihm im Laufe von zehn Jahren eine nicht genau einzuschätzende Zahl mehrerer Kinder schenkte. An Beatrice aber richtete Dante Verse wie diesen:

„Vom ersten Tag, da ich ihr Antlitz sah
auf Erden, bis zu diesem Himmelsblick,
hat mein Gesang sich nie
von ihr getrennt."

Dante engagierte sich in der Priorie, dem florentinischen Gemeinderat, in den er im Jahr 1300 gewählt wurde. Nach einem Aufstand der Gegenpartei des Gemeinderates wurden Dante und 15 weitere Bürger in die Verbannung geschickt. Dieses Exil, das mit der Beschlagnahme seines Besitzes verbunden war, verurteilte den nun politischen Dichter Dante zu 19 Jahren zornerfüllter Wanderungen und verbitterte seinen Geist. Von dem Gedanken ausgehend, dass die geistige Betätigung die eigentliche Funktion des Menschen sei, dass er diese Funktion aber nur im Frieden ausüben kann, sodass die ideale Staatsform ein Weltstaat wäre, der auf der ganzen Erde eine stabile Ordnung und eine einheitliche Rechtsprechung aufrechterhalten würde, schrieb Dante die Schrift „De monarchia", seine Auseinandersetzung im Streit um die „eine Welt" in Staat und Recht, die von Kaiser Ludwig dem Bayern als Propagandamittel gegen den Papst benutzt wurde. 1329 wurde „De monarchia" auf Befehl des päpstlichen Legaten öffentlich verbrannt, im 16. Jahrhundert auf den päpstlichen Index gesetzt und erst 1897 von Papst Leo XIII. wieder aus dem Index gestrichen.

Dante zog sich nach Gubbio zurück, schrieb dort im Kloster Santa Croce einen Großteil der „Göttlichen Komödie", die er dann auf Einladung des Regenten von Verona an dessen Hof um 1318 beendete. Diese Dichtung hatte Dantes ganze Kraft beansprucht, er überlebte deren Vollendung nicht lange. 1319 verließ er Verona und zog zu Graf Guido da Polenta nach Ravenna, der ihn im Frühjahr 1321 in politischer Mission nach Venedig schickte. Dante kehrte erfolglos und fiebernd nach Ravenna zurück und starb dort am 14. September 1321 im 57. Lebensjahr.

Seine „Göttliche Komödie", die seither durch die Jahrhunderte alle Menschen loben, obwohl nur wenige Menschen sie gelesen haben, ordnet Will Durant in die Weltliteratur so ein: „Dante schuf ein Dichtwerk von so gemeißelter Kraft, wie es kein Mensch mehr vollbracht hat. Während der Jahrhunderte nach seinem Tode verehrte Italien ihn als den Befreier seiner goldenen Sprache; Petrarca und Boccaccio und Hunderte andere ließen sich von seinem Kampf und seiner Kunst begeistern, und in ganz Europa war die Geschichte von dem stolzen Verbannten zu hören, der zur Hölle hinabfuhr und wiederkehrte und nie mehr ein Lächeln zeigte."

Die italienische Renaissance: „Die Entdeckung der Welt und des Menschen"

Die französische „Encyclopédie", die 1751 bis 1780 unter Leitung von Diderot und d'Alembert erschien, gebrauchte zum ersten Male ausdrücklich das Wort „Renaissance", um das Blühen von Kunst und Wissenschaft vom 14. bis 16. Jahrhundert in Europa, von Italien ausgehend, zu kennzeichnen. In Italien nannte man dieses Mündigwerden der Menschheit *Rinascità*, Wiedergeburt, weil man darin eine siegreiche Auferstehung des klassischen Geistes nach einer über 1.000-jährigen Unterbrechung durch die Invasion der Barbaren aus dem Norden und Osten sah. Die Italiener waren überzeugt, dass diese Barbareneinbrüche die schöne Blüte der römischen Kunst und Kultur zerschlagen hatte. Nun aber waren diese Goten und „langbärtigen" Langobarden im beherrschenden italienischen Blut aufgegangen. Dank des Vorbilds, das die Ruinen des Forum Romanum boten, würden sich wieder klassische Säulen zu Kirchen und Palästen von schlichter Eleganz erheben. Dank eines Francesco Petrarca (1304 bis 1374) und Hunderter anderer italienischer Humanisten würden die wiederentdeckten Schriftsteller des Altertums der italienischen Literatur die Reinheit und Schärfe von Ciceros Prosa und den Wohllaut von Vergils Versen zurückgeben.

Vor allem aber brauchte es Geld, es brauchte die Profite, die durch eine gewiefte Geschäftspolitik erzielt wurden; es brauchte die abenteuerlichen Reisen in den Orient und die mühselige Überquerung der Alpen, die es möglich machten, Waren billig zu kaufen und teuer zu verkaufen; es brauchte die Zinsen und Dividenden, die sich ansammelten – bis genug übrig blieb, damit auch ein Michelangelo oder Tizian bezahlt werden konnten, die Reichtum in Schönheit verwandelten – weil Geld die Wurzel aller Kultur ist.

Die italienische Renaissance war eine der glanzvollsten und in ihren Auswirkungen bis heute nachhaltigste Epoche in der Geschichte der Menschheit. Jacob Burckhardt (1818 bis 1897) hat das Zeitalter der Renaissance – mag man darunter nun die Wiedergeburt der Antike, die Geburt des modernen Menschen oder die Befreiung aus den Banden des „finsteren" Mittelalters verstehen – die „Entdeckung der Welt und des Menschen" genannt, die sich folgerichtig und kontinuierlich aus den Ideen und Institutionen des Mittelalters entwickelt hat und so Teil war einer unaufhaltsamen, sich im 15./16. Jahrhundert weiter ausbreitenden historischen Entwicklung. All die glanzvollen Kunstwerke dieser Zeit, der Reichtum des Papsttums, die goldenen Jahre Venedigs, der Despotismus eines Machiavelli sowie die überschäumende Lebenslust inmitten von Gewalt und Verführung, Aberglauben und Krieg, dies alles gehörte zum Kulturgebilde der Renaissance, das auf dem Rücken der hart arbeitenden Menschen errichtet worden war.

Es war die Hinwendung zum Diesseits, die der Aufstieg der bürgerlichen Klassen im 14. und 15. Jahrhundert mit sich brachte; es war auch die Entwicklung der Universitäten, das Anwachsen der wissenschaftlichen und philosophischen Erkenntnisse, die Übung und Schärfung der Geisteskräfte durch das Studium der Rechte, die Erweiterung des geistigen Horizonts infolge der Erweiterung des geografischen Weltbildes.

Die Entdeckung der „Neuen Welt"

Die Entdeckung der „Neuen Welt" im Jahre 1492, als Christoph Kolumbus auf der Suche nach einem Weg nach Indien, am 12. Oktober erstmals den Boden der „Neuen Welt" betrat und damit die Entdeckung Amerikas als neuen Kontinent jenseits des Atlantiks einleitete, war der Beginn einer neuen Ära. Denn anders als die erste Entdeckung Amerikas durch den Wikinger Leif Eriksson (um 975 bis 1020) ist diese zweite nicht folgenlos geblieben, weder für Europa noch für die „entdeckten" Völker und den Rest der Welt. Amerika war in jeder Hinsicht neu für die Menschen in Europa: ein neues Land, neue Tiere, Pflanzen und Menschen. Amerika wurde zum Symbol für ihre Sehnsucht nach einem neuen Leben. Gleichzeitig erreichte Europa nun – nicht zuletzt durch die Ressourcen der übersee-

Der Genueser Kolumbus landet auf Guanahani-Watling in den Gewässern der Bahamas, freundlich empfangen von den später versklavten Ureinwohnern. *Archiv des Autors*

ischen Entdeckungen in Amerika und auch in Afrika – einen geistigen, technologischen und wissenschaftlichen Vorsprung vor der islamischen Welt.

Indien, das Ziel von Kolumbus, lieferte schon lange vorher über arabische Zwischenhändler Waren nach Europa. Das Gold und Silber, mit dem diese Waren bezahlt wurden, wurde in Europa aber immer knapper und die damals führenden Handelsmächte Europas, Spanien und Portugal, glaubten an große Schätze von Gold und Silber in Indien, die man durch Raub zurückholen wollte. Gleichzeitig sollte das katholische Christentum in die entlegensten Gebiete getragen werden. Man wusste insgeheim schon lange, dass die Erde eine Kugel ist und sah deshalb zwei Möglichkeiten, nach Indien zu kommen: über das große Meer nach Westen geradeaus oder um Afrika herum nach Osten. Spanien und Portugal waren vor allem in der Seefahrt anderen Ländern voraus. Es gab Seefahrtsschulen, neu entwickelte Schiffe, die „Caravellen", neue Hilfsmittel wie den Kompass und eine mithilfe der Astronomie verbesserte Navigation. Jede Entdeckungsfahrt Ende des 15. Jahrhunderts führte in unbekannte Gegenden.

Gegen zwei Uhr morgens in der Nacht vom 11. auf den 12. Oktober entdeckte die Besatzung der „Pinta" die Dünen und Riffe von San Salvador, wie Kolumbus' Leute die Insel Guanahani-Watling in den Gewässern der Bahamas nannten. „Immerhin ist es möglich, dass Lichter zu sehen waren. Im Oktober hört die Regenzeit auf, und die Eingeborenen zündeten Feuer an, um die Insekten fernzuhalten, die in großen Schwärmen auftraten und heute noch immer auftreten" (Franco Cardini). Aber es war nicht Indien, sondern eine „Neue Welt", auf die Admiral Kolumbus (1451 bis 1506) aus Genua im Auftrag der katholischen Könige von Spanien seinen Fuß setzte.

Niccolò, Matteo und Marco Polo bei ihrem Aufbruch aus Venedig 1271; sie hielten sich 17 Jahre als Gesandte des Kublai Khan in China auf. Miniatur aus dem „Vivre des merveilles", französisch, spätes 14. Jh., *Bibliothèque Nationale, Paris*

Entdeckungsreisen vom 13. bis 15. Jahrhundert

Es war einer der Höhepunkte in der Geschichte der Entdeckungsreisen, die von Europa aus schon im 13. Jahrhundert auf dem Landweg nach Karakorum von Giovanni de Plano Carpini von 1245 bis 1247 und von Wilhelm von Rubruk von 1252 bis 1255 begonnen hatten. Der „größte Landreisende vor dem Zeitalter der Entdeckungen" (Alexander von Humboldt) war jedoch Marco Polo (1254 bis 1324) aus Venedig, der 24 Jahre lang, von 1271 bis 1295, abenteuerliche Reisen über den Orient nach China und zurück durchstand und darüber in seinem Reisebericht „Il Milione" ausführlich Zeugnis ablegt – eines der berühmtesten Bücher der Weltliteratur. Vor Marco Polo waren zwischen 1261 und 1265 schon seine Brüder Niccoló und Maffeo am Hof von Kublai Khan, dem mächtigen mongolischen Herrscher in Peking, angekommen.

Die größte Seefahrernation Europas waren damals die Portugiesen, die mit der Erkundung der afrikanischen Westküste bereits unter Heinrich dem Seefahrer (1394 bis 1460) begonnen hatten, einem Sohn König Heinrichs I. von Portugal. Die Kolonisierung Zentralafrikas begann mit den ersten festen Forts, die die Portugiesen dort in dieser Zeit errichteten. Ein Meilenstein in der Seefahrtgeschichte war die Umschiffung des Kaps der Guten Hoffnung im Jahr 1488 durch den portugiesischen Seefahrer Bartolomeu Diaz (um 1450 bis 1500). Und den Seeweg nach Indien fand 1498 am Kap der Guten Hoffnung vorbei nach Calicut an der Malabarküste der Portugiese Vasco da Gama (um 1469 bis 1524).

Der neue Kontinent, den Kolumbus betreten hatte, wurde nicht nach ihm benannt, seinem „Entdecker", sondern nach dem italienischen Seefahrer Amerigo Vespucci, der erstmals von einer „Neuen Welt" gesprochen hatte. Der deutsche Kartograf Martin Waldseemüller (um 1470 bis um 1520) hat dann auf einer großen Weltkarte 1507 den neuen Kontinent unter dem Namen „Amerika" eingetragen und diese Karte auf der Frankfurter Buchmesse vorgestellt.

Die „Konquistadoren" bei den „Indios"

Die Einwohner der „Neuen Welt", die „Indios", sollten nach dem Willen der spanischen Könige möglichst schnell gute Christen werden. Es war anfangs auch nicht geplant, sie zu versklaven. Aber die amerikanischen Ureinwohner, deren Ahnen einst über die Beringstraße im hohen Norden durch Alaska und Kanada in die „Neue Welt" eingewandert waren, durchschauten bald die wahren Absichten der anfangs als Götter angesehenen Fremden mit ihren Pferden und Feuerwaffen, mit denen sie die „Indios" bedrohten. Die von der spanischen Krone beauftragten „Konquistadoren", die die neuen „Vizekönigreiche" verwalten sollten, scheiterten an dem verständlicherweise erbitterten Widerstand der Urbevölkerung.

Am Ende des 15. Jahrhunderts hatten die altamerikanischen Hochkulturen der Azteken, Maya und Inka ihre Blütezeit schon hinter sich und waren durch Kriege und Epidemien zerfallen. Sie wurden in zahlreichen Schlachten von den Eroberern besiegt und unterworfen. Viele mussten in den neu entdeckten Gold- und Silberminen der neuen Herren Schwerstarbeit leisten, was unge-

Tenochtitlan/Mexiko, 1521: Die Spanier greifen den großen Tempel in der Hauptstadt der Azteken an. Malerei aus dem Codex „Llenzo de Tlaxcala", *Bibliothèque Nationale, Paris*

Dieses Flugblatt aus Charleston vom 24. Juli 1769 informiert über die Ankunft einer neuen Fracht von 94 „gesunden Negern" – 39 Männer, 15 Jungen, 24 Frauen und 16 Mädchen – aus Sierra Leone. *Archiv des Autors*

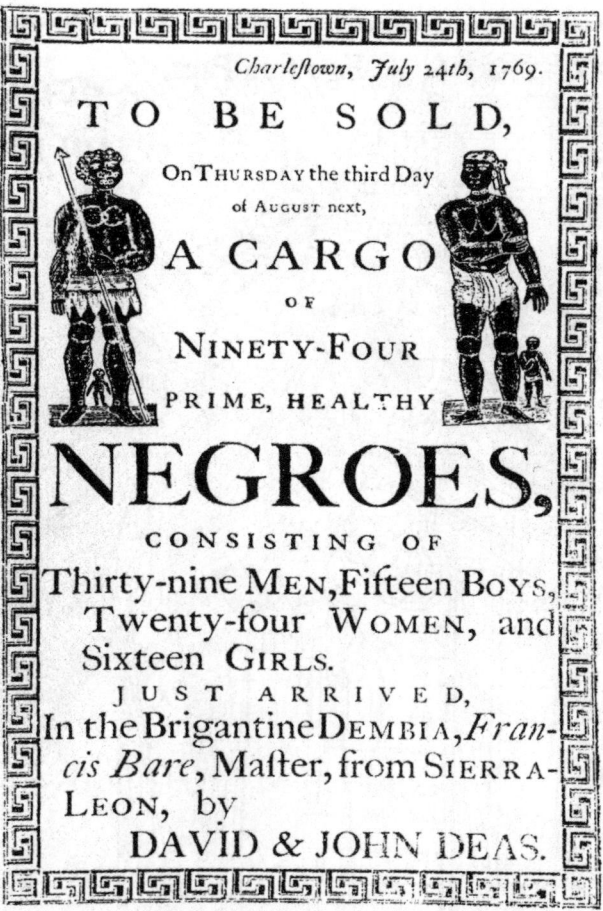

zählte Opfer forderte. Außerdem wurden die „Indios" durch von den Europäern eingeschleppten, dort bisher unbekannten Krankheiten zusätzlich dezimiert. Viele zeitgenössische Chronisten, wie der spanische Missionar Bartolomé de Las Casas (1474 bis 1566), prangerten die Verbrechen der Eroberer in der „Neuen Welt" an. Die spanische Krone reagierte mit strengen Arbeitsschutzbestimmungen. Außerdem wurden zur „Entlastung" ab 1510 viele Tausende von Sklaven aus Afrika nach Amerika gebracht.

Aufteilung der Welt zwischen Spanien und Portugal: Der Vertrag von Tordesillas

Inzwischen wurde durch Vermittlung des Borgia-Papstes Alexander VI. (1492–1503), der aus einem aus Valencia stammenden spanischen Adelsgeschlecht kam, am 7. Juni 1494 in Tordesillas die damalige Welt entlang dem 38. Längengrad in eine portugiesische und eine spanische Einflusssphäre geteilt. Alle neu entdeckten und noch zu entdeckenden Gebiete westlich davon sollten Spanien gehören, alle östlich davon Portugal. Damit wurde Afrika zum Terrain der Portugiesen und die „Neue Welt" für die spanische Eroberung legitimiert – mit einer Ausnahme: Brasilien. Es wurde von Portugal kolonisiert, weil das Land teilweise östlich des 38. Längengrades liegt. Dass dort heute noch – im Gegensatz zu allen anderen Ländern Lateinamerikas – Portugiesisch gesprochen wird, ist eine direkte Folge des Vertrags von Tordesillas.

Der Handel mit schwarzen Arbeitssklaven aus Afrika gewann ab 1510 für Portugal,

der zweiten „Großmacht" neben Spanien, ständig an wirtschaftlicher Bedeutung. Bis zum Jahr 1600 wurden etwa eine Viertelmillion Afrikaner in die „Neue Welt" verschifft. Im Verlauf der nächsten 100 Jahre sollten weitere 1,4 Millionen schwarze Sklaven folgen.

Schon bald nach den Eroberungen in Amerika, in Indien, auf den Philippinen und in Afrika durch die Spanier und Portugiesen meldeten auch England, Frankreich und die Niederlande territoriale Ansprüche an neuen Entdeckungen an und forderten beim Papst „freie Meere" und das „Recht der tatsächlichen Besetzung", was nichts anderes als die Revision des päpstlichen Teilungsplans der Welt von 1494 bedeutete. Die neuen Seemächte wie England und die Niederlande, die natürlich noch nicht die technisch-fortschrittlichen Flotten wie die beiden „Weltmächte" hatten, holten sich anfangs ihren Anteil mithilfe der Piraterie. Sie legten sich auf die Lauer und warteten auf die mit Gold und Silber voll beladenen Schiffe der Spanier und Portugiesen. Für die eingebrachte Beute wur-

Anonyme Karikatur von Papst Alexander VI. (1492–1503), als Teufel dargestellt, um 1500, *Archiv des Autors*

den sie in ihren Ländern als Helden verehrt, bei Hofe empfangen, von Regierenden finanziert und sogar für ihre Raubzüge geadelt, wie der berühmte englische Seeheld Sir Francis Drake (um 1540 bis 1596). Letztlich führte der in die fernen Meere verlagerte Konkurrenzkampf der jungen europäischen Nationalstaaten aber in ganz Europa zu Konfrontationen und kriegerischen Auseinandersetzungen, die prägend für die folgende Neuzeit werden sollten.

Noch im Mittelalter – aber die Zukunft bereits vorgezeichnet

Während die Welt noch im Mittelalter lebte, war nach der Wende vom 15. zum 16. Jahrhundert die Zukunft schon vorgezeichnet. Der größte und genialste Geist dieser Zeit, der Mann, der ganz selbstverständlich nach der Zukunft griff, sie entwarf, plante und skizzierte, war im Jahr der Entdeckung der „Neuen Welt" 40 Jahre alt und befand sich am Hof von Ludovico il Moro (1452 bis 1508), dem Herzog von Mailand – für diesen entwarf Leonardo da Vinci (1452 bis 1519) ein Reiterstandbild, Kanonen und Theatermaschinen. Ein 27 Jahre alter Augustinermönch namens Geert Geerts, den wir heute als Erasmus von Rotterdam (um 1466 bis 1536) kennen, verließ um diese Zeit das Kloster, „da es ihm an der wahren Berufung fehlte" (Franco Cardini) und wurde zum Wortführer der humanistischen Tradition im Zeitalter der Glaubensspaltung. Nur wenige Jahre jünger war der Sohn einer bedeutenden, aber verarmten Familie in Florenz, der 23 Jahre alte Niccolò Machiavelli (1469 bis 1527), der 1494 in die Kanzlei der Stadt Florenz eintrat und eine unauffällige bürokratische Karriere begann, die aber als politischer Schriftsteller mit großem Einfluss endete. Im Hause der Medici arbeitete unter anderen Künstlern im Jahr 1492 der 17-jährige Casentino Michelangelo Buonarroti (1475 bis 1564), der bald meisterlich den Meißel führte. Und zur selben Zeit, als so viele geniale Köpfe die Bühne der Welt betraten, begannen Jahre, in denen die politischen Beziehungen in Europa neu festgelegt wurden, Jahre voller Spannungen und Konflikte. Eine besondere Sprengkraft in fast allen Bereichen des menschlichen Zusammenlebens sollte die beginnende Reformation in der katholischen Kirche haben, deren Zentralfigur Martin Luther (1483 bis 1546) im Jahr 1492 noch als Neunjähriger im sächsischen Eisleben als Sohn eines Bergmannes lebte.

Reformen, aber keine Reformation

Im 14. Jahrhundert verlor die Kirche zusehends ihre überragende Stellung. Sie war aus dem Geiste der von lauterer Überzeugung und tiefer Hingebung erfüllten Apostelgestalten eines Petrus und Paulus geboren, sie war gewachsen und erstarkt und im Laufe der Jahrhunderte zu einer Ordnungsmacht von großer Kraft geworden. Diese regelte das ganze System von sittlichen Normen im privaten und öffentlichen Leben, erhielt das soziale Gefüge aufrecht und überwachte die zwischenstaatlichen Beziehungen. Jetzt aber, am Ende des Hochmittelalters, war sie sich zum Selbstzweck geworden und hatte nur noch ihren Fortbestand und ihre eigenen materiellen Interessen im Auge. Der größte Teil der päpstlichen Einnahmen diente zur Finan-

Dieser Holzschnitt von Hans Holbein d.J. (1497 bis 1543) zeigt den Ablasshandel, „Die falsche Vergebung der Sünden". *Städtisches Museum, Basel*

zierung der Kirchenorganisation. Daneben floss aber auch viel Geld in die Taschen der Prälaten. Guillaume Durand, Erzbischof von Mende, schrieb in einer Eingabe an das Konzil von Vienne im Jahr 1311 schon: „Kirche und Welt bedürfen der Reform, wenn es nicht heißen soll, der Glaube sei geschwunden … Den Anfang muss man beim Haupte, bei der Kurie machen, denn sie ist in letzter Linie an allem schuld". Von der „babylonischen Gefangenschaft" der Kirche in Avignon (1309 bis 1377) über das große abendländische Schisma (1378 bis 1415) bis zu den Renaissancepäpsten zieht sich eine Linie des konsequenten Verfalls. „In diesen Zeiten", schreibt ein Augsburger Chronist, „nahmen viele Übel in der Kirche Gottes überhand, am meisten in Deutschland."

Die kirchliche Reformbewegung war von Anfang an mit der Konzilsidee verknüpft. Es hat im 15. Jahrhundert drei große Kirchenversammlungen gegeben, die sich speziell um eine Reform der Kirche bemüht hatten: die Konzile von Pisa (1409), Konstanz (1414–1418) und Basel (1431–1449). Dabei ging es vor allem darum, die monarchische Stellung des Papstes einzuschränken. Parallel zu den Reformkonzilen gab es noch eine ganze Reihe anderer kirchlicher Reformbestrebungen. Die bedeutendste war die Reformbewegung innerhalb der Mönchsorden. Sie richtete sich darauf, durch eine strenge Beobachtung der Ordensregeln die alte Zucht und Ordnung in den Klöstern wiederherzustellen. Die Klosterreform begann mit großem Schwung, aber selten hielten sich die Reformen über die zweite Hälfte des 15. Jahrhunderts hinaus. Alle Versuche, das Leben in der Kirche zu reinigen und zu erneuern, wären nicht möglich gewesen ohne die aktive Beteiligung von Laieninstanzen, das heißt ohne die tatkräftige Mithilfe der Landesherren und Stadtregierungen. Die kirchlichen Reformen wurden so auch eine Sache der weltlichen Obrigkeit.

Martin Luther selbst äußerte sich zu den Missständen in der Kirche anfangs fast gleichgültig: „Ich hätte mit den Papisten wenig zu tun, wenn sie nur recht lehrten; ihr böses Leben würde nicht großen Schaden tun." Ihm und vielen anderen Kirchenkritikern ging es zuerst nur um Reformen innerhalb der Kirche, nicht um eine Reformation großen Stils. Die eigentliche Herausforderung der Zeit an die Kirche lag aber am Vorabend der Reformation in dem Wunsch nach etwas Neuem, das zum Durchbruch drängte.

Von Erasmus von Rotterdam zu Martin Luther

Im Jahr 1514 verließ Erasmus England, reiste nach Calais und von dort nach Basel, um dem dortigen Buchdrucker Froben das Manuskript seines wichtigsten Werkes mit dem Titel „Novum Testamentum omne, diligenter ab Erasmo Rot. recognitum et emendatum" anzubieten. Es beinhaltete eine kritische Durchsicht des griechischen Textes des Neuen Testaments mit einer neuen lateinischen Übertragung und einem Kommentar. Es handelte sich für den Autor wie für den Verleger um ein riskantes Unternehmen, das Selbstbewusstsein, Mut und Hingabe voraussetzte. Um wenigstens einen Teil des Risikos auszuschalten, widmete Erasmus das Werk, das im Februar 1516 erschien, Papst Leo X. (1513-1521). Der Erfolg dieses Werkes hat Autor und Verleger überrascht. Nach drei Jahren war die erste Auflage verkauft und zu Erasmus' Lebzeiten erschienen nicht weniger als 69 zum Teil revidierte Neudrucke. Aber auch die Kritik war heftig. Glücklicherweise gab Leo X. dem Werk seinen Segen, und Papst Hadrian VI. (1522-1523) ging sogar so weit, Erasmus um eine ähnliche Bearbeitung des Alten Testaments zu ersuchen, was aber dann vom Konzil von Trient verworfen wurde. Der damals 15 Jahre alte spätere Karl V. (1519-1556) berief Erasmus 1516 in seinen Kronrat und bestimmte seinen Wohnsitz nach Brüssel. Erasmus scheute in Zukunft den Bruch mit einer Kirche, die sich seine scharfe Kritik so geduldig gefallen ließ und hoffte auf eine friedliche Einigung. An dieser Hoffnung hielt er bis zum Auftreten Luthers fest und schrieb am 9. September 1517 an Kardinal Thomas von York: „Ich fürchte, in diesem Teil der Welt steht eine große Revolution bevor." Keine zwei Monate später, am 31. Oktober 1517, heftete Luther seine 95 Thesen gegen den Ablasshandel der Kirche an die Tür der Schlosskirche zu Wittenberg und schickte sie an den Erzbischof von Mainz sowie an noch einige andere Bischöfe. Öffentlich bekannt geworden sind seine Thesen erst durch die Verbreitung im Druck, dann aber sehr rasch und überall.

Es ist schwer zu entscheiden, welches Schicksal Luther gehabt und welchen Verlauf die Reformation genommen hätte, wenn nicht Luthers Landesherr, Kurfürst Friedrich der Weise von Sachsen (1486-1525), ihn in Schutz genommen hätte. Als der Kurfürst mitten im Bauernkrieg mit 62 Jahren starb, nahm er auf dem Sterbebett das Abendmahl in beiderlei Gestalt und bekannte sich dabei öffentlich zur Reformation.

Die Reformation - Reaktionen und Auswirkungen

Papst Leo X. verurteilte in einer 1520 erlassenen Bulle 41 Thesen Luthers, ordnete die Verbrennung der Schriften an, worin sie abgedruckt waren, und ermahnte ihn, von seinen Irrtümern abzulassen und in den

„Pferch" zurückzukehren. Eine Gnadenfrist von 60 Tagen wurde ihm zum Abschwören eingeräumt, dann werde er exkommuniziert. Zum Ende der Gnadenfrist veröffentlichte Luther die erste von drei Schriften, die in ihrer Gesamtheit das Programm einer religiösen Umwälzung enthielten. Nicht in Latein, sondern in deutscher Sprache schrieb er: „An den christlichen Adel deutscher Nation von des christlichen Standes Besserung". Die Einleitung wendet sich direkt an Karl V.: „Got hat uns ein jungs edlisz blut zum heubt geben, damit viel hertzen zu groser guter hoffnung erwekt." Dann forderte er die Brechung der „drei Mauern der Romanisten", nämlich dass die geistliche Macht über die weltliche sei, dass die Heilige Schrift nur vom Papst allein auszulegen sei und dass nur der Papst ein Konzil berufen könne.

Auf dem Reichstag zu Worms 1521 wurde Luther, in schlichter Mönchskutte gekleidet, von dem kurtrierischen Beamten Johann von der Ecken gefragt, ob die auf einem Tisch ausgelegten Schriften von ihm seien und ob er sie widerrufen werde. Angesichts des Kaisers, der Kurfürsten und all der weltlichen Pracht verließ Luther fast der Mut und er erklärte leise und zögernd diese Schriften als seine, erbat aber für die Beantwortung der zweiten Frage um Bedenkzeit. Kaiser Karl gewährte ihm eine Bedenkzeit von 24 Stunden. In seiner Herberge erreichte Luther eine Botschaft Ulrich von Huttens (1488 bis 1523), der ihn beschwor, fest zu bleiben. Am nächsten Tag blieb Luther fest, und an den Kaiser gewandt antwortete er: „Sollte es von mir heißen, ich habe solcherlei Schriften widerrufen aus Autorität des Kaisers und des gesamten Römischen Reichs, so wäre ich ja ein Schanddeckel der Bosheit und Tyrannei." Luther kehrte erschöpft, doch im stolzen Bewusstsein, sich, wie Thomas Carlyle (1795 bis 1881), der schottische Philosoph, einmal sagen sollte, „im größten Augenblick der neueren Geschichte der Menschheit" gut gehalten zu haben, in seine Herberge zurück. Auf der Rückreise nach Wittenberg ließ ihn Kurfürst Friedrich, der kaiserliche Fahnder befürchtete, überfallen und ins sichere Versteck auf die Wartburg bringen.

Luthers Lehren von den Sakramenten, die Ersetzung der Messe durch Predigt und Abendmahl und die Lehre der Seligmachung durch den Glauben statt durch gute Werke, untergruben das Ansehen des Klerus. Die Absage an das kanonische Recht und der Verzicht auf die geistliche Gerichtsbarkeit förderten diesen Prozess weiter. Im lutherischen Europa setzte sich die weltliche Macht als einzig legitime Autorität und die weltliche Gerichtsbarkeit als einzige Form der Rechtsprechung durch. Theoretisch blieben Staat und Kirche voneinander unabhängig, praktisch beherrschte der Staat die Kirche.

Hauptleidtragender der Reformation, die bald auf ganz Europa übergriff, war das habsburgische Kaisertum, der Garant der alten Ordnung. Kaiser Karl V. geriet deshalb unter Druck, insbesondere durch König Franz I. von Frankreich (1515–1547), der den Einfluss Habsburgs einzuengen versuchte und dabei von der Bedrohung des Reichs durch die Türken profitierte. Diese hatten 1529 Wien bedroht, konnten aber mit großem militärischem Aufwand abgewehrt werden. Als Sohn Johannas „der Wahnsinnigen", der Königin Kastiliens und Aragóns, konnte Karl 1516 Spanien erwerben und durch dessen Eroberungen in Südamerika auch eine globale Machtposition erreichen. Schließlich gebot er über ein Reich, „in dem die Sonne nie untergeht". Allerdings war das Imperium infolge seiner Größe und Weitläufigkeit fast unregierbar.

Dies zeigte sich in den sozialen Revolutionen in der ersten Hälfte des 16. Jahrhunderts, beim Bauernkrieg 1524 bis 1526, wobei Luther eine indifferente Rolle spielte, und bei der regionalen Rolle der Sekte der „Wiedertäufer" in Münster und Ulrich Zwinglis Variante der Reformation in der Schweiz.

Bauern im Kampf mit Landsknechten, Ausschnitt aus einem Holzschnitt von Hans Sebald Beham (1500 bis 1550), *Kupferstichkabinett, München*

Nach dem Augsburger Religionsfrieden von 1555: Ein brüchiger und unsicherer Friede

Diese schwierige machtpolitische Lage des *Sacrum Romanum Imperium* war für das Fortschreiten der Reformation von entscheidender Bedeutung. Sie breitete sich rasch zuerst in den norddeutschen und nordeuropäischen Ländern aus. Viele Fürsten dort begriffen schnell die sich daraus ergebenden machtpolitischen Möglichkeiten. Sie schlossen sich zu Bündnissen zusammen, beispielsweise im „Schmalkaldischen Bund", und erreichten nach wechselvollen Kämpfen im Augsburger Religionsfrieden von 1555 die Anerkennung des Protestantismus und weitere politische Unabhängigkeit von der habsburgischen Zentralmacht. Die protestantischen Fürsten hatten sich unter Leitung von Kurfürst Moritz von Sachsen (1547–1553) mit dem katholischen Frankreich zusammengeschlossen und im Vertrag von Passau 1552 den Abfall vom Kaiser erklärt. Karl V. trat 1556 verbittert ab und starb 1558 in einem spanischen Kloster.

Nach dem Augsburger Religionsfrieden kehrte in Deutschland ein brüchiger und unsicherer Frieden ein. Der Machtkampf an der religiösen und politischen Front ging weiter. Und die Reformation hatte inzwischen eine gesamteuropäische Dimension angenommen. Der Übertritt Englands zum Protestantismus und die Gründung der Anglikanischen Kirche unter Heinrich VIII. (1509–1547) führten auch zur Konfrontation mit dem durch seinen Kolonialbesitz erstarkten Spanien. Doch die Niederlage Spaniens mit der „Armada" im Jahre 1588 bedeutete den Niedergang Spaniens als „Großmacht" und den Aufstieg Englands als entscheidende Seemacht – und schließlich den Aufbau des britischen Weltreiches nach der Katastrophe des Dreißigjährigen Krieges im 17. Jahrhundert. Damit begann auch die religiöse Frage nach der Reformation ihre Bedeutung zu verlieren. Die mittelalterliche Welt in Europa war zu Ende.

Das Vermächtnis des Mittelalters

Die im Mittelalter lange versuchte und gesuchte Wiederaufrichtung des römischen Weltreiches konnte nicht gelingen. Die Menschen des Mittelalters fanden aber zum Ende der 1.200-jährigen Entwicklung eines zivilisatorischen Fortschritts über die Antike hinaus letztlich doch neue Formen, die unser heutiges modernes Europa ermöglicht haben. Mönchstum und Rittertum waren neue Formen und in der Architektur wurde die Gotik entwickelt, die keine Vorbilder in der Antike hatte. Im Konflikt zwischen Kaiser und Papst wurde der Universalitätsanspruch beider Seiten am Ende überwunden. „Bis dahin hatte das Reich mit seinem ungeklärten kaiserlichen Herrschaftsanspruch nach außen wie nach innen das Schicksal Europas durch tausend Jahre begleitet. Begründet, gestaltet und gerechtfertigt in seiner rätselhaften Langlebigkeit eigentlich nur durch die große politische Idee des Mittelalters: was ein Kaiser sei" (Ferdinand Seibt). Aber dieses scheinbar immobile Mittelalter erwies sich nicht nur als ein Zeitalter unaufhörlicher Veränderungen und ständiger Umbrüche, die letztlich doch Raum schufen für die Nationalstaaten, deren Eigendynamik ungeahnte neue Energien freigesetzt haben. Mit der Reformation löste sich auch ein guter Teil Europas nicht nur von der römischen Kirche, sondern emanzipierte sich – ohne dass es den Zeitgenossen bewusst war – damit auch vom antiken Vorbild und ging fortan seinen eigenen Weg in die Moderne.

Zum Vermächtnis der europäischen Geschichte zwischen 325 und 1492, dem Zeitraum zwischen Konstantin und Kolumbus, gehört Gutes und Böses. Auch wir haben uns noch nicht völlig vom Mittelalter erholt, denn die Unsicherheit, die zur Habsucht antreibt, die Furcht, welche zur Grausamkeit verleitet, die Armut, welche Schmutz und Unwissenheit ausbrütet, Krankheiten erzeugt, Leichtgläubigkeit und Aberglauben auf den Plan ruft – all diese Unwägbarkeiten aus dem Mittelalter sind heute noch unter uns lebendig. Der Dogmatismus, der vor tausend Jahren zu Unduldsamkeit und Inquisition führte, wartet nur auf die Gelegenheit oder Erlaubnis, um zu unterdrücken, zu töten, zu zerstören und zu vernichten – egal mit welcher Motivation in unserer Zeit.

Am wohl bedeutensten ist das wirtschaftliche Vermächtnis des Mittelalters, denn es eroberte die Wildnis, gewann den großen Krieg gegen undurchdringliche Wälder, Heide, Sumpf und Moor und unterwarf den Boden dem Willen des Menschen. Im größten Teil Europas schaffte es die Sklaverei ganz und die Leibeigenschaft fast ganz ab. Es fasste die Warenproduzenten in Zünften und Gruppen zusammen, die einen Mittelweg zwischen der Unverantwortlichkeit des Einzelwesens und der Autokratie des Staates suchten. Die großen Messen, welche von Zeit zu Zeit Menschen und Waren in großen Städten zusammenbringen, sind ein Vermächtnis des mittelalterlichen Handels, ebenso wie unsere Bemühungen, Monopole zu brechen und Preise und Löhne gerecht zu regeln. Und fast alle Tätigkeiten des modernen Bankgeschäftes stammen aus dem mittelalterlichen Finanzwesen. Und schließlich haben unsere Gruppenbildungen, Bruderschaften oder Geheimgesellschaften alle mittelalterliche Wurzeln und Riten.

Der reichste Teil unseres mittelalterlichen Erbes ist die Kunst und Kultur. Von dem Tag an, da sie geschrieben wurden, bis heute, sind das „Rolandslied", die „Göttliche Komödie" und der „Roman de la Rose" immer wieder gelesen worden. In ganz Westeuropa wurde bis ins 17. Jahrhundert hinein gotischer Stil gebaut. Die Biografie als literarische Form geht zurück auf die Heiligenviten und Jean Sire de Joinville (1225 bis 1317), den französischen Geschichtsschreiber. Das moderne Drama verdankt den Mysterien- und Mirakelspielen des 15. Jahrhunderts ebenso viel wie etwa Euripides oder Seneca. Und in vielen Städten Europas sind heute noch das Zeremoniell bei offiziellen Anlässen und die historischen Festumzüge ganz mittelalterlich. „Das Mittelalter bildet noch immer einen wesentlichen Teil der Kultur und Zivilisation unserer eigenen Zeit" (John Evans).

Wir sind heute oft versucht, uns das Mittelalter als eine unfruchtbare Zwischenzeit zwischen dem Untergang des Weströmischen Reiches und der Entdeckung Amerikas vorzustellen. Wir sollten uns aber immer vor Augen halten, dass Abälards Anhänger sich *moderni* nannten und der Bischof von Exeter 1287 sein Jahrhundert als *moderni tempores* betrachtete. Wir stellen fest: Die Grenze zwischen „mittelalterlich" und „modern" rückt immer weiter vor, vielleicht wird eines Tages unsere Zeit einmal als „mittelalterlich" bezeichnet.

Zitierte und weiterführende Literatur

Barnick, Erna: Kaiser Friedrich Barbarossa in der Geschichte. Jena, 1926

Bühler, Johannes: Die Germanen in der Völkerwanderung. Leipzig, 1922

Burckhardt, Jacob: Die Kultur der Renaissance in Italien. Stuttgart, 1960

dto.: Die Zeit Constantins des Großen. Leipzig, Wien, o. J.

Cardini, Franco: Europa 1492. Ein Kontinent im Aufbruch. München, 1989

Cartier, Raymond: Europa erobert Amerika. München, 1962

Dollinger, Hans: Atlas zur Kulturgeschichte. München, 1979

Dollinger, Hans/Klawunn, Bernhard: Bilder zur Kulturgeschichte. München, 1979

Dollinger, Hans (Hrsg.): Hexen, Mönche, Rittertum. Das große Buch vom Mittelalter. Erftstadt, 2006

dto.: Rußland. 1200 Jahre in Bildern und Dokumenten. München, 1977

dtv-Lexikon der Antike. Geschichte. Band 1–3. München, 1971

Durant, Will und Ariel: Kulturgeschichte der Menschheit. Band 5: Weltreiche des Glaubens. München, 1977

dto., Band 6: Das frühe Mittelalter. München, 1978

dto., Band 7: Das hohe Mittelalter und die Frührenaissance. München, 1978

dto., Band 8: Glanz und Zerfall der italienischen Renaissance. München, 1978

dto., Band 9: Das Zeitalter der Reformation. München, 1978

Einhard: Vita Karoli Magni. Das Leben Karls des Großen. Stuttgart, 1996

Ennen, Edith: Die europäische Stadt des Mittelalters. Göttingen, 1987

Evans, Joan: Blüte des Mittelalters. München, Zürich, 1966

Faber, Gustav: Die Normannen. Piraten, Entdecker, Staatengründer. München, 1976

Frank, Charlotte: „All mein Wissen gaben mir die weisen Frauen". In: *Süddeutsche Zeitung*, München. 28./29. Juli 2012

Geschichtsschreiber der deutschen Vorzeit, Band 41: Wattenbach, Wilhelm: Wipo. Das Leben Kaiser Konrad II. Leipzig, 1941

dto., Band 50: Jaffé, Philipp/Wattenbach, Wilhelm: Das Leben Kaiser Heinrich IV. Leipzig, 1910

Gibbon, Eduard: Der Sieg des Islam. Wien, Leipzig, Olten, 1937

Gobineau, Arthur Graf: Die Renaissance. Historische Szenen. Leipzig, 1918

Görich, Knut: Friedrich Barbarossa. Eine Biographie. München, 2011

Greenblatt, Stephan: Die Wende. Wie die Renaissance begann. München, 2012

Haller, Johannes/Dannenbauer, Heinrich: Von den Karolingern zu den Staufern. Die altdeutsche Kaiserzeit (900–1250). Berlin, 1958

dto.: Von den Staufern zu den Habsburgern. Auflösung des Reichs und Emporkommen der Landesstaaten (1250–1519). Berlin, 1960

Heer, Friedrich: Das Heilige Römische Reich. Bern, München, Wien, 1967

Heissig, Walther: Ein Volk sucht seine Geschichte. Die Mongolen und die verlorenen Dokumente ihrer großen Zeit. Düsseldorf, Wien, 1964

Homeyer, Helene: Attila. Der Hunnenkönig von seinen Zeitgenossen dargestellt.

Ein Beitrag zur Wertung geschichtlicher Größe. Berlin, 1951

Jacob, Karl/Hohenleutner, Heinrich: Quellenkunde der deutschen Geschichte im Mittelalter. 3 Bände. Berlin, 1959–1962

Junghans, Helmar: Die Reformation in Augenzeugenberichten. Düsseldorf, 1967

Keller, Werner: Und wurden zerstreut unter alle Völker. Die nachbiblische Geschichte des jüdischen Volkes. München, Zürich, 1966

Konetzke, Richard: Entdecker und Eroberer Amerikas. Von Christoph Kolumbus bis Hernán Cortés, Frankfurt a. M., 1963

Lehmann, Johannes: Die Staufer. Glanz und Elend eines deutschen Kaisergeschlechts. München, 1978

Mazal, Otto: Geschichte der abendländischen Wissenschaft des Mittelalters. 2 Bände. Graz, 2006

Morris, Ian: Wer regiert die Welt? Warum Zivilisationen herrschen oder beherrscht werden. Frankfurt a. M., 2011

Oster, Uwe A.: Atlas des Mittelalters. Von der Völkerwanderung bis zur Entdeckung Amerikas. Augsburg, 2011

Pernoud, Régine: Die Kreuzzüge in Augenzeugenberichten. Düsseldorf, 1961

dto.: Königin der Troubadoure. Eleonore von Aquitanien. München, 1985

Pirenne, Henri: Mahomet und Karl der Große. Untergang der Antike am Mittelmeer und Aufstieg des germanischen Mittelalters. Frankfurt a. M., 1963

Ploetz, Der Große. Die Daten-Enzyklopädie der Weltgeschichte. Köln, 2002

Ploetz-Atlas zur Weltgeschichte. Göttingen 2009

Plumb, John H.: Das Große Knaur-Buch der Renaissance. München, Zürich, 1962

Pörtner, Rudolf: Die Wikinger-Saga. Düsseldorf, Wien, 1971

Schreiber, Hermann: Auf den Spuren der Goten. München, 1977

dto.: Die Hunnen. Attila probt den Weltuntergang. Wien, Düsseldorf, 1976

dto.: Wie die Deutschen Christen wurden. Von Heiligen und Helden. München, 1984

Seibt, Ferdinand: Karl IV. Ein Kaiser in Europa 1346 bis 1378. München, 1978

dto.: Glanz und Elend des Mittelalters. Eine endliche Geschichte. München, 2008

Stern, Horst: Mann aus Apulien. Die privaten Papiere des italienischen Staufers Friedrich II., römisch-deutscher Kaiser, König von Sizilien und Jerusalem, Erster nach Gott, über die wahre Natur des Menschen und der Tiere, geschrieben 1245–1250. München, 1986

Talbot Rice, David: Morgen des Abendlandes. Von der Antike zum Mittelalter. München, Zürich, 1965

Thiele, Heinz: Leben in der Gotik. Zeugnisse von den Daseinskräften eines Stiles in Texten und Bildern. München, 1946

Tuchman, Barbara: Der ferne Spiegel. Das dramatische 14. Jahrhundert. Düsseldorf, 1980

Vasari, Giorgio: Künstler der Renaissance. Lebensbeschreibungen der ausgezeichneten italienischen Baumeister, Maler und Bildhauer. Hamburg, 2010

Zahrnt, Heinz: Martin Luther in seiner Zeit – für unsere Zeit. München, 1983

Zimmerling, Dieter: Die Hanse. Handelsmacht im Zeichen der Kogge. Düsseldorf, Wien, 1976

Personenregister

(kursiv gestellte Seitenzahlen verweisen auf Bildlegenden, BT = Bildtafeln)

Abälard, Peter, schol. Philosoph 129, 132ff, 151
Abd ar-Rahman, Emir von Cordoba 32
Abu Bekr, erster Kalif 30f
Abul Abbas, Kalif 32
Adalberto von Reims, Erzbischof 120
Adalbert, Bischof von Bremen 91
Adelheid, Witwe von Lothar von Italien 90f
Adolf von Nassau, Kurfürst 112
Aetius, Flavius, weström. General 18, 22
Agnes von Poitou 91
Agnes, hl. 10
Alarich, westgot. König 16, 23
Alarich II., westgot. König 20, 22
Albertus Magnus, Philosoph 46, *130*, 133f
Albrecht I., Kaiser 112
Albrecht II., Kaiser 114
Alexander II., Papst 36
Alexander III., Papst 14, 111
Alexander IV., Papst 49
Alexander VI., Papst 143, *144,*
Alexios, byzant. Thronbewerber 60
Alexios I., byzant. Kaiser 55f
Alfons I. von Aragonien, span. König 110
Alfons VI., König von Kastilien und León 111
Alfons VII., König von Kastilien und Leó 111
Alfons VIII., König von Kastilien 110
Alfons X., der Weise, span. König 102, 110, 119
Alfonso I. Henriques, portugies. König 111
Alfonso III., portugies. König 111
Alfred der Große, engl. König 36
Ali, Kalif, Schwiegersohn Mohammeds 31f
al-Kamil, sarazen. Sultan 100
Alkuin, Biograph v. Karl dem Großen 37
Alphonse, Bruder Ludwigs VIII. 55
Anaklet II., Papst 40
Anastasios I., oström. Kaiser 23
Andreas I., ungar. König 83
Andreas II., ungar. König 89
Anno, Bischof von Köln 91
Aristides, Aelius 9
Aristoteles, griech. Philosoph 46, 133f
Arius von Alexandria 12
Arnulf von Metz, Bischof 24

Arnulf, ostfränk. König 89
Arthur, leg. brit. König 21
Asen I., serb. König 84
Asen, Johann, bulgar. Fürst 88
Asen, Peter, bulgar. Fürst 88
Atahualpa, Inka-König *BT 14*
Athanagild, westgot. König 24
Attila, hunn. König 17f, 20
Augustin, hl. 16, *16,*
Bacon, Roger, Philosoph 133f
Bajasid I., osman. Sultan 35, 114, *114,*
Balduin I., latein. König 57
Balduin III., latein. König 58
Barbara, hl. 10
Basileios I., byzant. Kaiser 34
Basileios II., „Bulgarentöter", byzant. Kaiser 35, 84
Batu Khan, mongol. Fürst 87
Beatrice, Dantes Muse 108, 137
Beatrix von Burgund, Gattin von Friedrich I. Barbarossa 96, 98
Becket, Thomas, Erzbischof von Canterbury 104
Begga, Tochter von Dagobert 24
Beham, Hans Sebald *149*
Bela IV., ungar. König 89
Belisar, oström. Feldherr 20, 34
Benedikt von Nursia, hl. 41, *42,* 43f, 46
Benedikt XII., Papst 50
Benedikt XIII., Papst 51, 53
Benoît de Sainte-More *73*
Berchar, neustr. Hausmeier 24
Berengar II., italien. König 90
Berenguer von Barcelona, Ramón, span. Graf 110
Bernhard von Clairvaux, hl. 44, 57, 122
Blanche, Witwe Ludwigs VIII. 55
Boccaccio, Giovanni 62, 137
Bogoljubskij, Andrej, Fürst von Susdal 86
Boleslaw, der Tapfere (Chrobry), poln. König 84
Bolingbroke, Henry 105
Bonaventura, hl. 45, 133
Bonifaz VIII., Papst 49f, 102, 108f
Boris von Bulgarien, Fürst 82
Borst, Arno 8
Brian Borumha, ir. König 37f, 106

Brunelleschi, Filippo, ital. Baumeister 108, 126
Brunhilde, Tochter von Athanagild 24, *25*
Burckhardt, Jacob 138
Cambio, Arnolfo di 121, 126
Capet, Hugo, westfränk. König 29
Cardini, Franco 140, 145
Carlyle, Thomas 148
Childebert, fränk. König 23
Childebert II., fränk. König 24
Childerich I., merow. König 22
Childerich III., merow. König 25
Chilperich I., fränk. König 24
Chlodio, fränk.-sal. König 22
Chlodomer, fränk. König 23
Chlodwig I., fränk. König 20, 23, *23*
Chlothar I., fränk. König 23
Chlothar II., fränk. König 24
Chrodechilde, Gattin von Chlodwig 23
Cicero 50, 138
Cimabue, Giovanni 120
Clemens V., Papst 49f
Clemens VI., Papst 50
Clemens VII., Gegenpapst 51
Coelestin I., Papst 21
Collenuccio, Pandolfo 102
Crescentius, röm. Republikaner 91
Dagobert I., merow. König 24
Dalarun, Jacques 8
d'Alembert, Jean, franz. Philosoph 138
Damiani, Petrus, Kardinal 129
Dante Alighieri *106,* 108, 136f, *BT 13*
Desiderata, Gattin v. Desiderius 27
Desiderius, langobard. König 27
Diaz, Bartolomeu 141
Diderot, Denis, franz. Philosoph 138
Diokletian 10, *10*
Dionysius, portugies. König 111
Dominikus, hl. 46
Donatello, ital. Bildhauer 126
Donati, Corso 108
Donati, Gemma, Gattin von Dante 137
Doré, Gustave *58*
Drake, Francis 145
Dschingis Khan, mongol. Fürst 87
Duncan I., schott. König 38
Duns Scotus, Johannes, Philosoph 133
Durand, Guillaume, Erzbischof 146
Durant, Will 7, 13, 21, 31, 39, 50, 79, 120, 137

Ecken, Johann von der, kurtrier. Beamter 148
Eckhart, Meister 47
Edmund II., „Ironside", dän. König 36
Edmund II., engl. König 83
Eduard der Bekenner, engl. König 36
Eduard I., engl. König 62, 102, 104, 111
Eduard II. engl. König 105
Eduard III., engl. König 50, 75, 102, 105
Eduard von Wales, „der schwarze Prinz" 102, 105
Edward III., engl. König 22
Edwin, König von Northumbriab 38
Egbert von Wessex, brit.-sächs. König 35
Egbert von York, brit. Bischof 46
El Greco, span. Maler 127
Eleonore von Aquitanien, Gemahlin Ludwigs VII. 58
Elias von Derham, Baumeister 125
Elisabeth von Thüringen, hl. 47, 63
Engelbert von Köln, Erzbischof 100
Enzio, sizilian. König, Sohn Friedrichs II. 101
Erasmus von Rotterdam (eigtl. Geert Geerts) 7, 145, 147
Ethelred, brit.-sächs. König 35f
Eudoxia, Gattin v. Geiserich 19
Eugen III., Papst 57
Euripides 151
Evans, John 151
Facundo, Mönch *BT 12*
Felipe de Borgoña, burgund. Baumeister 127
Ferdinand der Katholische, span. König 65
Ferdinand III., span. König 110, 127
Fergil, ir. Astronom 37
Fernando I., span. König *BT 12*
Franco von Köln, Musiktheoretiker 128
Frank, Charlotte 65
Franz I., franz. König 148
Franz Joseph, Kaiser 112
Franz von Assisi, hl. 44f
Fredegund, Konkubine von Chilperich 24
Friedrich der Weise, sächs. Kurfürst 147f
Friedrich I. Barbarossa, Kaiser 48, 58, 73, 94ff, *95,*98
Friedrich II., Herzog von Schwaben *95*
Friedrich II., Kaiser 48, 63, 75, 98-101, *99,* 110, 121, 130
Friedrich, „der Schöne", von Österreich 112
Froben, Johann, schweiz. Buchdrucker 147
Fugger, Jakob 80f, *81,*

Fulbert, Bischof 124
Galswintha, Schwester von Brunhilde 24
Gama, Vasco da 141
Geiserich, Vandalenkönig 19
Géza, ungar. König 89
Giotto di Bondone 117, 120, 126
Gordian III., röm. Kaiser 10
Görich, Knut 96
Gottfried von Bouillon, Kreuzfahrer 56
Gregor I., der Große, Papst 13, *28*, 41, 127, 129
Gregor V., Papst 89
Gregor VII., Papst 15, *48*, 62, 73, 93, *BT 10*
Gregor IX., Papst 63
Gregor XI., Papst 50f, 87, 100f
Gregor XII., Papst 53
Gregor von Tours 23f
Grien, Hans Baldung *65*
Grosseteste, Robert, Philosoph 133
Gruffydd ap Llywelen, ir. König 37
Guido da Polenta, Graf 137
Guido von Arezzo 127
Guillaume de Nogaret, franz. Kanzler 49, 109
Guntram, fränk. König 24
Gutenberg, Johannes 136
Hadrian I., Papst 27
Hadrian IV., Papst 48, 96
Hadrian VI., Papst 147
Haimon von der Normandie, Abt 124
Harald Hardrade III., norweg. König 83
Harding, Stephan, Abt von Citeaux 44
Harold, engl. König 36f
Hartmann von Aue *4*, 74
Harun el-Raschid, Kalif 32
Heer, Friedrich 12, 112f
Heinrich der Löwe, welf. Herzog 95, 99
Heinrich der Seefahrer 141
Heinrich I., „der Vogler", dt. Kaiser 90
Heinrich I., engl. König *66*, 104
Heinrich I., franz. König 83
Heinrich I., portugies. König 141
Heinrich II. Plantagenet, engl. König 104, 106
Heinrich II., dt. Kaiser 91
Heinrich III., engl. König 104, 108, 117, 125
Heinrich III., Kaiser 47, 88, 91
Heinrich IV., engl. König 105
Heinrich IV., Kaiser 47f, *48*, 63, 89, 91, 93, 98, *BT 10*
Heinrich V., dt. König 93ff

Heinrich VI., engl. König 106
Heinrich VI., Kaiser 94, *95, 96*, 98, 104
Heinrich VII., engl. König 107
Heinrich VIII., engl. König 150
Heinrich von Burgund, Graf 111
Heinrich von Luxemburg, Kaiser 112
Heinrich, Welfe, Bruder Ottos IV. 99f
Héloise, franz. Nonne 129
Herakleios, oström. Kaiser 34
Hermann von Salza, Großmeister d. Deutschritterordens 100
Hethum I., kleinarmen. König 85
Hieronymus, hl. 16
Hildebertus *16*
Hildegard von Bingen 47
Himilkon, karthag. Seefahrer 21
Hippokrates 133
Holbein, Hans d. J. *146*
Honorius III., Papst 46, 100
Honorius, Flavius, weström. Kaiser 18, 21
Humboldt, Alexander von 141
Hunerich, Sohn von Geiserich 19
Hus, Johannes (Jan), Reformator 53, 114
Hussain, Sohn von Ali 32
Hutten, Ulrich von 148
Hywel, walis. König 37
Iacopo d'Alemannia, Baumeister 126
Innozenz II., Papst 40
Innozenz III., Papst 45f, 48, 54, 60, 63, 98f
Innozenz IV., Papst 48, 64, 101
Innozenz VI., Papst 50
Isabella von Jerusalem, Gattin Friedrichs II. 100
Isabella, Mutter von Edward III. 22
Isabella, portugies. Königin 111f
Isidor von Sevilla 129
Jakob (Jaime) I., span. König 110
Jakob von Moley 57
Jaroslaw, Sohn von Wladimir von Kiew 83
Jean Duc de Berry *BT 9*
Jeanne d'Arc 64, 103, *103*
Johann „Ohneland", engl. König 104
Johann II. Asen, bulgar. König 88
Johanna, die Wahnsinnige, span. Königin 148
Johanna, Tochter Ludwigs VIII. 55
Johannes von Salisbury, Philosoph 133
Johannes XII., Papst 90, 112
Johannes XIII., Papst 90
Johannes XXII., Papst 45, 48, 50, 112, 128

Johannes XXIII., Gegenpapst 51, 53
John von Worcester *66*
Joinville, Jean Sire de, franz. Geschichtsschreiber 109, 151
Juan de Colonia, dt. Baumeister 127
Juan de Velljo, span. Baumeister 127
Judith, Mutter von Friedrich I. Barbarossa 94
Julius I., Papst 15
Justinian, oström. Kaiser 20, 33f *33,*61
Justitiore, Henricus, Dominikaner 65
Karl „der Einfältige", westfränk. König 40
Karl der Große 14, 17, 24f, 27f, *27,* 29, 32. 36f, 61, 72, 89f, 95, 129, *BT 5*
Karl I. von Anjou, sizilian. König 49, 101, 106, 110
Karl II. der Kahle, westfränk. König 29, 129, *BT 4*
Karl IV., Kaiser *27,* 50, 102, 113
Karl Martell 14, 24
Karl V., Kaiser *68,* 80, 147f, 150
Karl VII., Kaiser 114
Karl von Valois, franz. König 108f
Karl, Sohn Karls d. Gr. 28
Karlmann, karol. König 25, 27, 89
Katharina, hl. 10
Klara von Assisi, hl. 46
Klemens III., Papst *48,* 93
Klemens IV., Papst 101
Klemens V., Papst 109
Knut der Große, dän. und engl. König 36, 40, 83f, 133
Kolumbus, Christoph 139ff, *139,*151
Konrad I., fränk. Herzog 90
Konrad II., Kaiser 40, 84, 91
Konrad III. von Schwaben, Kaiser 57f
Konrad III., Herzog von Schwaben 94
Konrad von Hochstaden, Erzbischof 125
Konrad von Marburg, Inquisitor 47, 63f
Konrad von Zähringen, Herzog 76
Konstantin der Große 7, 10-13, *12,*15, 19, 63
Konstanze von Aragón, Gattin Friedrichs II. 98, 100
Kublai Khan *140,* 141
Kulin, bosn. König 88
Laeghaire, ir. König 22
Las Casas, Bartolomé de 143
Latini, Brunetto 109
Le Goff, Jacques 8
Leeke, F. *40*
Leif Eriksson, Wikingerkönig 139

Leo I. der Große, Papst 15, 18f
Leo II., kleinarmen. König 85
Leo III., Papst 27
Leo X., Papst 147
Leo XIII., Papst 137
Leon I., byzant. Kaiser 19
Leon III., byzant. Kaiser 34
Leonardo da Vinci 145
Leopold V., österr. Herzog 104
Leszak, Sohn von Siemowit, poln. Fürst 83
Lope de Vega 111
Lothar I., Kaiser 29, 130
Lothar, italien. König 90
Ludovico il Moro, ital. Herzog 145
Ludwig der Fromme, kapet. König 23, 28f
Ludwig II., der Deutsche, ostfränk. König 29, 89
Ludwig IV., das Kind, ostfränk. König 29, 90
Ludwig IV., der Bayer, Kaiser 48, 112f, 137
Ludwig VII., franz. König 57f, 120
Ludwig VIII., franz. König 55, 63
Ludwig IX., der Heilige, franz. König 49, 62, 109
Ludwig, Herzog von Thüringen 100
Luther, Martin 7, 145, 147f, 149, *BT 15*
MacAlpin, Kenneth, schott. König 38
Macbeth, schott. König 39
Machiavelli, Niccoló 138, 145
Mahmud, Seldschuk. Sultan 32
Malcolm II. Lothian, schott. König 38
Malmesbury, William von 21
Manderville, Sir John *119*
Manfred, Sohn des Kaisers Friedrich II., Halbbruder Konrads IV. 101, 110
Manrique, Bischof von León 127
Manuel I. Komnenos, byzant. Kaiser 58
Marsilius von Padua, Franziskanermönch 112
Martin V., Papst 53, *53,*103
Mathilde von Flandern, Gattin von Wilhelm dem Eroberer 122
Mathilde von Tuszien *BT 10*
Matthias von Arras, Baumeister 113
Maxentius, röm. Heerführer 11f
Mehmet II., osman. Sultan 35
Melior, päpstl. Legat 124
Merowech, Sohn von Chlodio 22
Michael I., oström. Kaiser 28
Michael VIII. Palaiologos, byzant. Kaiser 35
Michelangelo Buonarroti 138, 145
Michelino, Domenico, ital. Künstler *BT 13*

Mieszko I., poln. König 83f
Mieszko II., poln. König 84
Mikillati, Dan, dän. König 39
Mohammed 29-32, *30*
Mommsen, Theodor 21
Montfort, Simon von 55, 104
Moritz von Sachsen, Kurfürst 150
Morris, Ian 12, 30
Muawija, erster Omajade 31f
Murner, Thomas, franzisk. Schriftsteller *BT 15*
Murrogh, Sohn von Brian Borumha 38
Narses, oström. Feldherr 34
Nero 11
Neroni, Bartolomeo, ital. Bildhauer 126
Newskij, Alexander, Fürst von Nowgorod 86f, *86*
Nikolaus V., Gegenpapst 45
Ockham, Wilhelm von, Philosoph 133
Odoaker, Skirenkönig *19*,20, 32
Ögädai, mongol. Großkhan 89
Olaf I., norweg. König 39
Olga, Großfürstin von Kiew 82
Omar I., Kalif 31
Orestes, pannon. Feldherr 20
Osman I., osman. Sultan 35
Oster, Uwe A. 43, 114
Otto I. der Große, Kaiser 90f
Otto II., Kaiser 84, 91, 120
Otto III., Kaiser 84, 91, *93*
Otto IV., Kaiser 63, 74f, 99f
Otto von Braunschweig, welf. Herzog 48
Otto von Freising, Geschichtsschreiber *48*,95
Otto von Wittelsbach, bayer. Pfalzgraf 99, 113
Ottokar II., böhm. König 112
Palladius, ir. Bischof 21
Paschalis II., Papst 93
Patrick, hl. 21f, 37
Paulus, Apostel 11, 15, 145
Peruzzi, Baldassare, ital. Maler 126
Peter II. von Arágon, span. König 110
Peter III., span. König 110
Peter Parler, Baumeister 113
Petrarca, Francesco 137f
Petronilla, span. Königin 110
Petrus von Vinea 101
Petrus, Apostel 11, 15, 145
Philipp August, franz. König 54
Philipp II., franz. König 58, 108, *BT 7*
Philipp II., span. König *BT 8*

Philipp III., franz. König 108
Philipp IV., der Schöne, franz. König 49, 62, 64, 102, 108f
Philipp IV., span. König *64*
Philipp von Schwaben, stauf. Herzog 48, 99
Philipp von Valois *15*
Photios, griech. Patriarch 43
Piano Carpini, Giovanni de 87
Pinturicchio, ital. Maler 126
Pippin d.Ä., karol. König 24
Pippin II. der Mittlere, karol. König 24
Pippin III. d. J., karol. König 25
Pippin, Sohn Karls d. Gr. 25, 28f
Pisano, Andrea 126
Pisano, Giovanni 121, 126
Pisano, Niccoló 121
Pizarro, span. Konqistador *BT 14*
Placidia, Tochter von Eudoxia 19
Platon 134
Plektrud, Gattin von Pippin II. 24f
Plinius d.Ä. 39
Polo, Maffeo *140*, 141
Polo, Marco *140*, 141
Polo, Niccoló *140*, 141
Portinari, Folco, Vater von Dantes Beatrice 108, 137
Prokop, byzant. Geschichtsschreiber 20, 33
Pullen, Robert, Theologe 133
Rabelais, François 133
Raimund VI. von Toulouse, Bischof 54ff
Rainulf, normann. Herzog 40
Remigius, Bischof v. Reims 23
Reuchlin, Johannes R. 7
Richard I., Normannenherzog 36
Richard II., engl. König 105
Richard Löwenherz, engl. König 58, 60, 73f, 104, 108
Richard von Cornwall 102
Robert von Moslemes, Abt von Cluny 44
Roderich, westgot. König *31*
Roger II., normann. König 40, 95
Roger von Béziers, Graf 55
Rollo, normann. König 39f
Romanos II., byzant. Kaiser 90
Romanos IV., byzant. Kaiser 35
Romulus Augustulus *19*, 20, 33
Rudolf von Habsburg, Kaiser 102, 112
Rudolf von Rheinfelden, dt. Gegenkönig 93

Rufillus von Weißenau *128*
Ruprecht von der Pfalz, Kaiser 113
Rurik, waräg. Fürst von Kiew 39, 83
Sachs, Hans 128
Saladin, osman. Sultan 58, 60, *100*, 104
Salimbene von Parma 102
Sava, Sohn von Stephan Nemanja 88
Sayn, Graf von 63f
Schedel, Hartmann *61*
Scheibelreiter, Georg 7
Schiller, Friedrich 102
Schiltberger, Johannes *114*
Scholastika, hl. 46
Schreiber, Hermann 8, 17
Sebastian, hl. 10
Segersäl, Erik, schwed. König 84
Seibt, Ferdinand 7, 15, 25, 27, 32, 36, 64, 71, 113, 135, 150
Selvo, Domenico, Doge 119
Seneca 151
Shakespeare, William 39
Siemomysl, Sohn von Leszak, poln. Fürst 83
Siemowit, poln. Fürst 83
Siger von Brabant, Philosoph 133
Sigibert, fränk. König 24
Sigismund, habsburg. Kaiser 35, 51, *53*, 113f, *114*,
Silvester, Papst („Bischof") 15
Silvester II, Papst *93*
Sinibaldi, Guittone, gen. Cino da Pistoia *131*
Sixtus IV., Papst 65
Sprenger, Jakobus, Dominikaner 65
Stephan I., der Heilige, ungar. König 88
Stephan Nemanja, serb. König 84, 88
Stephania, Witwe von Crescentius 91
Stern, Horst 101
Störtebeker, Klaus 80
Suger, Abt von Cluny 44, 122
Sven, dän. König 36, 39, 84
Swjatoslawa, Tochter von Mieszko I. 84
Tankred von Hauteville, Kreuzfahrer 56
Tarik, arab. Heerführer *31*
Tassilo III., bayer. Herzog 27
Teja, got. König 34
Teresa, Tochter von Alfons VI. von Kastilien 111
Theoderich der Große, ostgot. König 19f, *BT 3*
Theoderich I., westgot. König 18
Theodor de Bry *BT 14*
Theodor von Canterbury, brit. Erzbischof 46

Theodora, Gattin von Justinian 33, 117
Theodosius I., röm. Kaiser 13, 18
Theophano, Tochter von Romanos II. 90f, 120
Thomas von Aquin 13, 46, 133f
Thomas von York, Kardinal 147
Timur Lang (Tamerlan), Mongolenkhan 35
Titus, röm. Kaiser 19, 60
Torquemada, Thomas de, Großinquisitor 65
Totila, got. König 34
Tuchman, Barbara W. 53, 114
Ulrich von Riechental *53*
Urban II., Papst 55f, 73
Urban IV., Papst 106, 126
Urban V., Papst 50
Urban VI., Papst 51
Uta, Markgräfin von Naumburg 125
Valens, Flavius, oström. Kaiser 17f
Valentinian III., röm. Kaiser 18
Vergil 138
Vespasian 10
Vespucci, Amerigo 141
Viktor III., Papst 93
Villehardouin, Geoffroi de, franz. Geschichtsschreiber 109
Villon, François 136
Waldes, Peter, Führer d. Waldenser 55
Waldseemüller, Martin 141
Walther von der Vogelweide 75, *75*, 117
Welf V., Herzog von Bayern 93
Wenzel von Böhmen, Kaiser 113
Werner von Teufen *115*
Wilhelm der Fromme, aquitan. Herzog 43
Wilhelm I., der Eroberer, normann.-engl. König 36f, 104, 122
Wilhelm II., Sohn Wilhelms des Eroberers 104
Wilhelm von Durham, Erzbischof 133
Wilhelm von Holland 102
Wilhelm von Nogaret, siehe *Guillaume de Nogaret*
Wilhelm von Rubruk 141
Wladimir der Heilige, Großfürst von Kiew 82f, 87
Wohlgemuth *61*
Wolfger von Erla, Bischof 117
Zenon, oström. Kaiser 20, 33
Zwingli, Ulrich 149

Ebenfalls im Regionalia Verlag erschienen:

ISBN 978-3-95540-340-9

ISBN 978-3-939722-31-1

ISBN 978-3-939722-39-7

ISBN 978-3-939722-46-5

Jeweils 128 Seiten • 16,5 × 19,8 cm • Hardcover • 6,95 €